JN290820

地域を変えた
総合型地域スポーツクラブ

山口 泰雄 著

大修館書店

〈町名、クラブ名の表記について〉

町名、クラブ名等の表記は、原則として、月刊『体育科教育』に掲載時（2003年4月号から2005年3月号）の表記にしたがいました。市町村の合併の進展により、現在は存在しない市町村もあります。

なお、兵庫県内の現在の市町、合併に推移については、P.8をご参照ください。

はじめに

「世代を超えた交流が生まれた」、「地域住民の交流が活発化した」、「地域で子どもたちを見守る機運が高まった」、「元気な高齢者が増えた」……。

兵庫県の総合型地域スポーツクラブの育成事業である「スポーツクラブ21ひょうご」によって設立された712クラブに対する質問紙調査によれば、85%のクラブがクラブ設立による社会的効果を認めている（兵庫県教育委員会地域スポーツ活動室、2005年）。

全国各地の地域スポーツの現場で、「総合型地域スポーツクラブ」（以下、総合型クラブと略す）ブームといえる社会現象が起きている。これは、わが国のスポーツ振興のマスタープランである「スポーツ振興基本計画」（文部省、2000年）の中で、週1回以上の定期的スポーツ実施者を当時の35%から50%へ伸ばす政策として、2010年までに全国の市町村で少なくとも総合型クラブを1つ立ち上げるという目標が明記されたことによるものである。これまでわが国では、地域スポーツクラブといえば、ママさんバレーとパパさんソフトボールが代表で、公共施設を利用する早朝野球や卓球、バドミントン、テニスなどの単一種目型クラブが中心であった。そして、ほとんどが同一世代型で、1クラブの平均会員数が29名という、少人数の公共施設を利用する単一種目チームであった。

「スポーツ振興基本計画」によれば、総合型クラブとは次のような特徴をもつと記されている。複数の種目が用意され、子どもから高齢者まで、初心者からトップレベルの競技者まで、地域の誰もが年齢・関心、技術・技能レベルなどに応じていつまでも活動でき、拠点となる施設およびクラブハウスがあり、質の高い指導者の下、個々のニーズに応じたスポーツ指導が行われ、地域住民が主体的に運営する、と規定されている。このような条件を備えるクラブは、まさに理想像といえる。この理想が実現できるか否かは議論がある。「総合型クラブの育成はわが国にはなじまない」、「補助金支給期間が終了したら、総合型クラブが消滅した」、「総合型クラブ設立の必要性がない」、「どのようにして総合型クラブを立ち上げたらいいのかわからない」といった声も耳にする。本書では、総合型クラブの意義、設立や発展の促進要因、阻害要因を考えてみたい。

わが国では前例のない総合型クラブは、現在、約2200クラブにも上っている（NPO法人クラブネッツ、2005年）。その中には、モデルクラブも誕生している。クラブハウスが建てられ、専任マネジャーが採用され、多様なプログラムと指導者をもつクラブが誕生している。また、総合型クラブがまちづくりの中心になっているところも出てきた。地域の運動会やイベント開催の中心になり、地域に住む多様な人材が集まり、スポーツ以外の地域行事にも積極的に参加し、まちづくりの拠点になっている。まさに、「総合型クラブがまちを変える」という現象がみられるようになっている。

最近、地域のスポーツクラブやスポーツイベントを訪ねて、ある変化に気づいた。それは、クラブやイベントの運営を自分たちで主体的に進めようという意欲をもった人たちが増えて

いることだ。これまでの地域におけるスポーツ振興は、行政が施設を整備し、スポーツ教室や大会を用意し、住民はそのプログラムやサービスを享受するというスタイルだった。行政はスポーツのプログラムを提供する側、住民はサービスを享受する側という図式だ。

昨年、ゼミの学生とともに沖縄の市民マラソン大会のフィールドワークに出かけた。15世紀に、戦国時代だった沖縄諸島を統一した国王の名前をつけた「尚巴志ハーフマラソン」は、那覇から30分ほど東にある佐敷町と知念村の丘陵部と臨海部を巡る美しいコースで開催される。10km付近のニライカナイ橋からの眺望は、「古の王が見た絶景」といわれ、遠くに神々の島「久高島」を望み、マリンブルーを見ていると疲れた身体も心も癒される。そして、ハーフマラソン、10km、3kmのコースの完走者は、すべて「覇者」と称される。

2002年に始まった「尚巴志マラソン」では、2.5kmごとに給水所が設置されている。この水分摂取を怠ると、恐ろしい脱水症状・熱中症が待っている。しかし、内地から訪ねた私たちが驚いたのは、私設応援隊の存在である。

「レモンのシロップ漬け」を配る沿道のオバァ（地元で親しみを込めて呼ばれる）、佐敷小学校と馬天小学校の前では子どもたちのブラスバンド応援、沿道ではジャズのライブ演奏も聞こえる。手づくりの小太鼓を一生懸命たたいて応援する子どもたち、真っ青な空を見上げると、パラグライダーのウインドバードクラブの会員が大空を舞いながら応援している。家の軒先には、オジィとオバァが椅子に腰掛け、ランナーたちを見て声援を送る。「するスポーツ」のランナー、「みるスポーツ」のオジィ、オバァ、「ささえるスポーツ」のスタッフや子どもたち、みんなが主役で「する・みる・ささえる」スポーツを楽しんでいた。

　　　　　　　　　＊　　　　　　　＊　　　　　　　＊

本書は、月刊『体育科教育』誌に、「学校と地域をつなぐ総合型地域スポーツクラブ――神戸・ひょうごからの総合型クラブの情報発信――」として2年間連載した内容を加筆・修正し、再構成したものである。「はじめに」と序章、終章は新たに書き下ろした。この連載の契機になったのは、兵庫県が2000年度から法人県民税の超過課税を財源にして、県内にある827小学校区のすべてにおいて、総合型クラブの育成補助事業「スポーツクラブ21ひょうご」を始め、著者がこの育成事業に全県推進委員、調査研究委員として関わり、研究論文を学会で発表したことであった。

本書では、フィールドワークの対象になった20クラブの事例を中心に、その組織とプログラム、人的資源や地域文化を考察し、「まちがスポーツで変わる」プロセスとその影響を記している。序章では、「総合型地域スポーツクラブの誕生とモデル事例」と題し、スポーツクラブ21のモデル事例を紹介する。第1章では、「地域スポーツクラブのパイオニアと新たなクラブづくり」と題し、明治3年に設立された「神戸レガッタ＆アスレチッククラブ」と「垂水区団地スポーツ協会」を紹介し、モデルクラブの特徴や共通点を探る。

第2章では、「神戸におけるスポーツによるコミュニティ形成」と題し、6つの特徴あるクラブを取り上げ、文化サークルや生涯学習事業を取り込んだり、開放型小学校を地域住民が支えながら、震災から復興した神戸のスポーツによるまちづくりを描きたい。第3章においては、「スポーツクラブによる地域の変容」と題し、総合型クラブの創設により地域が

変容している事例を紹介する。第4章では、「ユニークなプログラムを展開する地域スポーツクラブ」と題し、これまでに地域ではみられなかったプログラムやマネジメントを進めている事例を取り上げる。総合型クラブに部活にない種目や伝承遊びを取り入れたり、平日リーグや障害者のプログラムを導入し、これまでの単一種目型クラブでは見られなかった試みを紹介したい。そして、最後に、終章では「地域スポーツクラブの育成と自立に向けて」と題して、今後の総合型クラブの設立と存続を考えたときの阻害要因と促進要因を議論したい。

　「スポーツは地域を変える」――わが国では、戦後、増加を続けてきた人口が減少に転じた。中学や高校の部活動は部員が集まらず休廃部が相次いでいる。全国高等学校体育連盟（高体連）によると、高校の部活動で活動する生徒は1995年の約156万人から、2004年には19％減の127万人になった。少子高齢化の波が押し寄せ、これからは人口減少時代に入る。子どもの発達環境や地域における教育力は、ますます弱体化している。本書では、地域スポーツクラブがまちを変え、子どもたちを育てる環境づくりを進めている事例を描き、その要因を解明したい。

　本書がスポーツの振興に携わる人たちや生涯スポーツを学ぶ人たち、そしてスポーツが好きな人たちやまちおこしに情熱を燃やしている人たちの元気を高め、スポーツの価値を高める一助になれば幸いである。

2006年4月29日
山口　泰雄

＊1　総合型地域スポーツクラブ――「多種目、多世代、多様な目的・レベル、住民の主体的な運営」という特徴をもつ、地域スポーツクラブ。文部科学省が1995（平成7）年から育成モデル事業を始め、地方自治体やスポーツ団体においても育成が行われている。スポーツ振興基本計画の中で、2010年までに、全国の市町村で少なくとも1ヶ所の総合型クラブの設立を目標にしている。

＊2　スポーツ振興基本計画――2000（平成12）年に文部省が策定した、わが国のスポーツ振興全般にわたる基本方針が示されたマスタープラン。基本計画では、生涯スポーツ社会の実現、国際競技力の向上、生涯スポーツ、競技スポーツ、学校体育・スポーツの連携、の政策目標を掲げ、政策目標達成のための施策と具体的な到達すべき数値目標が提示されている。

もくじ

■はじめに …………………………………………… 1

序章 ▷ 総合型地域スポーツクラブの誕生とモデル事例

総合型地域スポーツクラブ育成の背景と現状 …………………………………… 10
- 総合型地域クラブ育成の背景
- 総合型クラブの育成モデル事業
- スポーツ振興くじによる助成
- 総合型地域スポーツクラブのタイプ
- 導入期から成長期に入った総合型クラブ

自治体のリーダーシップによる「スポーツクラブ21ひょうご」のモデル事例 20
- 「スポーツクラブ21ひょうご」の理念
- クラブ育成の歩み
- クラブ設立による地域の変化
- モデルクラブのタイプとユニークなアイデア
- クラブ育成事業のプロセス評価

第1章 ▷ 地域スポーツクラブのパイオニアと新たなクラブづくり

■神戸レガッタ＆アスレチッククラブ
130年余の歴史を誇るわが国の総合型クラブのパイオニア …………………… 30
- FIFAワールドカップ2002の遺産
- スポーツ文化による多文化共生
- 在留外国人によって設立された会員制クラブ
- 会員による自主運営と受益者負担意識の徹底
- クラブ会員のプライド

■垂水区団地スポーツ協会
自発的に立ち上がった団地型の総合型クラブのパイオニア …………………… 36
- 公園管理の転機
- 垂水区団地スポーツ協会のルーツと歩み
- 4つの基本方針
- 理事のリーダーシップと自分たちのクラブづくり
- 地域の拠点になった団スポ

第2章 ▷ 神戸におけるスポーツによるコミュニティ形成

■和田岬はちのすクラブ
企業施設と一体となったクラブ経営 …………………………………………… 44
- 阪神・淡路大震災の後遺症
- 神戸総合型地域スポーツクラブの育成
- 地域の拠点になったクラブ
- 企業施設の有効利用

■西須磨はつらつスポーツクラブ
震災からの復活にも寄与した地域住民のネットワーク ……………… *50*
　　　震災10年、神戸からの発信
　　　クラブを支える「クラブサポートサービス」
　　　神戸総合型地域スポーツクラブのフロントランナー
　　　地域と学校のパートナーシップ
　　　クラブづくりは人なり

■多聞台わくわくスポーツクラブ
クラブのあり方を変えたクラブハウス ……………………………… *57*
　　　クラブハウスの形態と意義
　　　神戸総合型地域スポーツクラブの育成
　　　クラブハウスの整備によるクラブの活性化
　　　住民主導によるクラブづくり

■いぶきウエストスポーツクラブ
町対抗のイベント開催により促進されるまちづくり …………… *63*
　　　神戸児童連続殺傷事件
　　　神戸市のイベント戦略
　　　各年代の役員がグループ指導体制でクラブをリード
　　　まちが一体になった「アスレッツゲームズ井吹台」
　　　イベント開催の社会的効果

■渦が森あいあいクラブ
クラブ員の帰属意識を高め多目的に利用されるあいあいルーム … *69*
　　　裏山リゾート六甲山
　　　屋外で遊ばなくなった子どもたち
　　　和気あいあいとした活動を目指して
　　　充実したクラブハウスとリーダーシップ
　　　受益者負担によるクラブ運営

■成徳スポーツクラブ21
地域住民が支える開放型小学校 ……………………………………… *75*
　　　安全・安心な学校づくり
　　　全国でも珍しい開放型・成徳小学校
　　　PTAとパパイーヤが中心となって設立
　　　運動公園型校庭
　　　地域住民によるコミュニティの形成

第3章 ▷ スポーツクラブによる地域の変容

■スポーツクラブ21おぎの
市のマスタープランが後押しする地域ぐるみのスポーツ活動 …… *82*
　　　格差が広がる自治体のスポーツ環境
　　　充実した伊丹市のスポーツ振興策
　　　クラブの多彩な活動
　　　施設利用者によるクラブ運営
　　　スポーツ・マスタープランの策定

■NPO法人加古川総合スポーツクラブ
NPO法人格を取得し専任マネジャーを配置する大型クラブ ……… *89*
　　　TSVハールの指導ボランティア

　　　　生涯スポーツ振興のモデル都市・加古川市
　　　　兵庫県の施策に先行した加古川市
　　　　NPO法人取得の影響
■スポーツクラブ21津田
　　地域のすべての利用団体をまとめ多様なイベントを開催 ………… 95
　　　　日本最初の世界文化遺産"姫路城"
　　　　姫路市のスポーツ振興
　　　　姫路市で第1号の総合型クラブ
　　　　利用団体の総合化と多目的クラブ
　　　　学会開催の波及効果
■スポーツクラブ21城南
　　民間のスポーツクラブとも提携し魅力あるクラブづくり ………… 101
　　　　スポーツ・ツーリストの誕生
　　　　スポーツ振興による地域活性化
　　　　スポーツ・ツーリストが集まる篠山市
　　　　地区の体育振興会を拠点に多様な活動を展開
　　　　衰退期に入った篠山ABCマラソン
■NPO法人スポーツクラブ21はりま
　　団体会員も含め5600名の会員を誇るNPO法人 ………… 106
　　　　子どもが危ない
　　　　スポーツクラブによる子どもの育成
　　　　平均年齢40歳の播磨町
　　　　全町クラブのモデル
　　　　「スポーツタウンはりま」に向けて

第4章▷ユニークなプログラムを展開する地域スポーツクラブ

■スポーツクラブ21佐治
　　しっかりした組織と堅実な運営が支える小規模クラブ ………… 114
　　　　青垣町のまちおこし
　　　　スカイスポーツの町
　　　　地域の活性化と青少年の健全育成
　　　　公募で会長を選任
　　　　まちおこしの味
■スポーツクラブ21日高
　　町と一体となったクラブ運営 ………… 120
　　　　2004年の明暗
　　　　スポーツ・レクリエーションリゾート日高町
　　　　将来を見越して全町クラブを選択
　　　　全町クラブのメリット
　　　　マスタープランづくり
■スポーツクラブ21くましろ
　　学校の施設を活用し教員とも協力してイベントを開催 ………… 126
　　　　スポーツ環境の地域格差
　　　　淡路島の魅力
　　　　スポーツ好きの区長が設立に名乗り
　　　　やわらかい発想によるクラブマネジメント

　　　　総合型クラブへの学校のサポート

■スポーツクラブ21さかい
新旧住民の交流を促進するクラブ活動 …………………………………… *132*
　　　　健康と福祉のまち・五色町
　　　　五色町の健康・スポーツ環境
　　　　統合で単一種目クラブを活性化
　　　　子どもやファミリーを大切にするクラブ
　　　　大きな声で挨拶する子どもたち

■スポーツクラブ21かわなべ
多様な表彰制度と活動記録手帳でクラブ運営を活性化 ……………… *139*
　　　　アクティブ・シニアの出現
　　　　少子高齢化が進む市川町
　　　　さまざまなアイデアでクラブを活性化
　　　　市川町のクラブ・ネットワーク
　　　　町内のスポーツクラブの発展に向けて

■中竹スマイル
幼児のリズム遊びから高齢者のリハビリまで ………………………… *145*
　　　　生きる力
　　　　自然に恵まれた竹野町
　　　　少人数ながら所属率の高いクラブ
　　　　ユニークなイベントの開催とクラブ参加
　　　　会員によるクラブ運営が活動の基本理念

■スポーツネットワークUS
若いリーダーが活躍し、障害者のプログラムも展開 ………………… *151*
　　　　縮み志向の青少年
　　　　福崎町のスポーツ情報サイト
　　　　私たちのクラブ「スポーツネットワークUS」
　　　　総合型クラブの統合に向けて

終　章▷地域スポーツクラブの育成と自立に向けて

スポーツ文化の可能性 ………………………………………………………… *158*
　　　　文化とはみなされなかったスポーツ
　　　　東京オリンピックから40年間のスポーツ文化の変容
　　　　「する」「みる」「ささえる」――新しいスポーツ文化の出現
　　　　スポーツ文化の発展に向けて

地域スポーツクラブの阻害要因と促進要因 ……………………………… *163*
　　　　総合型クラブの設立プロセス
　　　　総合型クラブの阻害要因
　　　　総合型クラブの促進要因
　　　　総合型クラブの魅力づくり
　　　　前例がないからやってみる

　　　　■参考文献 ……………………………………… *177*
　　　　■兵庫県の総合型地域スポーツクラブのウェブサイト ……… *178*

兵庫県の市町と最近の合併の推移

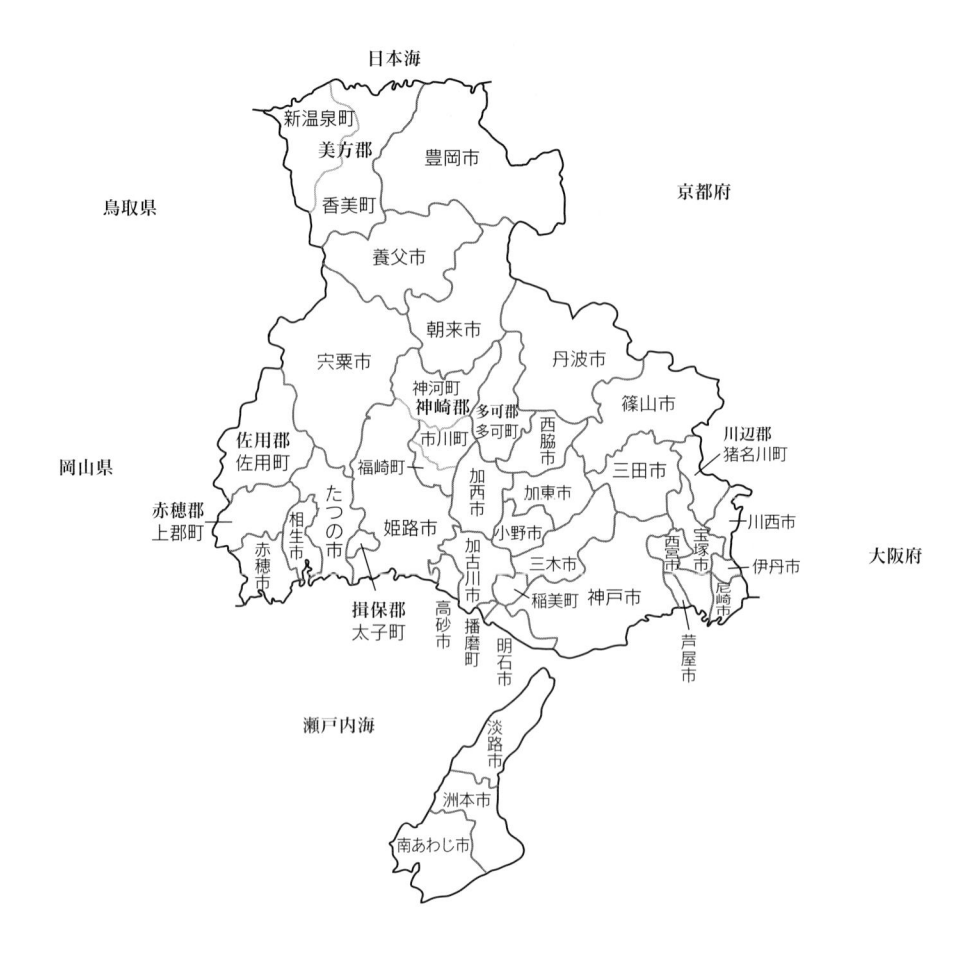

施行日	新市町名	旧市町名
1999年 4月 1日	篠山市（新設）	多紀郡篠山町・西紀町・丹南町・今田町
2004年 4月 1日	養父市（新設）	養父郡八鹿町・養父町・大屋町・関宮町
11月 1日	丹波市（新設）	氷上郡柏原町・氷上町・青垣町・春日町・山南町・市島町
2005年 1月11日	南あわじ市（新設）	三原郡緑町・西淡町・三原町・南淡町
4月 1日	美方郡香美町（新設）	城崎郡香住町、美方郡村岡町・美方町
	宍粟市（新設）	宍粟郡山崎町・一宮町・波賀町・千種町
	淡路市（新設）	津名郡津名町・淡路町・北淡町・一宮町・東浦町
	朝来市（新設）	朝来郡生野町・和田山町・山東町・朝来町
	豊岡市（新設）	豊岡市、城崎郡城崎町・竹野町・日高町、出石郡出石町・但東町
10月 1日	美方郡新温泉町（新設）	美方郡浜坂町・温泉町
	佐用郡佐用町（新設）	佐用郡佐用町・上月町・南光町・三日月町
	たつの市（新設）	龍野市、揖保郡新宮町・揖保川町・御津町
	西脇市（新設）	西脇市、多可郡黒田庄町
10月24日	三木市（編入）	美嚢郡吉川町
11月 1日	多可郡多可町（新設）	多可郡中町・加美町・八千代町
11月 7日	神崎郡神河町（新設）	神崎郡神崎町・大河内町
2006年 2月11日	洲本市（新設）	洲本市、津名郡五色町
3月20日	加東市（新設）	加東郡社町・滝野町・東条町
3月27日	姫路市（編入）	飾磨郡家島町・夢前町、神崎郡香寺町、宍粟郡安富町

序章

総合型地域スポーツクラブの誕生とモデル事例

総合型地域スポーツクラブ育成の背景と現状

総合型地域スポーツクラブ育成の背景

　スポーツ振興基本計画（文科省、2000年）に記されている総合型クラブの特徴は、①複数の種目が用意され、②子どもから高齢者まで、初心者からトップレベルの競技者まで、地域の誰もが年齢、関心、技術・技能レベルなどに応じていつまでも活動ができ、③拠点となる施設およびクラブハウスがあり、④質の高い指導者の下、個々のニーズに応じたスポーツ指導が行われ、⑤地域住民が主体的に運営する、と規定されている。こういったスポーツクラブは、ヨーロッパのフランスやオランダ、ドイツに多くみられ、わが国の総合型クラブのモデルになっている。
　なぜ、これまでに前例のない総合型クラブの育成が始まったのだろう？　それは、わが国におけるスポーツ・システムには次のような問題と限界が存在しているからである。

(1)「輪切り分断型」スポーツ・システムの限界

　わが国のスポーツ・システムは、「スポーツ少年団—中学部活—高校部活—大学体育会—実業団」というように「輪切り分断型」になっている。それぞれのステージには別々の指導者が存在し、各段階で結果（すなわち勝利）を求めようとしている。スポーツ少年団では、6年生の終わりに"卒団式"が催される。中学部活や高校部活では、3年生になると早々に"引退"する。
　大学の体育会においては、4年になると引退する。また、各種目クラブは関東学生リーグや関西学生リーグなどの地域ブロックリーグに所属している。地域リーグには、「1大学1チーム」しか登録できない。その結果、1大学のクラブには、100名以上の部員がいるところや二軍、三軍が存在する大学クラブも少なくない。しかし、試合に出場できるのは、ごく少数の一軍部員だけである。二軍には素晴らしい身体能力をもっている選手も存在し、彼らの出場機会をつくったり、他の大学で受け入れる可能性を模索するなど、大学スポーツも制度の改革が求められている。一部の大学サッカーにおいては、二軍チームは地域リーグに所属して活躍するところも現れてきた。
　子どもの体力低下が大きな問題になっているが、体力テストの結果をみると、学年を追うごとに伸びている結果が、中学3年生では横ばいになり、高校3年生では低下してしまう。このように、ライフステージごとに指導者とプログラム内容が異なるために、競技能力が発育・発達段階に応じて伸びていかない。また、子どもの数は減少しているにもかかわらず、スポーツ障害が減らないことなど、「輪切り分断型」から「一貫指導型」へのスポーツ・システムの移行が求められている。

(2)スポーツ部活動における休廃部の増加や指導者不足

子どもの数の減少が止まらない。現在、合計特殊出生率（女性1人が生涯に生む子どもの数）は1.29に下がっている。その結果、子どもスポーツや中学・高校の運動部員の減少や休廃部が相次いでいる。埼玉県の中学校では、1994年から1997年にかけて558運動部が休廃部に、大阪府では1997年から2000年にかけて、中学運動部が373部、高校運動部が444部休廃部に追い込まれた。

図1は、中学校の生徒数と運動部活動の加入率の推移を示している。生徒数は少子化を反映して、年々減少している。一方、運動部活動の加入率は66％から70％の間で大きな変化は見られない。したがって、運動部活動に加入している生徒数は確実に減少している。また、中学校ではチームが成立しないことから、合同部活動が始まり、2001年には266校であったのが、2004年にはおよそ2.5倍の683校にまで増加している。

表1は、高校の運動部活動における部員数の種目別変化を示している。男子のテニスやバドミントンなどの種目では、増加傾向がみられるが、減少している種目においては、その減少率がきわめて大きい。とくに減少率が大きいのは、体操（男女）、ラグビー（男）、レスリング（男）、ソフトボール（女）、自転車（男）、登山（男）である。体操やラグビー、レスリングにおいては、怪我をした場合、頚椎骨折などの可能性もあり、いわゆる「傷害の危険度の高い」種目は、少子化家族において敬遠される傾向が読み取れる。

部活動の指導者も不足している。その要因のひとつには、教員の高齢化がある。過去20年余り、新卒教員の採用が控えられてきたことから、職場では教員の高齢化が目立つ。さらに、中学校では部活動の顧問、副顧問が置かれているが、部活動の指導に熱心でない教員も少なくない。また、学生時代にスポーツ経験が乏しい若手教員も少なくない。

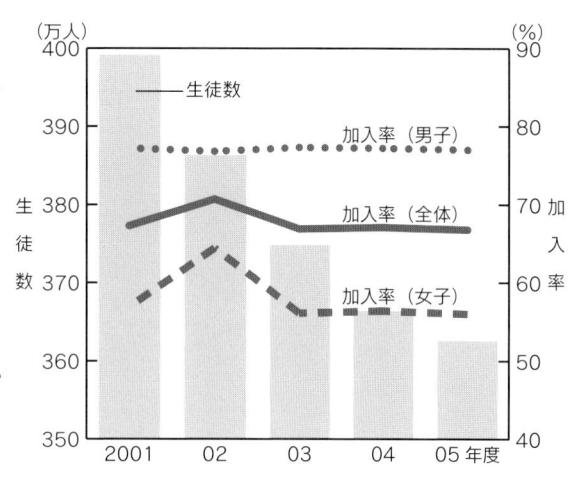

（笹川スポーツ財団『スポーツ白書：新たな価値の発見』2006）
図1 中学校の生徒数と運動部活動の加入率の推移

表1 高校運動部活動の種目別登録者数（上位10種目）

順位	男子					女子				
	種目	2005年度		1995年度		種目	2005年度		1995年度	
		登録者数（人）	登録率（％）	登録者数（人）	登録率（％）		登録者数（人）	登録率（％）	登録者数（人）	登録率（％）
1	サッカー	148,109	18.7	184,546	19.7	バレーボール	73,970	15.6	88,119	14.0
2	バスケットボール	94,154	11.9	130,196	13.9	バスケットボール	64,196	13.6	90,385	14.3
3	テニス	79,094	10.0	56,273	6.0	バドミントン	56,096	11.9	59,517	9.4
4	陸上	55,955	7.1	73,383	7.8	ソフトテニス	44,979	9.5	64,006	10.1
5	卓球	52,487	6.6	49,423	5.3	テニス	44,464	9.4	56,159	8.9
6	ソフトテニス	51,535	6.5	49,771	5.3	弓道	34,908	7.4	36,034	5.7
7	バレーボール	48,359	6.1	69,339	7.4	陸上	32,665	6.9	50,932	8.1
8	バドミントン	43,131	5.4	40,190	4.3	ソフトボール	25,427	5.4	39,443	6.3
9	剣道	36,798	4.6	39,489	4.2	剣道	20,120	4.3	25,998	4.1
10	弓道	31,169	3.9	27,649	3.0	卓球	19,252	4.1	26,709	4.2

（笹川スポーツ財団『スポーツ白書：新たな価値の発見』2006）

運動部活動の存在に関して、何より教員と保護者、生徒の間において考え方にズレが生じている（「中学生・高校生のスポーツ活動に関する調査」文部省、1998年）。同調査によると、運動部を「学校に残したほうがよい」と考えているのは、中学校教員では46％しかない。高校教員では59％とやや増える。それに対して、保護者と生徒の9割は、「運動部活動を学校に残してほしい」と考えている。中学校教員においては、「地域に移したほうがよい」の賛成者が53％と、学校存続派を上回っている。

教員の仕事量は授業のほかにも、生徒指導、事務作業、授業準備と増える一方である。女性教員の中には、教員、妻、母親という3役をこなしているキャリア女性も少なくない。週末に開催される部活動の試合は、顧問教員が引率しなければならない。手当ては支給されるが、都道府県によって若干差異はあるものの、日曜日1日出勤しても1000円程度で、交通費や昼食代に消えてしまう。運動部活動は、教員の生活の犠牲のうえに成り立っているといっても過言ではないだろう。今後、少子化の歯止めがきかないならば、運動部活動の種目数は減少せざるをえないだろう。

1997（平成9）年に発表された保健体育審議会答申のなかで、運動部活動に対する外部指導者[*1]（コーチ）の導入が提示された。以来、外部指導者を導入する都道府県が増えている。運動部活動にない種目を総合型クラブにおいて提供するなど、今後、学校の運動部活動は、地域スポーツクラブとの連携を深め、相互に補完するシステムの構築が求められるだろう。

*1　外部指導者——部活動において、教員以外に直接指導を行う地域のスポーツ指導者のこと。少子化にともなう児童生徒の減少や顧問の高齢化、運動経験の少ない教員の増加などにより、指導者の確保や部活動の維持が困難になったという背景がある。文科省は、1997（平成9）年の保健体育審議会答申を受けて、「運動部活動地域連携推進事業・外部指導者活用事業」を進めている。2000（平成12）年のスポーツ振興基本計画では、部活動における地域の指導者の導入システムと研修機会の充実を提言している。

(3) 地域におけるコミュニティの崩壊や教育力の低下

地域においては、核家族化や都市化、またニュータウンの造成により、新旧住民間の交流機会が減少し、コミュニティの崩壊がみられる。子どもの遊びは同年齢間の遊びが主流で、異年齢間の交流が減少した。子どもの遊びは、「屋外遊びから屋内遊びへ」という変化が顕著である。筆者らは、神戸市の小学5年生と6年生の遊びの調査を実施した（岡田・山口、2001年）。20年前のデータと比較分析した結果、塾通いは3倍に増加し、ふだんの遊び場所が屋外という"屋外で遊ぶ子ども"は46％から17％へと減少した。かつてのように、子どもが地域のなかで育つという構図は期待できなくなった。

地域における組織スポーツ活動においては、リーダーシップやフォロワーシップが育ち、子どもの社会性や協調性といった人間発達の効果が期待できる。また、異年齢間の交流機会も多い。保護者がアシスタント・コーチを務めたり、給水係や試合会場への送迎など、スポーツ・ボランティアの活動機会も多い。このように、家庭や学校以外において、子どもたちが地域で育つ組織スポーツ活動に対する期待は、ますます高まるだろう。

(4) 運動する子としない子の二極化、および子どもの体力低下

最近の子どもの傾向として、運動する子どもとしない子どもの二極化が顕著になっている。子どものスポーツの全国調査（笹川スポーツ財団、2002年）によれば、1位は「ほとんど毎日する」子どもで21.8％、2位は「ほとんどしない」子どもで19.4％とU字曲線が読み取れる。すなわち、「スポーツ熱中少年」と屋内遊び中心の「運動不足少年」の二極化の傾向が明らかである。

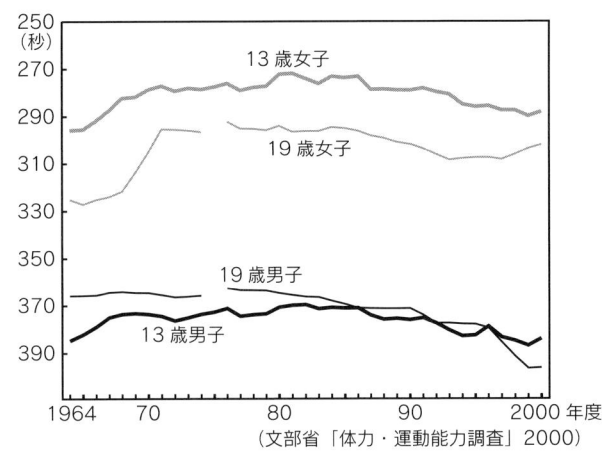

図2 持久走の年次推移
（文部省「体力・運動能力調査」2000）

表2 13歳の持久走の比較
（1970年／2000年）
（単位：秒）

	男　子	女　子
2000年	408	298
1970年 （親の世代）	380	278
差	28	20

（注）男子は1500m、女子は1000m
（文部省「体力・運動能力調査」2000）

　子どもの体力低下は、さらに深刻である。文部科学省が1964（昭和39）年から行っている「体力・運動能力調査」によれば、体力テストが始まってから、1980（昭和55）年にかけては成績が向上していた。しかし、1985（昭和60）年をピークに低下し始め、現在まで約20年間低下傾向が続いている。「ひ弱な子どもたち」という特徴は、体力低下からも明らかである。

　図2は、1980年から2000年にかけての持久走（男子1500m、女子1000m）の記録の年次推移を示している。男女とも記録が下がり、持久力の低下が明らかである。たとえば、13歳女子では、1985（昭和60）年をピークにして、2000（平成12）年では25秒以上遅くなっている。

　今の子どもたちの体力が、いかに落ちているかを示す興味あるデータを紹介しよう（「体力・運動能力調査」文部省、2000）。**表2**は、親が13歳のときの持久走の記録と現在の13歳の子どものデータを比較したものである。

　父親が13歳のときの平均値は380秒、すなわち6分20秒である。それに対して、今の13歳男子の平均値は408秒、すなわち6分48秒であった。父親がゴールしてから、子どもは何と28秒も遅れてゴールすることになる。距離にして110mも離れている。母親が13歳のときと比べてみると、今の13歳女子は20秒遅れてゴールしている。これは距離にすると72mにもなる。

　子どもの体力低下はこのように顕著であるが、この要因はどこにあるのだろうか。文科省の「子どもの体力向上のための総合的な方策について（答申）」（2002年）によれば、子どもの体力の低下の要因として次の3点を指摘している。

①保護者をはじめとした国民の意識の中で、子どもの外遊びやスポーツの重要性が軽視されることなどにより、子どもに積極的にからだを動かすことをさせなくなった。

②子どもを取り巻く環境については、
　・生活が便利になるなど、子どもの日常生活全体が、からだを動かすことが減少する方向に変化した。
　・スポーツや外遊びに不可欠である時間・空間・仲間が減少した。
　・発達段階に応じた指導ができる指導者が少ない。
　・学校の教員については、教員の経験不足や専任教員が少ないことなどにより、楽しく運動できるような指導の工夫が不十分との指摘がある。

③偏った食事や睡眠不足など、子どもの生活習慣に乱れがみられる。

このように、子どもを取り巻く環境が大きく変容したという「環境要因」に加え、偏った食事や不規則な生活習慣という「生活習慣要因」、そして子どもの遊びや運動・スポーツの軽視という「価値要因」の3点が体力低下要因として強調されている。

(5) 単一種目型地域スポーツクラブの限界

　戦後60年間続いてきたわが国のスポーツ・システムの制度疲労が顕著になり、地域住民が主体になった、子どもたちの育成とスポーツ活動の場として、総合型クラブの育成に期待が寄せられている。
　地域におけるスポーツ振興は、1970年代に地方自治体の教育委員会などより、バレーボールや卓球、バドミントンなどのスポーツ教室事業として進められた。地域スポーツの組織化として定着したのが、いわゆる「三鷹方式[*2]」である。これは、毎週1回のスポーツ教室が8回や10回開催された後に、教室受講生を対象にして、地域スポーツクラブを設立するという方式である。
　「教室からクラブへ」という三鷹方式は、やがて全国へ広がり、単一種目による地域スポーツクラブが続々と誕生していった。京都府立体育館においては、この三鷹方式をさらに発展させた「京都府立体育館方式」を定着させた。これは、スポーツ教室により単一種目を設立した後、府立体育館への登録クラブとして組織化を進めた。登録クラブになると、府立体育館の施設を優先的に利用できるというメリットが誘引になった。さらに、登録クラブのリーダーたちを対象にした「スポーツリーダー講習会」を義務づけた。そして、リーダーたちを集めた「クラブ連絡協議会」を組織した。クラブ連絡協議会は、卓球、バドミントン、バレーボール、テニスが中心で、それぞれ登録クラブの大会を自主開催するまでに成長した。この背景には、もちろん府立体育館のスタッフによるサポート体制が整っていたことを強調すべきであろう。
　単一種目クラブは少人数ゆえに、運営はファミリークラブで友好的である。ほとんどのクラブは、月会費や年会費を徴収しており、クラブの会長やキャプテン、会計担当者といったリーダーシップも良好で自主運営している。しかし、問題になるのはクラブの存続や会員の確保である。全国の地域スポーツクラブの平均会員数は29名である。クラブが5年、10年、20年と継続していくうちに、会員は同世代型ゆえに高齢化していく。しかし、新規会員はなかなか増えず、会員の転勤や故障、家庭内の問題等から会員数の減少が避けられない。また、高齢化にともない、軽い運動負荷の種目へ変更しようとしても、単一種目クラブゆえに選択することができない。そして、やがて会員数の減少にともない、クラブの存続が危うくなるという傾向が避けられない。

*2　三鷹方式──スポーツ教室の終了後、受講生を中心にしてスポーツクラブを設立する手法。東京都の三鷹市において、バレーボール教室などの事業終了後、新しいクラブが設立されたことから、三鷹方式と呼ばれる。スポーツ振興だけでなく、公民館などが開催している文化教室にも広がっている。京都府立体育館は、三鷹方式によるクラブを体育館登録クラブとして、施設利用や大会開催の支援を行っている。

総合型クラブの育成モデル事業

　総合型クラブの育成は、文部省が1995年に「総合地域スポーツクラブ育成モデル事業」を始めたのが最初である。1995年度は、岩手県金ヶ崎町、山形県鶴岡市、愛知県半田市、福岡県北九州市、宮崎県田野町の5ヶ所がモデル事業の指定を受けた。補助金は、文部省から650万円、各地方自治体から650万円、合計1300万円で、3年間の育成モデル事業であった。以後、平成8年度は6ヶ所、平成9年度は2ヶ所、平成10年度は3ヶ所とモデル事業を受ける自治体が減少したが、平成11年度は18ヶ所、平成12年度は26ヶ所と増加し、平成15年度まで育成モデル事業が続い

表3 文部科学省「総合型地域スポーツクラブ育成モデル事業」実施市区町村（1995～2003年度）

都道府県名	市町村名	都道府県名	市町村名
北海道	士別市、上川町、釧路市、札幌市、函館市	京都府	和束町、瑞穂町
青森市	大間町	大阪府	大阪狭山市
岩手県	金ヶ崎町、水沢市、遠野市、釜石市、北上市	兵庫県	姫路市、宝塚市、加古川市、三木市
秋田県	琴丘町	和歌山県	田辺市
山形県	鶴岡市、金山町	奈良県	吉野町
宮城県	多賀城市	鳥取県	北条町
福島県	飯舘村	島根県	宍道町、出雲市、松江市
茨城県	鹿嶋市	岡山県	岡山市、玉野市、総社市、井原市、美作市
栃木県	石橋町	広島県	熊野町、吉田町、北広島町、瀬戸田町、音戸町、世羅町、呉市、福山市
群馬県	粕川村		
埼玉県	所沢市	山口県	新南陽市、下関市、由宇町、田布施町
千葉県	三芳村	香川県	豊中町
東京都	練馬区、足立区、神津島村	愛媛県	波方町、宇和町
山梨県	韮崎市	高知県	高知市
長野県	南箕輪村、飯田市	徳島県	阿波市、美馬市
新潟県	南魚沼市、神林村、新井市、豊栄市	福岡県	北九州市、香春町、築城町、田川市、嘉穂町、糸田町、柳川市、豊津町、豊前市、田主丸町
富山県	福野町、福岡町、福光町、黒部市、南砺市、新湊市		
		佐賀県	多久市
石川県	田鶴浜町、輪島市	長崎県	福江市、壱岐市
福井県	鯖江市	熊本県	宇土市、熊本市
岐阜県	揖斐川町、岐阜市、神戸町、飛騨市	大分県	竹田市、国見町
愛知県	半田市、新城市、西春町、一色町	宮崎県	田野町
静岡県	浜松市	鹿児島県	鹿屋市、薩摩川内市、中種子町
三重県	明和町、鈴鹿市、久居市、伊賀市、熊野市	沖縄県	佐敷町
滋賀県	蒲生町、野洲町、竜王町		

注）市町村名はモデル事業を受けたときの名前。

た。表3は、文科省の総合型クラブの育成モデル事業を受けた自治体を表したものである。

　他方、地方自治体も独自に育成モデル事業を始めた。1998年には神戸市、2000年には兵庫県が、他にも青森県、福島県、岐阜県、静岡県、香川県、山口県、佐賀県、熊本県などがモデル事業を行ってきた。ただ、補助金の額は兵庫県を除いて、年間70万円から100万円ほどであった。

　また、2004年からは、文部科学省による育成モデル事業が廃止され、文部科学省は交付金として、日本体育協会へ総合型地域スポーツクラブ育成推進事業を委託した。その結果、日本体育協会事務局には生涯スポーツ推進部クラブ育成課が置かれ、総合型クラブの育成事業を始めた。交付金はまた都道府県体育協会を通して、総合型クラブ育成事業に配分された。

　日本体育協会は、1997年からスポーツ少年団を核にしたクラブ育成モデル地区事業、2002年からスポーツ振興くじ[*3]助成によるクラブ創設支援事業とクラブ活動支援事業を展開している。2004年からのクラブ育成推進事業においては、最大2ヶ年、1年あたり300万円を上限として創設のための活動経費が交付されている。

　＊3　スポーツ振興くじ──1998年に公布・施行された「スポーツ振興投票法」（サッカーくじ法）によるスポーツ振興くじのこと。独立行政法人日本スポーツ振興協会が運営しており、収益は、生涯スポーツの振興や競技力向上のための振興政策を実施するための財源として使われている。

スポーツ振興くじによる助成

　スポーツ振興くじ〈toto〉は、2001年3月から販売が始まった。Jリーグ13試合の各試合のホームチームの90分間での結果を、「勝ち」「負け」「その他」の3通りから予想するものである。当

せんの種類は、1等（全試合的中）、2等（1試合はずれ）、3等（2試合はずれ）で、当せん金額は最高1億円（キャリーオーバー発生時は、最高2億円）とされている。

2005年からは、3試合（6チーム）の得点を予想する「toto GOAL3」がスタートした。これは、90分間での各チームの得点結果を、「0点」「1点」「2点」「3点以上」の4通りから予想し、1等（全チーム的中）、2等（1チームはずれ）の2種類がある。さらに、2006年3月からは、5試合の「勝ち」「負け」「その他」の結果を予想する「mini toto」がスタートした。青少年への配慮から、19歳未満の購入や譲り受けは法律で禁じられている。

スポーツ振興くじの収益は、日本のスポーツ振興に助成されており、次のような目的のために行われている（独立行政法人日本スポーツ振興センター、2005年）。

①誰もが身近にスポーツに親しめる環境の整備
- 地域のスポーツクラブの活動に対する助成（総合型地域スポーツクラブの創設・活動、地域スポーツクラブが行う交流大会など）
- スポーツ大会、スポーツ教室開催等の事業に対する助成（幼少者や高齢者を対象とする特色ある事業ほか）
- 広域スポーツセンターの事業に対する助成
- 地域におけるスポーツ施設の整備に対する助成

②スポーツ指導者の養成、資質の向上
- 地域のスポーツ活動をサポートする指導者の養成等の事業に対する助成（トップレベルの選手であった者による指導の機会の創出、総合型地域スポーツクラブのクラブマネジャーの養成など）
- 競技力向上のためのスポーツ指導者が指導に専念できる環境の整備など

③世界で活躍するスポーツ選手の育成
- スポーツの競技力向上のための事業に対する助成（将来性を有するジュニア選手の発掘・育成のための情報収集および共有化、競技力向上方策に関する調査研究、普及啓発事業など）
- スポーツ団体の組織の基盤強化に対する助成（マネジメント機能の強化など）

④国際的スポーツ活動への支援
- 特定事業の開催に対する助成（オリンピック競技大会、アジア競技大会、ユニバーシアード競技大会などの国際的な総合大会ならびにこれらに相当する大会）

スポーツ振興くじは2001年度から発売が始まり、翌2002年度から、上記の目的を達成するために助成事業が始まった。初年度の売り上げは643億円、2002年度は360億円、2003年度200億円、2004年度157億円、2005年度149億円と、毎年売り上げが減少している。売り上げで決まる助成金も2002年度57億8000万円、2003年度24億3000万円、2004年2億5000万円、2005年度1億1800万円と先細りになってきているが、2005年度までに約85億円の助成が行われてきた（図3）。助成金は上記の目的に配分されているが、そのうち総合型地域スポーツクラブへの支援は大きな割合を占めている。

表4は、2005年度のスポーツ振興くじ助成金の内訳を示している。総合型クラブへの活動助成は全部で187件で、1億7400万円である。総合型クラブの創設支援事業が5件というのは、継続事業で新規事業は行われていない。これは助成の財源が少なくなったことと、文科省の総合型クラブ創設支援のための交付金（40億円）が日本体育協会から都道府県体育協会を通して助成されているからである。総合型クラブ活動支援（活動）事業は、167クラブに対して、合計1億5928万円が助

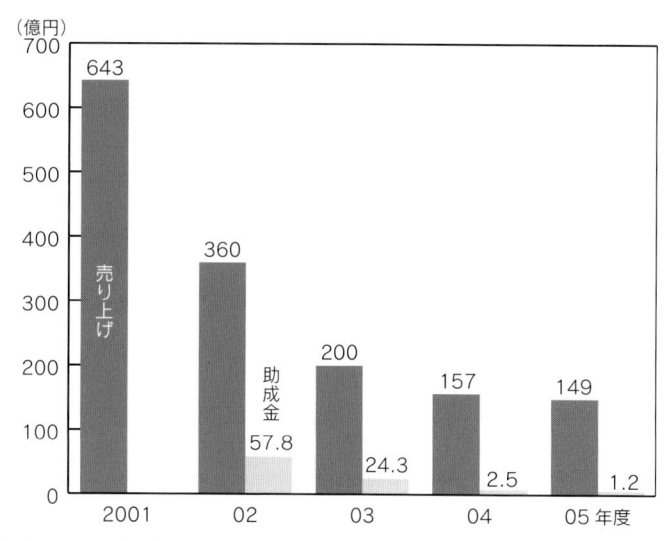

図3 totoの売り上げと助成金の推移

表4 スポーツ振興くじ助成金の内訳（2005年度）

事　業　区　分	件　数	内定額
総合型地域スポーツクラブ活動助成	187件	1億7,400万円
総合型地域スポーツクラブ創設支援事業	5件	160万円
総合型地域スポーツクラブ活動支援（活動）事業	167件	1億5,928万円
広域スポーツセンター指導者派遣等事業	15件	1,312万円
スポーツ団体が行う将来性を有する選手の発掘及び育成強化助成	29件	4,810万円
スポーツ団体スポーツ活動助成	53件	2,790万円
アンチ・ドーピング活動推進事業	51件	2,004万円
スポーツ指導者海外研修事業	1件	660万円
組織基盤強化事業	1件	126万円
合　　計	269件	2億5,000万円

成されている。また、総合型クラブの育成を担っている広域スポーツセンターの指導者派遣事業は15件で、1312万円が支給されている。

　これまでの総合型クラブへの助成をみると、2003年度は348件、合計5億9000万円、2004年度は176件、合計3億8000万円が助成されてきた。スポーツ振興くじの売り上げの減少とともに、残念ながら総合型クラブへの助成金も年々少なくなってきている。

総合型地域スポーツクラブのタイプ

　ひとくちに総合型クラブといっても、設立の経緯や運営形態は多様である。これから設立を目指す人たちへのアドバイスは、「総合型の単一モデルはない」ということだ。夢と意欲をもった人材が集まり、地域のスポーツ環境を正確に把握し、さまざまなモデル事例を学び、あせらずに時間をかけて創っていくことである。

　総合型クラブを設立の経緯に着目すると、次の4つのタイプに分類できる。
　①自発的組織型
　②行政補助型

③民間団体補助型
④民間施設型

「自発的組織型」は、わが国では少ない。しかし、明治4年に在留外国人によって設立された「神戸レガッタ&アスレチッククラブ」(KR & AC) や、「横浜カントリー&アスレチッククラブ」(YC & AC) は現在も130年の歴史とともに、活動を継続している。わが国では、1969年にマンモス団地に自発的に設立された神戸市の「垂水区団地スポーツ協会」がさきがけで、1976年に、中学校のプール開放がきっかけになって設立された東京都杉並区の「向陽スポーツ文化クラブ」などがモデル事例である。

「行政補助型」は文科省や地方自治体の補助金を受けたモデル事業をきっかけにして設立されたクラブである。文科省のほかに、補助事業を行ってきた地方自治体には、青森県、福島県、岐阜県、静岡県、兵庫県、香川県、山口県、佐賀県、熊本県、神戸市などがある。この中でも文部省育成事業により最初に設立された成岩スポーツクラブは、NPO法人を取得し、「NPO法人ソシオ成岩スポーツクラブ」の名前は全国的に広まっている。しかし、「行政補助型」クラブの中には、補助金を受けている間はスポーツ教室やイベントを開催しているものの、2年間や3年間の補助事業が終了すると、クラブの活動が停止してしまい、自然消滅してしまったクラブも少なくない。このメカニズムに関しては、後述したい。

「民間団体補助型」は、日本体育協会や日本レクリエーション協会の補助によって設立されたクラブである。「民間施設型」は、「民間営利団体」によるものと「民間非営利団体」(YMCAなど) によるものに分けられる。民間営利団体による商業スポーツ施設は、フィットネスクラブがその代表である。民間非営利団体による施設は、都道府県認可の財団法人という形態がほとんどである。

さらに最近では、行政が施設を建設し、民間団体 (営利・非営利) が運営委託を受けるという「公設民営」という形態もみられる。まだ数は少ないが、施設は室内プール、トレーニングルーム、スタジオといったフィットネスクラブと同様な形態で、会費は民間の半分程度に抑えている。この事例は、香川県の詫間町や石川県の高松町にみられ、詫間町では、民間企業委託 (出来高方式)、高松町では建設経営委託方式で公設民営化が行われている。

導入期から成長期に入った総合型クラブ

このように、総合型地域スポーツクラブは、①自発的組織型、②行政補助型、③民間団体補助型、④民間施設型など、多様な組織基盤と運営形態が存在する。

NPO法人クラブネッツ (2005年) の全国調査によれば、2005年10月現在、全国で設立された総合型クラブは1496クラブに上っている。これに現在設立準備中のクラブを含めると、全国で2187クラブに上る。

表5は、設立準備中のクラブを含めた都道府県別クラブ数を示している (NPO法人クラブネッツ、2005年)。クラブ数は都道府県において、大きな格差が生まれている。クラブ数が最も多いのが兵庫県の832クラブ、次いで愛知県の140クラブ、東京都の75クラブ、三重県の53クラブ、富山県の51クラブ、福島県の49クラブ、北海道の45クラブ、岩手県の44クラブ、千葉県・岐阜県の42クラブと続いている。クラブ数の多い都道府県の特徴のひとつは、地方自治体独自のクラブ育成補助事業を行ってきたところで、兵庫県、福島県、岐阜県などがそれにあたる。

上記の全国クラブ調査を実施した黒須 (2005年) によれば、モデルクラブとしてNPO法人双葉

表5 都道府県別の総合型クラブ数

北海道	45	東京都	75	滋賀県	35	香川県	19
青森県	10	神奈川県	31	京都府	25	愛媛県	23
岩手県	44	新潟県	27	大阪府	40	高知県	19
秋田県	34	富山県	51	兵庫県	832	福岡県	30
宮城県	18	石川県	16	奈良県	12	佐賀県	18
山形県	31	福井県	12	和歌山県	18	長崎県	10
福島県	49	山梨県	7	鳥取県	23	熊本県	37
茨城県	16	長野県	25	島根県	21	大分県	16
栃木県	26	岐阜県	42	岡山県	27	宮崎県	18
群馬県	13	静岡県	26	広島県	23	鹿児島県	28
埼玉県	31	愛知県	140	山口県	24	沖縄県	8
千葉県	42	三重県	53	徳島県	17	合計	2,187

(設立準備中のものを含む。2005年10月31日現在。黒須作成)

ふれあいクラブ（福島県双葉町、会員数761名）とNPO法人ごうどスポーツクラブ（岐阜県神戸町、会員数2445名）、NPO法人ゆうスポーツクラブ（山口県由宇町、会員数1885名）をあげ、地域住民主導型のスポーツクラブがこれまでの学校、企業、行政への依存体質を脱却し、大きな成果をあげているという。また、地域住民運営型の総合型クラブの育成により、次のようなメリットがあると強調している。

　①スポーツ参加率の向上　　②世代間の交流
　③医療費の削減　　　　　　④専門的な指導・一貫指導
　⑤情報の発信拠点　　　　　⑥地域教育力の向上
　⑦高齢者の生きがいづくり　⑧施設の有効利用
　⑨住民参画型の地域づくり　⑩クラブは人生の伴走者

わが国における総合型クラブの育成は、1995年の「導入期」から「成長期」に入ってきた。しかし、「成長期」というのは、総合型クラブの設立クラブ数という量的な指標という意味である。補助金を受け、設立されたものの、設立自体が目的であったために設立後に休眠状態になったり、補助金終了後に消滅したクラブが存在するのも事実である。総合型クラブの運営という、組織体のマネジメントの知識と経験をもつ人材の養成も発展途上である。

総合型クラブの育成・支援を目的とする広域スポーツセンターも設立が進んできたが、事業内容の質的水準にはかなりの格差が生じている。独自のクラブマネジャー講習会を継続実施し、専任のクラブマネジャーが誕生している富山県は先進事例である。反面、看板を出してはいるものの、活動内容がみえないところや、ホームページの内容が更新されていないセンターなども存在する。それゆえ、総合型クラブの育成と発展には何がポイントなのか、短期的な展望だけでなく中長期的な展望は何か、クラブの発展を阻害するものは何かといった点について、これからさらに検証してみよう。

自治体のリーダーシップによる「スポーツクラブ21ひょうご」のモデル事例

「スポーツクラブ21ひょうご」の理念

「スポーツクラブ21ひょうご[*1]」事業は、兵庫県内の全827小学校区において、総額108億円もの巨費を投じて、2000年度からスタートした総合型クラブの育成補助事業である。同事業は、法人県民税の超過課税を財源としたCSR（文化・スポーツ・レクリエーション）事業の一環である。CSR事業は、1万人以上の従業員をもつ県内の事業所から、法人県民税の超過課税（0.8％）を行い、文化・スポーツ・レクリエーション事業にあてるという目的税である。法人県民税の超過課税は、ほとんどの都道府県で実施されているが、その使途の多くは福祉関連事業である。1999年度までは、「市町施設と競合しない」、そして「文化・スポーツ・レクリエーションの先駆的役割」という条件で、施設建設を中心に進められてきた。

2000年度から、CSR事業を活用し、県内すべての小学校区において総合型クラブを育成することになったのは、住民主導により、地域でスポーツクラブを運営することによる社会的効果が評価されたからである。スポーツクラブ21ひょうご事業の目的は、「"トライやるウイーク"等で培ってきた地域社会の教育力を活用し、小学校区を基本単位とするそれぞれの地域で、すべての県民が主体的かつ継続的にスポーツを中心とした地域の活動に参加できる環境を整え、そうした活動を通じて親子のふれあいや地域の人々との交流を促進するとともに、青少年にルールやマナーの涵養を図り、心身ともに健全な青少年を育成すること」とされている。そして地域スポーツクラブの形成と発展により、①コミュニティの形成、②子どもたちの教育の場、③完全学校週5日制への対応、④ライフステージに応じたスポーツ活動と健康保持増進、⑤2006年のじぎく兵庫国体への県民総参加の母体となる、という効果が期待されている。

108億円もの巨費が投じられたのは、貝原前兵庫県知事の決断による。それは、1997年2月の「神戸児童連続殺傷事件」が起こったことだ。もうひとつの要因は、当時、兵庫県の中学生不登校率が全国ワーストワンであったからだ。「子どもが危ない」という危惧を何とかするためには、「子どもを地域で、スポーツによって、そして地域スポーツクラブにおいて育てる」という理念である。家族の教育力が低下し、地域社会の人間関係が希薄化した今日、地域住民自らが運営する総合型クラブによる教育力への期待が大きい。

図4は、スポーツクラブ21ひょうご事業の組織図を示している。1小学校区あたり、クラブハウス整備費として800万円、クラブ運営費用として100万円を5年間、合計1300万円の補助金（基

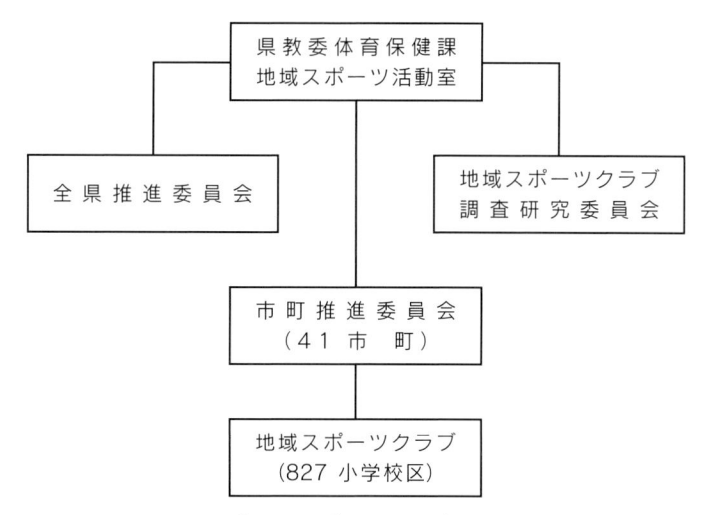

図4　スポーツクラブ21ひょうご事業の組織図

金方式）を支援する。基金方式は、使い方に制限がある補助金とは異なり、かなり柔軟に使える。補助金は当該年度にすべて使い切り、帳簿を合わせないといけないが、基金方式は翌年度への繰越が可能である。基金方式の補助金は、県教委地域スポーツ活動室より、市町推進委員会が置かれた市町担当課を通して、各クラブへ支給される。全県推進委員会は、自治体、企業、民間、学校、メディア、各種団体の代表が集まり、委員長は知事が務めている。市町推進委員会は、学校、スポーツ団体、自治会・PTA等の地域団体が集まっているが、委員の選考は各市町に任されている。地域スポーツクラブ調査研究委員会は、専門的見地から調査研究を行い、課題を明確にした上で、具体的方策を提言することを目的に2002年10月に設置された。

*1　スポーツクラブ21ひょうご──2000年から兵庫県が始めた総合型地域スポーツクラブの育成事業。財源は法人県民税で、CSR（文化・スポーツ・レクリエーション）事業の一環として、県内の全827小学校区に設立された。特徴は、「多世代、多種目、小学校区、会員による自主運営」である。（www.hyogo-c.ed.jp/~taiiku-bo/frame21.htm）

クラブ育成の歩み

　図5は、兵庫県の総合型クラブの振興事業である「スポーツクラブ21ひょうご」事業によるクラブ設立数を示している。事業初年度の2000年度は83クラブ、2001年度は158クラブ、2002年度は231クラブ、2003年度は146クラブ、2004年度は124クラブ設立され、742クラブになった。事業最終年度の2005年度は85クラブが設立され、合計827クラブになり、会員総数は34万3746名に上っている。

　表6は、「スポーツクラブ21ひょうご」事業の推移を示している。2000年6月には、県内のさまざまな地域団体を集め、全県推進委員会が発足した。同年には、市町説明会が行われ、市町推進委員会が発足している。プロモーションビデオの第1号「スポーツクラブ21ひょうご」が作成・配布された。8月には、第1号クラブが加古川市氷岡小学校区で立ち上がった。翌年5月には、ビデオ第2号「スポーツクラブ21ひょうご─クラブの効果と運営─」が作成・配布された。ビデオは市郡町教育委員会事務局や全小学校に配布されているが、残念ながら小学校によっては関心が低く、上映されなかったところもあったようだ。事業2年目には、クラブマネジャー講習会が始まった。さらに、

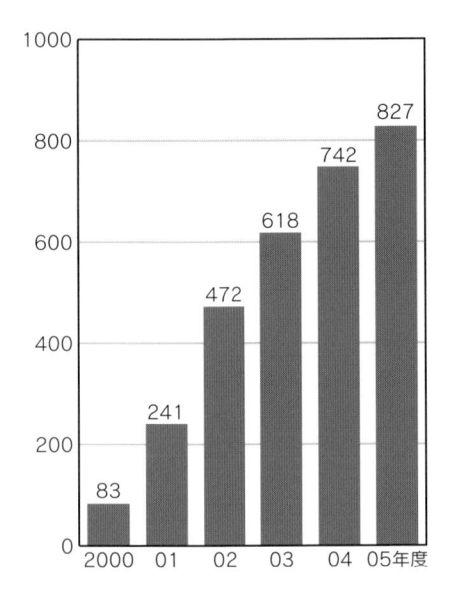

図5 スポーツクラブ21ひょうご事業によるクラブの設立数

表6 「スポーツクラブ21ひょうご」事業の推移

2000年	6月	全県推進委員会の発足
	6月	県内市町説明会
	7月	地域別説明会
	7月	市町推進委員会の発足
	7月	ビデオ第1号「スポーツクラブ21ひょうご」配布
	8月	第1号クラブ設立(加古川市氷岡小学校区)
	11月	市町担当課長・担当者会
2001年	5月	ビデオ第2号「スポーツクラブ21ひょうご-クラブの効果と運営-」配布
2002年	1月	地域スポーツクラブマネジャー養成講習会(3地区)
	5月	「スポーツクラブ21ひょうご」啓発セミナー
	10月	調査研究委員会
2003年	1月	地域スポーツクラブマネジャー養成講習会(10地区)
	4月	ふるさとボールパーク事業
	7月	スポーツリーダー講習会(10地区)
	8月	ブロック別交流大会
2004年	1月	地域スポーツクラブマネジャー養成講習会(10地区)
	4月	ふるさとボールパーク事業
	5月	市郡町担当者研修会(宿泊研修)
	7月	スポーツリーダー講習会(10地区)
2005年	2月	ビデオ第3号「クラブ運営の秘訣-クラブ運営の成功事例-」配布
	4月	ふるさとボールパーク事業

スポーツクラブの啓発セミナーも地区別で始まった。

著者は、全県推進委員会や地域スポーツクラブ調査研究委員会、そしてプロモーションビデオの監修にかかわった。また、クラブマネジャー講習会や啓発セミナーで講師を務めると、総合型クラブの意義やクラブマネジメントを理解していないクラブや、設立が遅れている地域があることから、地域スポーツクラブ調査研究委員会が設立された。事業初年度から、調査研究委員会の設立を提案してきたが、3年目にようやく実現した。

調査研究委員会では、クラブ育成に関する問題や課題が議論され、ホームページで公開された。また、設立された472クラブを対象に質問紙調査を実施し、428クラブ(90.7%)から質問紙を回収し、分析を進めた。調査報告書は2003年9月に完成し、調査結果をもとにして、「クラブの現状」、「クラブの課題・問題点」、「クラブの充実に向けて(提言)」をまとめた(「地域スポーツクラブ調査研究委員会報告書」2004年)。

クラブ調査の結果から、指導者の不足が浮き彫りになり、2003年7月から3時間の講義と地域のニーズに合った実技講習を組み合わせた「スポーツリーダー講習会」が県下10ヶ所で始まった。講義の内容に関して、県教委地域スポーツクラブ活動室の担当者である船田さんから相談を受けた。その結果、「生涯スポーツ論(指導論を含む)」、「トレーニング論」、そして「救急処置とテーピングの実際」の3コマの内容に決まった。また、実技講習は、各地域からのニーズを反映するために、希望種目調査を実施し、2種目の実技講習会を開き、講師は県内の各種目協会に依頼した。

また、設立されたクラブ間の交流を促進するために、地域別に

図6 ビデオ紹介のパンフレット

「ブロック別交流大会」も開催された。兵庫県は、瀬戸内海から日本海にまで広いことから、講習会や交流大会は県内の10行政ブロックで展開されている。

クラブ設立による地域の変化

　スポーツクラブ21ひょうごの現状を、「スポーツクラブ21ひょうご」活動状況調査（兵庫県教育委員会地域スポーツ活動室、2005年）の結果からみてみよう。この調査は、2005年時点で設立された712クラブからの回答を著者が分析したもので、次のようにまとめることができる。

①小学校区を基盤にしていることから、会員数が「100～300人」が5割強、「300～1000人」が28％と、小中規模クラブが多い。法人格を取得しているのは2クラブで、会員数は大規模である。

②設立のきっかけは、「自治体からのすすめ」が7割で、補助金を契機にして立ち上がったのが大多数である。設立に際し、「既存団体との調整」や「会員の確保」、「指導者の確保」、「準備委員会の組織化」といった課題があった。

③クラブの会費は99％が徴収しているが、徴収額は月「100円以下」が58％、「100～200円」が18％と少額である。クラブの運営が補助金に依存していることがわかる。事故対策においては、ほとんどのクラブが保険に加入している。

④クラブの活動は、「6～9種目」が5割強と多種目で展開している。活動種目も室内種目、屋外種目、球技、個人種目、ニュースポーツと多岐にわたっている。1週間の活動は、「週1～2回」が4割弱、「週に3～4回」が3割である。定期的な活動は、「平日夜間」と「週末」が中心である。

⑤クラブの広報は、55％が「広報誌を発行」しており、全国平均の約2倍に上っている。その他に、「パンフレット」や「地域イベントでの広報」なども行っているが、ホームページの開設は8.6％と少ない。

⑥クラブ所属の指導者は、1クラブ平均21名と全国平均の32名を下回っている。これは、小学校区を拠点にしたクラブゆえに、指導者も少ないものと推察される。指導者の資格をもっているのは28％である。

⑦クラブマネジャーを配置していると答えたのは、6.6％である。兵庫県内では、独自のクラブマネジャー講習会を開催しており、これまで1507名が受講した。修了者の多くは、「事務局長」や「理事長」「運営委員長」という名称で呼ばれており、平均すると1クラブあたり約2名の修了者が存在する。

⑧事務局員を配置しているのは、約28％と全国平均の54％をかなり下回っている。配置されている事務局員はほとんどが非常勤であり、常勤は5％に過ぎない。

⑨クラブの年間予算は、「100～200万円」が37％、「200～300万円」が20％である。200万円以上が多いのは、県からの運営補助金が年額100万円（5年間）支給されているからである。自己財源率[*2]は、「10％以下」が5割で、「11～30％」が3割である。兵庫県内の大半のクラブ予算は補助金に依存しており、自己財源率は非常に低い。

⑩クラブハウスは4分の3のクラブが専用施設をもっており、全国平均の約2倍になっている。活動拠点施設はほとんどが「学校施設」を借用している。

⑪クラブ設立の効果は、85％が「変化あり」と効果を認知している。変化の内容は、「世代を超えた交流が生まれた」（57％）、「地域住民の交流が活発化した」（55％）、「地域で子どもたちの成長を

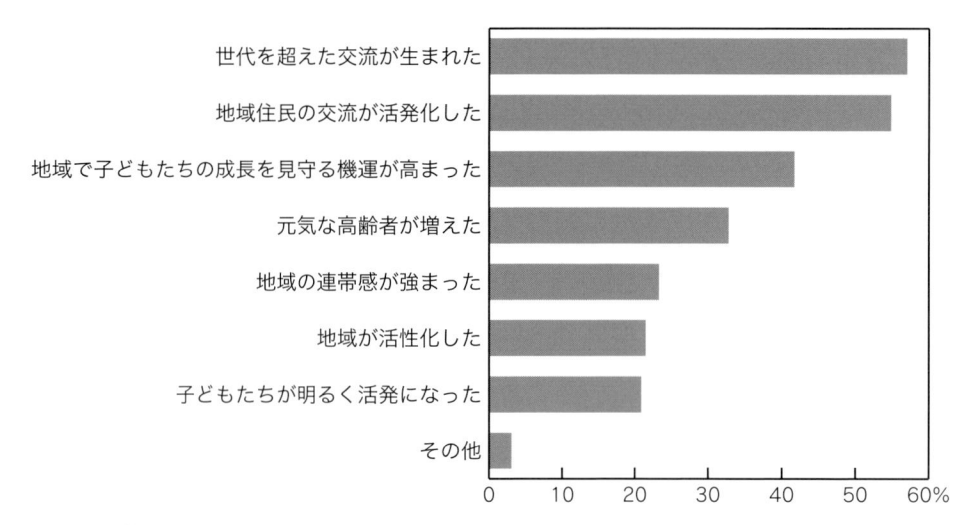

序章　総合型地域スポーツクラブの誕生とモデル事例

図7　クラブ設立による地域の変化

見守る機運が高まった」（42%）、「元気な高齢者が増えた」（33%）、「地域の連帯感が強まった」（23%）、「地域が活性化した」（22%）、「子どもたちが明るく活発になった」（21%）と、具体的な効果が表れている。

⑫スポーツクラブと学校運動部との間において、「指導者の派遣」や「交流イベントや教室の開催」など、連携が強くなっているクラブが増えてきている。また、学校にない種目のクラブを開設したり、学校体育行事に指導者を派遣したり、クラブと学校との連携が進んでいる。

⑬スポーツクラブや市町独自で、スポーツ店やスポーツ施設において「会員対象の割引」を実施したり、「クラブ間交流イベントや練習会の実施」や「施設用具の貸し出し」など、クラブ会員のメリットや魅力を高める工夫がなされている。

⑭財源確保のために、「有償広告の募集」や「地域イベントでのバザー・出店」、「各種団体からの寄付」など、さまざまな取り組みが始められている。

⑮子どもたちへの取り組みとして、「親子・世代間交流のためのイベント・教室の開催」や「子どもたちが参加しやすい種目・教室の設定」、「PTAや子ども会などの団体との連携」など、多様な取り組みが増えている。

⑯地域との連携においては、「青少協や子育てグループ、PTAや生涯学習センター等」の団体と連携イベントを開催したり、「地域の夏祭り」を共催したり、積極的に地域連携を図るクラブが増えている。

⑰クラブ自慢としては、「里山づくりとツリーハウスの建設をしている」、「クラブ独自でグラウンドを所有している」、「高齢者向けの水中ウォーキング教室を開催している」、「国際スポーツフェスティバルを開催した」、「新しいスポーツを考案した」、「剣道の国体選手を育成した」、「クリーンキャンペーンを実施した」、「文化・芸術イベントを開催している」など、多様でユニークな活動がみられる。

⑱クラブの課題としては、「指導者やスタッフの確保」と「会員確保」が中心である。補助金期間の5年が終了したクラブでは、会費の確保や会費設定（値上げ）が新たな課題になっている。

今回の調査結果の量的分析だけでなく、クラブ設立の影響や効果に関する自由記述回答の質的分析

により、「スポーツクラブ 21 ひょうご」により、地域における次のような社会的効果が明らかになった。
① クラブ設立による社会的効果を 85％が認知し、「世代を超えた交流が生まれた」、「地域住民の交流が活発化した」、「地域で子どもたちの成長を見守る機運が高まった」、「元気な高齢者が増えた」、「地域の連帯感が強まった」、「地域が活性化した」、「子どもたちが明るく活発になった」と、具体的な効果が表れている。
② スポーツクラブと学校運動部との間においては、「指導者の派遣」や「交流イベントや教室の開催」など、連携が強くなっているクラブが増えてきている。また、学校にない種目のクラブを開設したり、学校体育行事に指導者を派遣したり、クラブと学校との連携が進んでいる。
③ 地域との連携においては、青少協や子育てグループ、PTA や生涯学習センター等の団体と連携イベントを開催したり、「地域の夏祭り」を共催したり、積極的に地域連携を図るクラブが増えている。スポーツクラブや市町独自で、スポーツ店やスポーツ施設において「会員対象の割引」を実施したり、「クラブ間交流イベントや練習会の実施」や「施設用具の貸し出し」など、クラブ会員のメリットや魅力を高める工夫が図られている。
④ クラブの運営においては、財源確保のために、「有償広告の募集」や「地域イベントでのバザー・出店」、「各種団体からの寄付」など、さまざまな取り組みが始められている。子どもたちへの取り組みとして、「親子・世代間交流のためのイベント・教室の開催」や「子どもたちが参加しやすい種目・教室の設定」、「PTA や子ども会などの団体との連携」など、多様な取り組みが増えている。
⑤ クラブの誇り（自慢）としては、「里山づくりとツリーハウスの建設をしている」、「クラブ独自でグラウンドを所有している」、「高齢者向けの水中ウォーキング教室を開催している」、「国際スポーツフェスティバルを開催した」、「新しいスポーツを考案した」、「剣道の国体選手を育成した」、「クリーンキャンペーンを実施した」、「文化・芸術イベントを開催している」など、多様でユニークな活動がみられる。

＊2　自己財源率──スポーツクラブの財務において、全収入に占める会費、事業収入、寄付・広告費、受託費などの占める割合。いかに財務的に自立しているかを示す指標になる。自己財源率が低いことは、それだけ補助金に依存していることを示し、補助金終了後の存続が難しくなる。

モデルクラブのタイプとユニークなアイデア

　兵庫県内の 712 クラブにおいて、安定したクラブ運営に成功しているところは、次の 3 つに分類できる。
(1)全町クラブ（1 市町 1 クラブ）：クラブ員の対象が町民や市民のクラブで、会員数が多い。
(2)わがまちクラブ：小学校区にあるクラブで、特色あるクラブ運営を行っている。
(3)ネットワーク・クラブ：市町の中で組織化され、他のクラブとのネットワークが広がっているクラブ。

(1)全町クラブ

　播磨町にある「スポーツクラブ 21 はりま」は、町内の 5 小学校区のどのクラブに入会しても、「スポーツクラブ 21 はりま」の会員と認められる全町クラブである。3 万 4000 人の町民の中で、会員数は 6000 人を超えている。町体協と一体化したことにより、165 人の指導者がリーダーバン

クに登録し、多様な活動を展開している。

　大型クラブのスケールメリットを活かし、専任マネジャーが採用され、クラブハウスには2人のパート事務員を雇用している。また、2004年にNPO法人格を取得したことから、町体育館や町のインドアテニス施設の業務委託を受けることができるようになり、それがクラブの収入源になっている。

　加古川市の「加古川総合スポーツクラブ」は、総合型クラブとしては、全国で初めてNPO法人格を取得したフロントランナーだ。市内には28小学校区のクラブと文科省補助事業による5クラブの33クラブがあるが、どのクラブに入っても加古川総合スポーツクラブの会員である。会員数は4500人を超えている。

　各クラブは体育指導委員らがエリアマネジャーを務め、総合クラブには2人の専任マネジャーを採用している。また、クラブハウスがある加古川スポーツセンターの休館日の業務委託を受けている。小学校や中学校のスポーツ施設、公共施設、そして企業施設においても、さまざまな種目や教室を展開している。

(2) わがまちクラブ

　日本海に面した竹野町の「中竹スマイル」は、会員数は242人だが、会員の対住民比は31％にも達している。会員の中心は小学生親子で、世代間交流イベントや野外活動を取り入れることにより、子どもたちが生き生きしている。活動方針には、積極的に町内や地区の活動に参加しようという姿勢が強調されており、評価される。総合型クラブの育成は、たんなるスポーツ振興だけでなく、その活動がまちづくりにつながったときにはじめて、地域住民の理解が深まり、支援が大きくなっていくからだ。

　南あわじ市三原町の「スポーツクラブ21くましろ」は、ユニークなイベントを開催することでクラブを活性化している。「みんなおいでよ！　あそびの広場」は、昔の遊びの体験教室である。老人会やPTA、保育所保護者会、子ども会の協力を得て竹馬作りなどが行われ、手作りの『スポーツクラブ21くましろ流　あそびのルールbook』が子どもたちに配られている。「げんキッズくらぶ」は、親子を対象にしたスポーツあそび教室で、体育館でドッジボールやソフトバレー、バドミントン、卓球などが、自由な雰囲気のなかで展開される。また、ソフトバレーの大会はリーグ戦形式を採用している。

　市川町の「スポーツクラブ21かわなべ」は、町のスポーツ担当者の適切な支援により、クラブの魅力づくりに成功している。カード型の会員証のほかに、ユニークな「活動記録手帳」がある。活動記録手帳には、①記録記入と活動表彰、②活動記録用紙、③安全な活動のためのセルフチェック、④ストレッチング体操、⑤ウォーキング（フォーム、強度の目安、カロリー換算表、小学校区ウォーキングマップ、記録表、距離換算表）、⑥体力測定用紙、⑦応急手当が記載されている。

　また、活動回数に応じて、表彰制度が設けられている。活動回数が30回以上で銅賞、50回以上で銀賞、100回以上で金賞、そし

図8　小学校のフェンスに掲げられた会員募集の横断幕

て、ウォーキングで400kmを達成すると個人賞が与えられる。さらに、"ベストファミリー賞"や"ベスト親子賞"、"ベスト夫婦賞"などが出されている。こういった多様な賞を出すことは、「外発的動機づけ」のアイデアで、会員の継続意欲によい影響を与えるだろう。

　さらに、会報にはスポンサーの広告を掲載している。スポーツ店や花屋、印刷会社、お好み焼き屋の広告が掲載されている。1社5000円で、8社から年間4万円の広告収入を得ている。

　伊丹市の「スポーツクラブ21おぎの」は、小学校施設を利用していたすべてのスポーツサークルを統括し、体育指導委員や地区社会福祉協議会、PTAなどの地域団体が集まり、運営委員会を構成している。既存団体がすべて加入しているメリットは大きい。最大のメリットは、施設の利用調整がしやすいことだ。クラブ行事の際には、種目別クラブに対して、練習会や大会を計画しないように依頼がされている。

　スポーツクラブの影響について尋ねると、「地域で挨拶されることが多くなった」とのこと。年間を通して、スポーツクラブが多彩なイベントを開催してきたことから、運営委員の顔を覚え、自然と挨拶が増えた。地域のなかで挨拶があちこちで交わされることは、素晴らしい。

(3)ネットワーク・クラブ

　ネットワーク・クラブでは、他のクラブや地域の多団体とのネットワーキングが進んでいる。神戸市東灘区の「渦が森あいあいクラブ」は会員数が約450人で、地域のスポーツサークルだけでなく、文化クラブを統合し、ユニークなクラブに育っている。文化部には、中国語やと陶芸、水墨画などユニークな活動が目を引くが、小学校施設の開放により、育ってきたクラブである。

　また、「既存団体のネットワークにより、縦割り行政の弊害を克服している」ことに注目したい。教育委員会スポーツ体育課の"スポーツクラブ補助事業"、生涯学習課による"一般開放事業"、"マナビィ広場事業"を残しながら統合している。多くの小学校区では、それぞれの事業が別々の組織により運営されている。しかし、あいあいクラブでは、それらの事業を統合化し、施設利用や事業運営における効率化に成功している。

　また、東灘区や垂水区などにおいては、設立されたクラブの連絡協議会ができている。「ヨコのネットワーキング」である。定期的な会合によりコミュニケーションが深まり、クラブ対抗戦や合同練習会が誕生した。

　福崎町の「スポーツネットワークUS」は、ファミリー会員が中心で、ファミリー会員から年会費1万円を徴収していることから、会費収入が200万円を超え、財務基盤が安定している。また、クラブハウスの管理のために、パート事務員を雇用している。30歳代や40歳代のクラブ役員がクラブを運営し、クラブ理念である「自分たちの目指すクラブ運営を民主的に行う」を実践している。

　総合型クラブの中には、さまざまな地域団体の長を集めた"当て職"役員が少なくないが、運営委員は若手、中堅、長老のバランスがとれている。会長は、町内のスポーツ少年団本部長と町体協の副会長も務めていることから、少年団や体協との連携もスムーズだ。

　福崎町には、ほかに田原、高岡、八千種の3クラブがあるが、町のクラブ連絡協議会において、各クラブの独自性を残しながら、統合化の道を探っている。将来を見越して、4クラブの会費は、年間1万円に統一されている。NPO法人の取得も視野に入れ、統合化によるスケールメリットに期待したい。

クラブ育成事業のプロセス評価

「スポーツクラブ21ひょうご」事業は、進行中の施策ゆえに現時点で評価することは難しいが、あえてプロセス評価をすれば下記の3点にまとめることができるだろう。

第1点は、モデルクラブが生まれ、まちづくりの拠点になったり、設立されたクラブの85％がクラブの社会的効果を認知している。具体的には、「世代を超えた交流が生まれた」、「地域住民の交流が活発化した」、「地域で子どもたちの成長を見守る機運が高まった」、「元気な高齢者が増えた」、「地域の連帯感が強まり、活性化した」、「子どもたちが明るく活発になった」など、総合型クラブの設立と活動により、地域が変わったことが明らかである。

第2点は、「スポーツクラブは人なり」で、上述したモデルクラブには、すべて情熱を持った強力なリーダーと、リーダーをささえる複数の人材が存在する。また、「スポーツクラブ21ひょうご」事業を統括している兵庫県教育委員会地域スポーツ活動室でも、船田さんや前任者の木下さんのような、熱いハートをもった担当者が事業をサポートしている。

第3点は、今後の課題である。補助金は設立から5年間受けることができるが、補助金終了後の「クラブの自立と存続」が大きな課題になる。おそらく、補助金終了後、クラブの活動が停止したり、弱体化するクラブも出てくるだろう。会員の少ないクラブや住民数が少ない郡部の小学校区クラブは、少子化の影響を受け、会員数の確保が困難になるだろう。それゆえ、「クラブの統合や連合により、クラブの大型化を進める」ことが重要である。"全町クラブ"や合併する市町では"旧町クラブ"という選択肢もある。大型化することにより、専任のクラブマネジャーやパート事務員を採用することが可能になる。

大型化はまた、クラブ運営の専門化（professionalization）を進めることにもなる。「多種目、多世代、多目的」という理念の組織体を効率よく運営するためにはクラブマネジャーの専任化が求められる。これからのわが国のさまざまなスポーツ団体や組織においても、"専門化"と"地域密着"がキーワードとなるだろう。

総合型クラブの育成は、わが国では前例がない。「前例がない」の一言で、バブル経済以降、わが国では制度疲労の改革を「先送り」し、社会全体の構造改革が遅れてしまった。総合型クラブの育成は前例がないが、「前例がないからやってみる」という発想が、豊かなまちづくりにつながるのではないだろうか。

第1章

地域スポーツクラブの パイオニアと 新たなクラブづくり

神戸レガッタ＆アスレチッククラブ
垂水区団地スポーツ協会

神戸市――神戸レガッタ＆アスレチッククラブ

130年余の歴史を誇る
わが国の総合型クラブのパイオニア

FIFAワールドカップ2002の遺産

　2002年のFIFAワールドカップ・サッカー韓国・日本大会は、「アジア初」「21世紀初」、そして「史上初の2ヶ国共同開催」という歴史的な意義をもっていた。共同開催に至るまでには、日韓ともに単独開催を目指していたがゆえに、水面下での激しいロビー活動や政治的な駆け引きもあり、大会前には賛否両論が渦巻いた（竹内宏、2000）。しかし、大会が始まると、開催地のスタジアムや街は熱狂的なサポーターで国際色豊かに彩られた。日本戦は記録に残る高い視聴率を示し、「夢のような1ヶ月」という表現が盛んに使われ、大きな成功を収めたといえるだろう。

　「近くて遠い国」といわれ、複雑な歴史と国民感情を持つ両国にとって、ワールドカップ日韓共同開催は何を残したのだろうか。大会に至る過程においては、共催による摩擦が目立った。しかし、日韓共同開催の意義は、異文化理解を深めるきっかけをつくったことではないだろうか。日本がベスト16で敗れた後、日本の多くのサポーターは韓国チームを応援し、「テーハミング！（大韓民国）」というエールがあちこちで聞かれた。神戸ハーバーランドで開かれた「パブリックビューイング」では、日韓親善を掲げて韓国対アメリカ戦が中継された。もともと、Jリーグでは多くの韓国代表選手が活躍しており、ヴィッセル神戸の外国人選手がすべて韓国人選手という時期もあった。韓国代表キャプテンの洪明甫はかつて中田英寿とともに湘南ベルマーレに所属しており、ともに世界選抜に選ばれ、欧州選抜と戦ったこともある。彼らは、日本の若いサポーターたちにとって身近な存在であった。

　ワールドカップが始まるまでは、韓国といえば、旅やエステ、グルメにしか関心がなかった日本の若者が、ワールドカップを通して、韓国のサポーターや市民文化にもふれた。毎日新聞と朝鮮日報の世論調査では、共同開催で日韓関係が「よくなった」という回答が韓国で75％、日本でも65％を占めた。また、日韓共催が決まる前年の1995年の世論調査では、「日本に親しみを感じる」と回答した韓国人は26％であったが、開催後の2002年7月には42％に増えた。「韓国に親しみを感じる」と回答した日本人は1995年では38％であったが、開催後には77％と倍増した。黒田（『スポーツ社会学研究』2003、P.27）は、日本の敗退後、メディアは熱気を下げるわけにいかず、「メディアによる『韓国応援』は、『煽動』あるいは『捏造』というより、何よりも日本人の多数派の意識を反映した形で展開された」と指摘している。

スポーツ文化による多文化共生

　2004年現在、日本には200万人近い外国籍の人々が暮らしている。わが国ではこれまで外国人の移民を事実上受け入れず、外国人労働者の就業も制限してきた。難民の受け入れを行ってはいるが、その数は先進諸国に比べてはるかに少ない。外国人労働者の雇用はヨーロッパにおいても、自国民の失業者問題と関係が深く、歴史的に多くの問題を抱えている。しかし、「日本人による、日本人のための、日本人中心の政治・経済活動」を進めてきた結果、自民族優位主義[*1]という陥穽に陥り、海外では「旅の恥は掻き捨て」、国内では「他者の迷惑を顧みない自己中心主義」が日本人の一般的な行動様式になってしまった。

　21世紀の日本の課題のひとつは、"多文化共生[*2]"である。多文化共生とは、「異質な集団に属する人々が、互いの違いを認め、対等な関係を築こうとしながら、共に生きていくこと」（山脇、2003）である。筆者が多文化主義（multi-culturalism）に出会ったのは、1980年代の初め、留学先のカナダであった。カナダは1971年、世界で初の多文化主義を導入した国で、1988年には「カナダ多文化主義法」を制定した。

　多文化共生社会の構築において、スポーツは大きな装置となりうる。プロ野球では、アメリカや中米から多くの"ガイジン助っ人"を受け入れ、大相撲ではハワイやモンゴルの力士が活躍している。Jリーグではヨーロッパや南米から、ラグビーではニュージーランド、陸上ではアフリカ、卓球では中国と、わが国のスポーツ界では、諸外国からやってきた数多くのスポーツ選手やスポーツ留学生に労働市場や学習機会を提供している。外国人選手の活躍で、外国や海外文化に対してどれほど認知と理解が深まったかは計り知れない。

　97ヶ国以上の人々が生活する神戸は、まさに多文化社会である。1995年の阪神・淡路大震災では、こうした人々が違いを認め、ともに生きる「共生」も経験した。また、神戸には3校の朝鮮学校、中華同文学校といったアジア系学校だけでなく、5校の欧米系の学校があり、計9校の外国人学校が存在している。子どもの頃から、在日外国人児童とスポーツの場面で交流すれば、偏見や誤解は少なくなる。多文化共生を進める上で、スポーツや文化活動は大きな役割を担っているといえるだろう。

　神戸市は1985年にユニバーシアード神戸大会を開催し、「国際スポーツ都市宣言」を行った。その後、FIFAワールドカップ神戸大会（2002）などの国際競技大会だけでなく、フェスピック神戸大会（1989）、国際車いすテニストーナメント（1996～）、世界移植者スポーツ大会（2001）、など、障害者の国際スポーツ大会も開催してきた。そして、スポーツクラブにおいても、わが国においてさきがけとなる伝統クラブが存続している。

＊1　自民族優位主義──エスノセントリズム（ethnocentrism）といわれ、自分たちの民族が他のどこの民族よりも優れているという思想。多文化共生とは対極の概念である。民族紛争の際によくみられ、ナチス・ドイツによるホロコースト（ユダヤ民族の大量虐殺）がその一例である。
＊2　多文化共生──集団に属するさまざまな民族や文化的背景の異なる人々が、互いの違いを認め、対等な関係を築こうとしながら、共に生きていくこと。日本は外国人労働者の就業を制限してきたが、スポーツの世界においては多様な外国人が生活している。

在留外国人によって設立された会員制クラブ

わが国の近代スポーツの多くは、神戸と横浜をルーツとしている。それは明治維新に伴い、開港された地における外国人居留地においてである。A. C. シムと31名のスポーツ大好き外国人たちは、1870（明治3）年9月23日、社団法人神戸レガッタ＆アスレチッククラブ（以下、KR＆AC）を設立した。旧神戸外国人居留地の東側に拠点を置き、クラブハウス、グラウンドを設置する。

KR＆ACの記録によれば、1871年に外国人同士で最初のサッカーの試合が行われ、1876年には寄港中のイギリス軍艦の船員とラグビーの試合、1880年には野球の試合が行われている。会員で英国人貿易商であったE. グルームは、休日に六甲山に登り始め、別荘を建てる。それまで山は、仏教僧の修行のために入山するところで、市民の間に登山やハイキングの習慣は存在しなかった。やがて、グルームは六甲山上にゴルフ場をつくり、1901年にはわが国初の神戸ゴルフ倶楽部が設立された。

図1-1　クラブハウス

KR＆ACはスポーツだけでなく、社交の場として国際交流の拠点にもなっていた。クラブハウスは演劇やボクシングの試合会場になったり、晩餐会などその当時の日本であまり普及していなかった催しを多数催していた。

KR＆ACの会員数は徐々に増えていき、1920～30年頃が最も活発な時代であった。当時は会員数が700～800人にも上り、横浜や上海、香港におけるクラブ、そして日本人たちと交流試合が活発に開催されている。日本人たちとの交流試合はグラウンドや体育館で開催されたが、試合後にはクラブハウスで親睦会が必ず開催され、日本人が外国文化にふれる機会となり、大正デモクラシーにも影響したと考えられる。

現在の会員数は約320名で、その内、日本人会員は約3割を占めている。表1-1はKR＆ACの会員種別と資格・条件を示している。会員種別は5種類あり、それぞれの月会費は異なる。正会員（Full）は、夫婦1万8750円で、民間フィットネスクラブの会費に近い。入会金は正会員夫婦で4万5000円である。会員の住居が50km以上離れると、カントリー会員という種別があり、会費もやや安くなる。その他、スポーツ会員、ヤングアダルト会員、アソシエート会員（日本人）がある。資格・条件で注目すべきは、役員選挙の選挙権と役員候補者になる権利を正会員とカントリー会員とがもっていることだ。

現在のKR＆ACは、JR三ノ宮駅から500mほど南に位置しており、その施設は下記のとおりである。

①フィットネスルーム……会員の要望により2002年夏開設された。機器類は多くないが、使用頻度は高い。

②体育館……インドスポーツを中心に1週間に4～5日と頻繁に利用されている。また、太極拳、エアロビクス、一般開放教室なども行われている。大規模なイベントや、パーティーなどに使用されることもある。

③テニスコート……テニスは会員の大多数が属している。クラブにとって大切な資産であり、クラブ

表 1-1　会員種別と資格・条件

種別	月会費	資格・条件
Full（正会員） Couple Single	 18,750 円 12,500 円	・役員選挙の選挙権 ・役員候補者
Country Couple Single	 9,375 円 6,250 円	・クラブから 50km 以上離れた住居 ・他は正会員と同等の資格
Sport member Single	 12,500 円	・1 年会員（更新可） ・選挙権・役員候補資格なし
Young Adult member Single	 7,500 円	・18～27 歳 ・選挙権・役員候補資格なし
Associate member Couple Single	 18,750 円 12,500 円	・日本人 ・選挙権・役員候補資格なし

表 1-2　活動種目

種目	内容
ラグビー	・1 チーム、兵庫県トップリーグ所属 ・年間約 20 試合（リーグ・親善） ・関西 7 人制ラグビー大会などを主催
サッカー	・一軍、二軍、35 歳以上の 3 チーム ・一軍は神戸市社会人リーグ 2 部所属 ・日曜か土曜日に試合（リーグ・親善） ・毎週木曜にインドアサッカー
ホッケー	・男女 2 チーム、男子は兵庫県協会所属 ・土曜日か日曜日に試合か練習 ・11 月に男女とも主催大会 ・火曜日に男女合同の室内練習会
テニス	・クラブ対抗戦、クラブ内大会 ・神戸インビテーショナル大会主催
ソフトボール	・男子 1 チーム、土曜か日曜試合 ・主催大会開催
ダーツ	・男女会員、大会開催、定期は金曜
ゴルフ	・男女会員、大会開催
バドミントン	・男女会員、随時練習
クリケット	・男子 1 チーム、親善試合
ビリヤード	・随時、クラブハウスで
バスケットボール	・随時、体育館で

員同士だけでなく、クラブ対抗戦をはじめ、クラブ内外の交流機能を果たしている。年間を通じて 6～10 の対抗戦を開催している。また、テニススクールなどで得た収入はクラブ運営のための収入源のひとつになっている。

④プレイグラウンド・BBQ スペース……子ども向けの公園がクラブハウスの横に設置され、夏には BBQ パーティーなどが催される。

⑤磯上グラウンド……クラブの屋外スポーツのほとんどはここで行われる。また、クラブ主催でさまざまなスポーツの大会も開催されている。

⑥バー・レストラン……バーとレストランは会員同士の交流には欠かせない施設である。また、バー、レストランから得る収益はクラブにとって大切な収入源にもなっている。レストランのメニューは豊富で国際色豊かなメニューを揃えている。

⑦ホール……主に宴会場として使用され、クラブのソーシャル部分では欠かせない施設である。ワールドカップのときは会場を一般に開放し、パブリックビューイングを楽しんだ。季節ごとにさまざまな催しを企画し実行している。一般にも貸ホールとして開放しており、神戸市のクラブマネジャー講習会もここで開催される。

表 1-2 は、KR & AC における活動種目を示している。ラグビー、サッカー（3 チーム）、ホッケー（男女 2 チーム）、テニス、ソフトボール、バドミントン、クリケット、バスケットボール、ゴルフの他に、ダーツやビリヤードといった軽スポーツをクラブハウスで楽しむことができる。

図 1-2　クラブハウス内のバー

総合型クラブの特徴である「多種目、多世代、多目的」が、KR & AC には揃っている。サッカーには、一軍と二軍があり、一軍は神戸市社会人リーグに所属し、高いレベルで競技を楽しんでいる。35歳以上の会員のチームもあり、多様なレベルと目的に対応している。複数種目に参加する会員も多い。

また、「シーズン・スポーツ」(seasonal sports)[*3] も一般的に行われている。これは、ひとつの種目を一年中実施するのではなく、季節に応じ複数種目を楽しむという形態だ。春から夏にかけて、テニスやソフトボールを行い、秋からはサッカーやゴルフをプレイし、冬にはバドミントンやダーツなどのインドアスポーツを実施するといった"季節複合スポーツ愛好者"である。

*3 シーズン・スポーツ——四季の変化の中で、多様なスポーツを楽しむことを意味している。北米では seasonal sports といわれ、年間2〜3シーズンによるスポーツプログラムが、子どもからカレッジスポーツおよびプロスポーツに至るまで浸透している。1997年の保健体育審議会答申において、児童期や青年期における多様なスポーツ経験の重要性が記述されている。

会員による自主運営と受益者負担意識の徹底

ここでは、KR & AC の3つの特徴について考えてみたい。

1つ目は、クラブマネジメントの方法で、「会員の自主運営と専任スタッフの雇用」である。理事会 (committee) は、会長、副会長、理事長 (secretary)、会計、理事で構成されている。理事は投票権をもつ会員による直接選挙で選出される。

また、KR & AC 内の種目チームにはキャプテンがいて、各種目別活動のリーダーシップを担っている。理事とキャプテンは、すべて無給のボランティアである。理事職は、彼らには名誉であり誇りでもある。

専任スタッフは、6名が採用されている。事務局3名、バー・レストラン部門3名である。その中心は、支配人（クラブマネジャー）である大内達也さん（現在は、横浜カントリー&アスレチッククラブ支配人）である。大内さんと最初に会ったのは、2000年12月に開催した「こうべスポーツ応援団をつくろう」というシンポジウムであった。大内さんは KR & AC のマネジャーになる前、姉妹クラブでもある「神戸外国人倶楽部」(Kobe Club) の支配人を務められていた。大変気さくな人柄で、シンポジウム後に設立された「こうべスポーツ応援団」の中心メンバーであり、同応援団の会議は KR & AC のクラブハウスで開催されている。クラブ運営において、各種目活動や非営利活動は理事会が中心に進め、営利部門や全体管理は支配人の大内さんが担当している。

スポーツクラブもひとつの組織体であり、会員数が多く、安定した財源をもつことにより、専門職の採用が可能になり、クラブライフも充実したものになる。

2つ目の特徴は、「安定した財務とスポンサー」である。わが国の地域スポーツクラブでは、これまで「安全と水とスポーツはタダ」という考えから、会費の徴収に抵抗感が強く、受益者負担という意識がなかなか根づかないという問題が存在する。KR & AC では、「自分たちが好きなスポーツを楽しむのだから、そのためにはコスト（会費）がかかり、さらに充実するためにはスポンサーが必要」という考えが浸透している。

公共体育館にはレストランや食堂が置かれている施設もあるが、そのメニューに魅力がないためか、経営は苦しい。しかし、KR & AC のレストランには、いろいろな国のおいしいエスニック料理が豊富である。バー・レストラン部門の収入は、クラブの貴重な財源であることを会員はよく知っており、休日に食事のためだけにクラブハウスを訪ねる会員も少なくない。また、各種目チームは、それぞれ

でスポンサーを探している。寄付だけでなく、ユニホームの寄付を受けているチームもある。数多くの主催大会やイベントにおいては、各種目チームが独自の企画で、スポンサー探しを積極的に行っている。会員に向けての会報にも、企業・商店からの広告が掲載され、クラブの収入になっている。

3つ目の特徴は「魅力的なクラブライフ」である。さまざまな社交イベントが開催されているが、その中心は1871年以来、毎年開催されている「インターポートマッチ」である。これは、同年代に設立された「横浜カントリー＆アスレチッククラブ」(YC & AC) とのクラブ対抗戦で、年2回、3月と10月に種目別の競技大会が開催される。金曜日の夜のダーツ競技から始まり、土曜日と日曜日の2日間で、種目別の対抗戦があり、夜はディナーで交流を深める。

図1-3　クラブハウスに掲げられた歴代会長名のパネル

クラブハウスには、毎年開催された際、交換されたYC & ACのテナントが壁いっぱいに掲示されており、その歴史を垣間見ることができる。

クラブライフの魅力は、スポーツ活動だけでなく、その後のクラブハウスにおける交流タイムである。練習や試合をした後、仲間や対戦相手とクラブハウスで、お茶やビールを飲み、スポーツ談義をする楽しさがここには存在している。

クラブ会員のプライド

KR & ACやYC & ACは、わが国の近代スポーツの普及と発展に大きな影響を及ぼしている。明治以降、わが国では主に外国人や外国人クラブの影響により近代スポーツが普及した。しかし、技術や用具、ウエアといった"かたち"は学校や職場で広がったが、「自分たちが楽しむスポーツを自分たちが運営する」という、自主運営や受益者負担といったクラブマネジメントの"スピリット"は育たなかった。

シンポジウムにおいて、支配人の大内さんはよく、「クラブが自分に何をしてくれるかではなく、自分がクラブに対して何ができるか」ということを、会員が考えていると強調される。

魅力的なクラブライフを主体的に享受した結果、クラブ員のKR & ACへの"ロイヤリティ"（マイクラブ意識）は非常に高い。この背景には、クラブ設立から130年の歴史の重みが存在しているのだろう。

神戸市──垂水区団地スポーツ協会

自発的に立ち上がった団地型の総合型クラブのパイオニア

公園管理の転機

　屋外や公園で遊ぶ子どもが減少している。著者らの神戸市における20年前との比較研究によれば、ふだん屋外で遊ぶ子どもは、20年前は46%であったが、2000年には17%に減少してしまった（岡田・山口、2001）。都市部における児童公園（現在は、街区公園）には、少子化やインナーシティ問題[*1]により、子どもたちの姿は少ない。

　もうひとつの要因は、公園の遊具にある。1956年に制定された都市公園法に記された、ブランコ、すべり台、ジャングルジムが今では錆びついている。上記研究によれば、子どもたちは「迫力があったり、スリルのある遊具や多人数で遊べる遊具」を望んでいる。また、「ボール遊びを禁止する規制」に不満で、安全面や衛生面にも不安がある。こういった不満や不安は、もっと身近な公園でのびのびと遊びたいという気持ちを反映したものである。

　公園（parks）とは、国もしくは地方公共団体が造園し、管理する園地や自然地のことで、そのルーツは、18世紀に、英国王室の庭園や狩猟地が公開され、王立公園（royal park）が誕生したことにある。その後、19世紀にボストンにおいて、母親たちが子どもたちの遊び場を確保するための「プレイグラウンド」運動へと発展し、アメリカの国立公園の整備が世界へ影響を及ぼした。

　わが国の都市公園は、利用形態や安全性の確保をはじめ、その管理運営において大きな転機を迎えている。都市公園法（第2条の3）によれば、「都市公園の管理は、地方公共団体の設置に係る都市公園にあっては当該地方公共団体が、国の設置に係る都市公園にあつては国土交通大臣が行う」ことになっている。しかし、これまでの行政による管理においては、「施設を維持し、管理する」という発想が中心である。「資源を有効に活用しよう」、「利用者の満足度を高めよう」、「利用者による効率的な利用を促進しよう」といった発想はみられない。

　しかし、2003年9月の地方自治法の改正により、公共サービスの民間委託や民営化が可能になった。これまで福祉施設や公民館、スポーツ施設などの管理は原則として財団法人や社団法人など自治体の出資団体しか受託できなかったが、民間企業や非営利組織（NPO）も幅広く担えるようになった。自治体は2006年9月までに公共施設の運営方法を見直し、「指定管理者」[*2]を決めることになっている。

　公園も例外ではない。国立公園では環境大臣、国定公園では都道府県知事が、一定の能力を有する公益法人またはNPO法人などを[*3]「公園管理団体」に指定し、施設の管理主体として位置づけること

が可能になった。都市公園においても、横浜市緑政局は「公園の指定管理者」の選定基準を公表した。

公園の民間委託は、地方自治法の改正前にもいくつかの先駆的な事例がある。札幌市は、町内会等への公園管理の委託を行っている。委託団体は、町内会や婦人会・老人クラブ、公園運営委員会や公園愛護会で、活動内容は清掃や草刈、巡視や異状発見時の連絡である。高槻市では、街区公園などの清掃や除草などは、自治会などが行っている。1991年に、長野市は公園愛護会報奨制度を創設し、公園ごとに地域住民によって設立された公園愛護会に対して報奨金が支給されている。

今後は、公園の質的向上を図り、利用者の拡大と利用者の満足度を高めるために、新たなマネジメント方策が求められる。そのためには、地域住民とのパートナーシップや、NPO法人をはじめ、公園周囲に在住する住民の参画が重要であろう。

公園の機能は、「人々が快適な緑の環境を享受できる場」、「自然や緑の環境保全の場」だけでなく、「災害時の避難の場」でもある。さらに、「スポーツ・レクリエーションを楽しむ場」という重要な役割ももっている。ここでは、地域の公園を管理し、公園内のクラブハウスを拠点にして、1969年にマンモス団地の中に住民自らが自発的に立ち上げた総合型クラブのモデルである垂水区団地スポーツ協会を取り上げたい。

*1 インナーシティ問題──インナーシティ問題とは、都市において、情報、施設、交通等の機能が集積化することにより住環境が変化し、その結果ドーナツ化現象など夜間人口の減少、都市のスラム化などさまざまな問題が噴出するようになること。インナーシティ問題を解決するために、さまざまな取り組みが行われている。
*2 指定管理者──2003年9月、地方自治法の改正により、公共施設の管理運営主体は公共団体等に限られていたが、民間事業者を含めた幅広い団体に委ねることが可能になった。公共体育館や公共スポーツ施設の運営においては、民間スポーツ産業やスポーツNPO法人が事業委託を受けることが可能になった。
*3 NPO法人──NPO（Non Profit Organization）とは、営利を目的にしない民間団体の総称である。NPO法人とは、特定非営利活動を行うことを主たる目的とする等の要件を満たし、特定非営利活動促進法（NPO法、1998年）の規定にもとづいて設立された特定非営利活動法人のこと。

垂水区団地スポーツ協会のルーツと歩み

昭和40年代、神戸市垂水区には神戸市郊外のベッドタウンとして団地が次々と建設された。人口は5年間でそれまでの2倍以上にも膨れ上がった。新住民があふれ、団地内の自治会が結成されたが、住民の連帯感を強めるためには何かが必要だった。

きっかけは、1969（昭和44）年10月、区役所振興課の呼びかけにより開催された団地対抗ソフトボール大会だった。この時代のスポーツは野球が主流で、軟式野球のチームはすでに活動を始めていた。ソフトボールは、技術レベルに差があっても参加できることから、多くの住民が参加し、スポーツを通して交流が深まった。

神戸市では、ゴム製バレーボールの家庭バレーボールが考案され、少し前から普及を始めていた。東京オリンピック（1964年）で日本女子チームが金メダルを取ったことにより、国民は「するスポーツ」に目覚め、一般市民の間に自分たちもスポーツを楽しみたいという意識が高まっていた。団地内でも荒地を整地し、屋外バレーボール場が住民の手でつくられていた。垂水区内の団地の集会所において、卓球を楽しんでいるグループもいくつか存在した。

団地対抗ソフトボール大会に参加した住民の中から、バレーボールや野球、卓球のリーダー、そして自治会役員たちが大会終了後に、みんなで楽しめる団体をつくろうということになった。1969年12月1日、野球部、バレーボール部、卓球部の3種目360名が集まり、垂水区団地スポーツ協会（以下、団スポと略す）が発足した。

1970年には、ボウリング部、ゴルフ部、親子スポーツ部、釣り部の4部が設立され、会員数は700名になった。こういった先駆的な活動が認められ、1971年には、高松宮殿下、兵庫県知事、神戸市長を迎えて、「団地スポーツ祭り」を開催している。そして、神戸新聞社の「健康教育賞」を受賞した。

団スポの活動と発展にとって、重要な役割を担っているのが「矢元台公園管理会」の存在である。矢元台公園は、1969年に兵庫県が開発した明舞（明石・舞子）団地の神戸市側にある近隣公園である。広さは2万m^2、明石海峡大橋を望む高台にある。上下2段に別れ、下段には野球場、上段には多目的広場とクラブハウスがある。

1970年に神戸市に移管され、1971年5月に、この公園を活動拠点にしていた団スポの野球部を主体に、利用団体である少年野球の指導者、周辺住民の参加により、矢元台公園管理会が発足した。神戸市は公園の管理を同管理会に委託した。公園管理会は、清掃、樹木への水やり、剪定などの管理業務だけでなく、公園利用団体の調整、各種事業の開催も行っている。

公園の管理を地域住民が委託されたのは、おそらく全国初ではないかと推察する。その後、矢元台公園管理会がモデルになり、神戸市は市民公園制度を1976年に制定した。これは、土地所有者が無償で提供した土地を、地域の市民公園管理会が管理運営する制度である。神戸市はフェンスや遊具の設置、管理費の一部を助成し、土地所有者には固定資産税、都市計画税を免除するというシステムである。

当時は、今のクラブハウスの半分くらいの大きさであったが、それでも会議やお茶の場所としては最適であった。クラブハウスはその後、大きくなり、会議だけでなく、卓球や社交ダンス、カラオケの場所にもなっている。

1974年には、設立5周年記念レクリエーション大会を開催し、会員は1800名になった。1975年には、コミスポ広場に会員たちの手づくりでテニスコートがつくられ、マイテニス部が結成され、会員は2000名になった。1976年には、文部大臣から「社会体育優良団体賞」を授与された。

1978年には、団スポを撮影した映画「スポーツクラブ」がチュニジア国際スポーツ映画祭で第1位、1979年には会員数が2700名になった。1980年に、団スポバザーを開催し、1981年には、公園管理会10周年を記念し、公園まつりを開催。会員数は3000名へ。1983年には、兵庫県北部の県民局勤務の会員がいたことから、兵庫県但東町と「ふるさと提携」を結んだ。同年に、矢元台公園管理会が建設大臣から表彰され、会員は3400名に。

1985年には、ユニバーシアード神戸大会が開催され、ボランティアとして協力している。同大会は、わが国のスポーツ・ボランティアの歴史で初めて、組織的にイベント・ボランティアが活躍している。まさに、スポーツ・ボランティアのさきがけである。1986年には、団スポの活動が中学校社会科の教科書に紹介された。1989年には、団スポが「すこやかバレー神戸大会」を開催した。

1992年には、団スポの会報である「コミスポ」誌が100号記念号を発刊している。1993年には、第1回ママさんソフトボール大会を開催し、会員は2500名。1994年、ミズノスポーツメントール賞を受賞。1995年、阪神・淡路大震災により、公園に仮設住宅141戸が建てられた。その結果、スポーツの活動場所を失ってしまった。しかし、クラブハウスで、避難住民を対象にラジオ体操の指導や運動機会を提供し、5年間一緒に公園の管理運営を行っている。もともと公園管理会が地元住民により運営されていたことから、仮設住宅の運営は非常にスムーズに行われたという。

1997年には、明石海峡大橋が開通し、海峡ウォークのイベントにボランティアとして参加している。1998年には、カラオケ部と"みるみるくらぶ"が設立され、会員数は1600名に。2000年に

は、設立30周年を迎え、垂水区団地スポーツ協会設立30周年記念祝賀会を開催した。

4つの基本方針

　団スポには、「4つの約束事」(基本方針)がある。それは、下記のとおりである。
①会員は成人男女とし、自発的にスポーツを楽しむ個人とする。協会費は1人1ヶ月10円とする。各種目部の活動費は必要に応じて決める。
②住民組織としての主体性を守るために、県、市、体育協会など他の団体とは直接関係を持たない。ただし、要請の内容により協力をする。
③県や市に対して経済的な援助は求めない。ただし、施設の利用については協力を求める。
④政治的、宗教的団体とは関係を持たず、個人の人権を尊重する。

　図1-4は、団スポの組織図を示している。役員会は、会長、副会長(2名)、事務局(2名)、国際交流担当、会計(2名)、会計監事(2名)と、各種目部の代表から構成されている。メディカルアドバイザーとして、深水クリニックの2名のスポーツドクターがいる。
　団スポの役員会は、練習場の確保と広報活動を担当している。各種目部は、全体行事への協力を行い、年間の活動報告を役員会に行っている。役員会は月1回開催され、各種目部は規約をつくっており、それぞれ会費を徴収し、自主的に活動している。各種目部は、団スポの会長選出にあたって1票の投票権を持っている。
　表1-3は、各種目部の人数・会費・活動場所を示している。野球部は14チームで構成され、318名の会員が活動している。矢元台公園でリーグ戦を行っており、市長杯は65回を迎え、ホームページも開設している。バレーボール部は、88チーム、683名から構成されている。練習会場は垂水体育館で、春・夏・秋の大会のほか、すこやかバレー大会も主催している。
　ゴルフ部は142名で、月例大会を平日組と休日組に分かれて開催し、月末の日曜日は近くのゴルフセンターで練習会、また早朝ゴルフも5月から7月の3ヶ月間、毎週金曜日に開催している。ハイキング部は33名で、県内や関西の近郊へ、毎回20～30名が参加している。
　マイテニス部は86名の会員で、木・土日・祝日に活動し、各種部内大会やクラブ対抗戦を行っている。卓球は2つあり、マイピンポン部が31名、卓球同好会は14名の会員がいる。マイピンポン

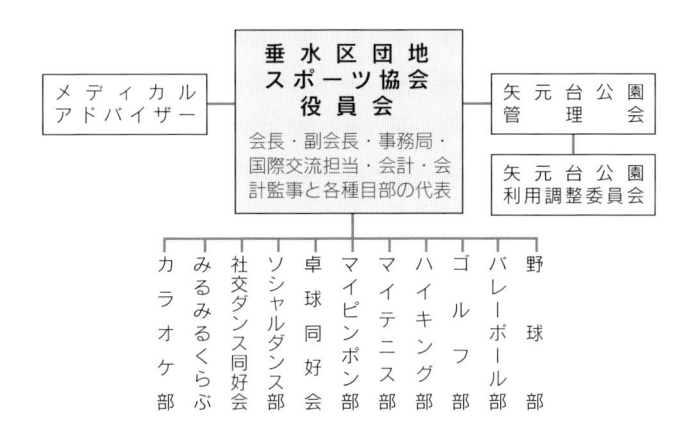

図1-4　協会の組織図

表 1-3 各種目の人数・会費・活動場所

種　目	人　数	会　　費			活動場所
野　球	318名	1チーム	月	1,500円	矢元台公園
バレーボール	683名	1チーム	年	600円	垂水体育館
ゴルフ	142名	1　人	月	1,000円	西神戸ゴルフ場他
ハイキング	33名	1　人	年	3,500円	不特定
マイテニス	86名	1　人	年	18,000円	コミスポ広場
マイピンポン	31名	1　人	3ヶ月	1,000円	クラブハウス
卓球同好会	14名	1　人	月	1,000円	クラブハウス
ソシャルダンス	20名	1　人	月	1,000円	クラブハウス
社交ダンス同好会	11名	1　人	月	1,500円	クラブハウス
みるみるくらぶ	40名	1　人	年	1,200円	不特定
カラオケ部	17名	1　人	月	300円	クラブハウス
矢元台公園管理会	16名				矢元台公園

部は月・水・木・金にクラブハウスで卓球を楽しんでいる。卓球同好会は区や市の大会にも参加している。

ソシャルダンス部は20名、クラブハウスで火・木の夜に活動している。社交ダンス同好会は11名で、月・水の夜にクラブハウスで練習している。どちらのダンス部も年に1回、別のホールを借り、ダンスパーティーを主催している。カラオケ部は17名で、金曜日の夜にクラブハウスで歌っている。

"みるみるくらぶ"は40名で、ユニークな活動を展開している。その理念（約束事）は、「やりたいことをやってみる」「できそうもないことを考えてみる」「具体化へ、みんなで考えてみる。そして1人の提案でもみんなで考えてやってみる」。例会は青春18切符で広島へ出かけたり、淡路島の七福神めぐりをしたり、そば打ち体験をするなどさまざまな活動を体験している。

矢元台公園管理会は16名で、矢元台公園の清掃、樹木への水やり、剪定などの維持管理を行っている。公園内の野球場等の使用料金は無料で、公園の管理活動に対して、神戸市から年間約45万円の活動助成金を受けている。クラブハウスも施設使用料も払い、電気・電話・ガス・消耗品代に支出している。

理事のリーダーシップと自分たちのクラブづくり

団スポのクラブハウスは矢元台公園の中にある。団スポのヒアリング調査は2回目で、1回目は28年前にさかのぼる。著者が大学院1年生のときで、粂野豊先生と大学院生たちが、関西の生涯スポーツ先進事例のフィールドワークで訪ねたうちのひとつだった。

クラブハウスでは、旧知の古田峰子会長と古田菊夫事務局長から、いろいろな興味深い話を聞かせていただいた。クラブハウスには、多くの賞状やトロフィーが展示され、歴史の重みを感じる。野球グラウンドでは、60歳を超えたシニア野球のメンバーが元気に白球を追いかけている。

団スポの活動は35年に及び、多岐にわたっており、すべてを記せば部厚い本になるだろう。その特徴をあえて集約すれば、次の3点にまとめることができる。第1点は、「自分たちで始め、自分たちでつくり、自立している」ことにある。設立された頃は、まだ学校施設開放が行われていなかった。1969年度に、全国で初めて中学校体育施設の夜間開放が神戸で始まった。そのひとつの舞子中学校の施設を団スポは使い始めた。他の学校施設の門をたたいても、なかなか壁は厚く、使用させてもらえなかった。

震災後には、公園施設が使用できなくなったが、空き地を探し、荒地を自分たちで整備し、野球グ

ラウンドとして使えるようにしている。テニスコートも同様であり、自分たちでできることは、行政を頼らず、自分たちでやろうという姿勢が明らかである。それは、団スポの約束事（基本方針）にも明記されている。当初から、各種目部は自主運営で、グラウンドもクラブハウスも施設使用料を払い、受益者負担という原則が貫かれている。

　第2点は、団スポ内部のスポーツ活動だけでなく、常に外部へ目を向け、「外部とのネットワークを広げようとした」ことである。1976年には、神戸在住フィリピン人たちと交流ボウリング大会を開催している。

図1-5　夫婦で役員を務める古田峰子会長と古田菊夫事務局長

その後、交流が広がり、1983年には、神戸市スポーツ親善交流団としてフィリピンへスポーツ交流に渡っている。さらに、バザーや協会の余剰金、会員の寄付などを集め、フィリピンの学生に奨学金を送る運動を開始した。支援の方法は、団体に送れば、どこに消えてしまうかわからないことから、1人の学生の卒業までの学費を支援するという方法を採った。年間5万円で1年分の学費が負担できるという。これまで、6名の学生がフィリピンの大学を団スポの支援により卒業している。

　兵庫県但東町との交流や沖縄県とのスポーツ交流も継続している。また、粂野先生が始められた「みんなのスポーツ研究会」にも会員として参加し、今では同研究会の中心的な役員として活躍している。神戸まつりにも、区民ウォーキング大会を主催するなど、毎年協力している。

　第3点は、「リーダーシップと豊富な人的資源」である。その中心は、おしどり夫婦の古田夫妻である。ご主人の菊夫さんは、神戸市高専の体育教員であった。専門知識をもち、団スポの活動を常に事務局長として裏方から支えてきた。峰子さんは団スポ発足当初から副会長としてリーダーシップを発揮し、1994年に会長に就任以来、団スポの活動をさらに広げ、社会的な認知度を高めた。また、11種目部の部長と理事によるリーダーシップが、団スポの活動を充実させている。

　古田夫妻は、2人とも神戸市の体育指導委員であるが、健康運動指導士や地域スポーツ指導員の指導者資格も取得し、団スポだけでなく、区内の病院のリハビリ室においても指導している。また、長田区の福祉センターや健康ライフプラザにおいても、健康づくりの運動教室を指導している。

図1-6　クラブハウスでの団スポバザー

図1-7　ふるさと提携事業

地域の拠点になった団スポ

　団スポは、現在わが国で進められている総合型地域スポーツクラブのパイオニアである。今回調査し、総合型クラブのパイオニアであるだけでなく、「ささえるスポーツ」のパイオニアであることがわかった。自分たちのスポーツ活動だけでなく、フィリピンや但東町とのスポーツ交流、そして垂水区や神戸市、兵庫県のスポーツや祭りのイベントにボランティアとして協力している。その結果、団スポが地域のまちづくりへと発展し、地域住民の拠点になっていることを強調したい。

　古田夫妻に今後の課題を聞くと、クラブハウスにトイレが欲しいとのこと。クラブハウスはやや老朽化しており、こういったクラブにこそ、totoの支援が求められる。団スポが設立された当初から、「一生つきあえる仲間づくりをしよう！」と呼びかけ、地域のスポーツ仲間が素晴らしいファミリーになっている。

　仲間における最近の合言葉は、『エー人生やった』だという。ヒアリング調査はあっという間に時間が過ぎ、帰りはほのぼのとした気持ちでいっぱいであった。

◆総合型クラブによる子どもたちへの取り組み◆

○地区内の防犯の一環として、子ども会員や一般会員がのぼりを持って巡回パトロールを実施している。商店街にも防犯のステッカーを貼らせていただいた。すべての子ども会員に防犯ベルを携帯させ、使い方を指導し、地区内の防犯面に力を入れている。(西宮市・スポーツクラブ21甲東)

○子どもたちの健全育成のために、「米作り体験事業」を実施している。具体的には、田植えから稲刈りまでを体験し、収穫米で餅つきを大会を行い、子どもたちの好評を得ている。(神戸市・平野あたごスポーツクラブ)

○「ちびっこ冒険隊」の種目をつくり、保育園児や小中学生を対象にして毎月活動している。また、忍者教室やビーズ遊び、川遊び、キャンプなどのプログラムも実施している。(丹波市・スポーツクラブ21鴨庄)

○運動が苦手な子どもや得意な子ども、大人も一緒にできる、人気のニュースポーツ「いたっボール」(注：伊丹市が開発した)大会を開催したところ大好評だった。スポンジボールなので、思い切り投げることができ、当たっても痛くない。(伊丹市・スポーツクラブ21いたみ)

○親子や3世代が参加できる親子体操教室、ドッジボール大会、ソフトボール大会、昔遊び(コマまわし、けん玉など)、パソコン教室、親子映画大会など、多彩な企画を実行している。(伊丹市・スポーツクラブ21みずほ)

○シルバー会員により、地区内の幼稚園児に対して「伝承遊び」を指導してもらい、子育てママさんの育児支援を行っている。夏休み中は、地域老人会やシルバー会の方々に声をかけ、子どもたちとの交流を深める「ラジオ体操」を実施している。(宝塚市・スポーツクラブ21すえなり)

○子どもに人気の「よさこいソーラン」や親子太鼓をクラブ内の活動として取り入れたことにより、クラブが活性化した。(篠山市・スポーツクラブ21おかの)

○「自然体験学習」をクラブが主催し、青少年健全育成協議会や小学校連絡協議会の協力を得て実施している。自然の中で子どもたちが遊びながら、自然のありがたさや大切さ、命の大切さを学んでいる。ハイキングでは、道中にポイントクイズを設置し、地域のことを学びながら楽しく体力づくりに取り組んでいる。(丹波市・スポーツクラブ21おおじ)

○スポーツ活動以外でできるイベントを実施している。具体的には、「科学実験ペットボトルロケット作成」、「かぶと虫の幼虫飼育容器づくり」、「どじょうのつかみどり」などを楽しんでいる。(猪名川町・スポーツクラブ21しろがね)

○クラブで使用している学校体育施設の大掃除を年2回行い、大人と子どものコミュニケーションをはかり、物を大切にする気持ちを忘れないようにしている。(三田市・スポーツクラブ21狭間)

(兵庫県教育委員会地域スポーツ活動室「総合型地域スポーツクラブ活動状況調査」2005)

第2章

神戸における
スポーツによる
コミュニティ形成

| 和田岬はちのすクラブ
| 西須磨はつらつスポーツクラブ
| 多聞台わくわくスポーツクラブ
| いぶきウエストスポーツクラブ
| 渦が森あいあいクラブ
| 成徳スポーツクラブ21

神戸市――和田岬はちのすクラブ

企業施設と一体となった
クラブ経営

阪神・淡路大震災の後遺症

　1995年1月17日5時46分、突き上げるような激しい揺れに襲われた。マグニチュード7.3の大地震だった。前日の夕方、震度1の微震を感じ、日経新聞の夕刊に「関西にも大地震の可能性がある」という記事を読み、夕食時に家族に話したところだった。著者の自宅から、震源地の淡路島・北淡町までは、直線距離で15kmほどしか離れていない。すぐに停電になったが、幸い家族は無事であった。

　しかし、わずか数分の揺れは6434名の尊い命を奪った。住家被害は、全壊が10万4906棟、半壊は14万4274棟、一部損壊が26万3702棟、合計51万2882棟にも上った。火災による全焼は6148棟で、多くの住民が学校やテントなどでの避難所生活を強いられた。神戸大学の体育館も避難所になり、グラウンドには救助に来た自衛隊のテントが張られた。

　経験したことのない都市部の直下型大地震により、阪神地区のスポーツ・レクリエーション施設は大きな被害を受けた。市街地の公園には仮設住宅が建ち、遊び場は少ない。学校体育施設にも、グラウンドに仮設校舎や仮設住宅が建ち並び、体育の授業や部活動が制限された。被災地域では、震災によるPTSD[*1]（心的外傷後ストレス障害）が問題になったが、健康・スポーツへの後遺症も深刻だった。日常生活の運動・スポーツ活動が制限され、肥満者が増えるなど身体の健康にも深刻な影響が出た。

　震災直後は、交通機関が大きな被害を受けて人々は黙々と歩いた。リュックを肩に軽い靴を履き、歩いて通勤した人は少なくない。しかし、春になり、交通機関が復旧して元の通勤スタイルに戻ってしまった。さらに、震災のショックや震災後のストレスが過食や酒量の増加につながり、肥満の増加に拍車をかけた。

　とくに、子どもたちの身体への影響は大きかった。神戸市教委の定期健康診断にもとづく学校保健統計によれば、肥満児の増加が顕著になった。震災前の94年度の肥満児は小学校男子で7.5％、女子では6％で前年度より減っていた。しかし、震災後の95年度にはそれぞれ9.9％、7.6％と、2.4ポイント、1.6ポイントずつ増えている。運動・スポーツをするグラウンドや体育館の使用が制限され、十分な身体活動量が確保できていなかった。さらに著者らの調査によれば、震災後の遊び場の1位は「コンビニ」、2位は「スーパーマーケット」と、遊び場を奪われた子どもたちの姿が浮き彫りになった。コンビニ、スーパーで遊べば、ジュースやスナック菓子が身近で、糖分や塩分の過剰摂取に加え運動不足と、肥満児をつくる条件が揃っている。

1995年11月、兵庫体育・スポーツ科学学会は、「震災体験と体育・スポーツ」をテーマにシンポジウムを開いた。参加者からはスポーツ施設の絶対的な不足に悩む声が相次いだ。被害の大きかった地域の医師は、通院患者に肥満が増え、酒量の増えている人も目立つと報告した。注目されたのは、中学校体育教師による、「やわらかい発想やアイデア」が体育の授業に活かされていたことだ。バスケットボールコートの半分でプレーする3on3や、神戸市立鷹匠中学で考案された3人制バレーボール、移動式テニス・バレーボール支柱などが開発された。

　スポーツはルールにもとづくが、すべての愛好者が国際競技規則に拘束される必要はない。地域の特性や空間条件、人数や年齢によってルールを変更する発想が重要だ。「ローカルルール」[*2]を参加者自らが決める柔軟性が楽しさを高めていく。小・中学校では、教師たちが授業内容やカリキュラムを考え直して、やわらかい発想とアイデアが生まれた。その結果、子どもたち自らが新しい遊びやゲームを考案し、用具を開発し、スポーツ本来の遊びの精神が復活した。

*1　PTSD——心的外傷後ストレス障害（post-traumatic stress disorder）のこと。心の傷をトラウマといい、死に直面するかまたは重傷を負うような出来事や、自分や他人の身体の存在にかかわる危険な出来事によりトラウマができる。阪神・淡路大震災や地下鉄サリン事件などによりPTSDを発症すると、不眠やイライラ、不安などの症状が現れる。

*2　ローカルルール——元来は、地域やゴルフ場における特別ルールを意味する。地域やグラウンドの特性、年齢や性別、技術レベルに応じて採用する、その場の特別ルールのこと。ハンディキャップをつけたり、国際競技ルールとは異なる特別ルールを採用し、多様な参加者が活動満足を高めるために機能している。

神戸総合型地域スポーツクラブの育成

　神戸市は1999年に「神戸アスリートタウン構想基本計画」を発表し、翌2000年の「神戸市復興計画推進プログラム」でも、この構想を推進する「健康・スポーツ都市づくり」が提唱された。その内容は、震災復興後の新しいまちづくりとして、また、21世紀にふさわしいまちづくりとして、子どもから高齢者、トップアスリートまですべての人々が、それぞれの価値観・技術レベルに応じてスポーツに親しめるまち「神戸アスリートタウン」をつくろうというものである。

　その実現を図るために、①神戸総合型地域スポーツクラブの育成、②歩くことが楽しいまち"ウォーキングタウン"の整備、③スポーツ・健康施設の整備などが進められている。FIFAワールドカップの神戸会場として、「神戸ウイングスタジアム」も建設された。同スタジアム内には、温水プールやトレーニングジムなどからなる会員制スポーツクラブもオープンした。

　総合型クラブの育成は、小学校区において展開されている。文科省の補助事業は中学校区であるが、神戸市のような都市部では小学校がより身近で、地域に根ざしている。2006年3月、1神戸市にある170の小学校区すべてにクラブが設立され、総計4万3622名の会員がクラブで活動している。170クラブの中で、67％の114クラブにクラブハウスが整備された。クラブハウスには、情報発信の拠点としての機能を高めるために、通信回線も整備され、パソコンからインターネットに接続されている。

　「神戸総合型地域スポーツクラブ推進協議会」は「スポーツクラブ21ひょうご神戸市推進委員会」と同じメンバーで構成されている。同委員会には、教育長、神戸市体育協会副会長、体育指導委員協議会議長、青少年育成協議会代表、PTA協議会会長、小学校・中学校会各代表、区長代表のほかに、NPO法人神戸アスリートタウンクラブ理事長の加藤寛さん、NPO法人スポーツ・コミュニティ＆インテリジェンス（SCIX）機構理事長の平尾誠二さんもメンバーだ。さらに、地域スポーツクラブの代表6名も委員である。同委員会は、かたい会議と異なり、各委員の自己紹介がユニークだ。毎

回異なるテーマが出され、たとえば「最近実施したスポーツと自己紹介」のように、各委員が一言話し、和やかな雰囲気で始まる。著者も委員を務めているが、この委員会ではクラブ代表や学校代表者に対して、クラブ運営のノウハウやアイデアを伝えるミッション（使命）を背負っていると自覚している。

神戸市では、各クラブの活動を充実させるためにさまざまな支援事業を進めている。2004年度においては、10月16～17日にかけて、総合運動公園において「地域スポーツクラブフェスティバル」が開催された。これは、神戸市体育協会の各競技団体と連携し、総合型クラブの会員が種目別の大会や交流試合を行うものだ。フェスティバルでは、卓球、ミニバスケットボール、バドミントン、少年ラグビー、テニス、ソフトテニス、家庭バレーボール、フットサルの8種目が行われ、約5000人のクラブ会員がクラブ間の交流を楽しんだ。また、ふだん交流機会の少ない活動を中心にして、神戸文化ホールにおいて「活動発表会」が2月11日に開かれた。ダンスや新体操、和太鼓、チアリーディングなど、9クラブ14団体の会員や家族約1500人が集まった。また、トップアスリートとの交流会や指導者派遣、クラブマネジャー講習会、指導者講習会、各クラブを巡回する育成支援専門員の派遣、ハンドブックの作成なども行っている。

地域の拠点になったクラブ

「和田岬はちのすクラブ」は、2000年7月に、和田岬小学校区を中心に開設された。和田岬小学校は神戸市兵庫区の港に近い和田岬にあり、1947年に創立されている。生徒数は251名と少なく、全校で合計9クラスしかない。都市中心における少子化の影響が顕著だ。小学校区には、1800世帯、約4000人が生活している。クラブ員は、小学生から高齢者まで合わせて、約300名である。

和田岬小学校のホームページを開くと、「地域の方とともに子どもたちを育てていくことを目指している」と記されている。年間行事をみて、目にとまったのが5年生を対象にした5泊6日の"自然学校"である。兵庫県では小学5年生になると、この長期の自然学校を全員が体験する。和田岬小学校のものは、兵庫県北部のハチ高原に出かけ、オリエンテーリングや凧づくり、箸づくり、サバイバルキャンプやミステリーツアーなど、楽しそうなプログラムが並んでいる。

表2-1は、和田岬はちのすクラブの役員の役職名と肩書きを示している。役員の肩書きに、施設開放運営委員が多いのが特徴である。神戸市における学校開放の歴史は古い。1968年に、「学校公園化構想」が発表された。これは、学校を公園のように行きやすく、楽しいものにしようというものだ。その結果、学校体育施設と図書室の開放が進み、小学校を拠点にした種目別スポーツクラブと市民図書室が開設されている。

和田岬はちのすクラブの会長は、和田岬小学校施設開放運営委員会会長でもある三橋敏弘さん。三橋さんは、お父さんも奥さんも、子どもさんも、3代にわたって、みんな和田岬小学校の卒業生で、根っからのこうべっ子

表2-1　クラブの役員

顧　　問	和田岬小学校長
	和田岬防災福祉コミュニティー委員長
会　　長	和田岬小学校施設開放運営委員会会長
副 会 長	施設開放運営委員会副会長
	PTA会長
	神戸市体育指導委員
事務局長	施設開放管理者
庶　　務	元PTA副会長
	施設開放委員（2名）
	神戸市サッカー協会
会　　計	施設開放委員（2名）
会計監査	施設開放市民図書管理者
	和田岬小学校教頭
運営委員	グラウンド・ゴルフ代表
	少年野球代表
	サッカー代表
	バドミントン代表
	卓球代表
	剣道代表
	ソフトバレー代表
	毛筆教室代表
	ペン教室代表
	コーラス代表

といえる。三橋さんとは、2000年12月に開催された「神戸アスリートタウンシンポジウム"こうべスポーツ応援団をつくろう"」で出会った。著者は、記念講演とシンポジウムのコーディネーターを務めたが、シンポジウムのパネリストの一人が三橋さんだった。気さくで、熱意あふれるパーソナリティの三橋さんとすぐに意気投合した。シンポジウムには、神戸にあるスポーツNPOの代表であるNPO法人神戸アスリートタウンクラブから加藤寛さん、神戸レガッタ＆アスレチッククラブ支配人の大内達也さん、NPO法人SCIXの鈴木寛さん、NPO法人芝生スピリットの遠藤隆幸さん、シドニーパラリンピック日本代表コーチの桜井誠一さんが参加した。シンポジウムでは、「するスポーツ」、「みるスポーツ」だけでなく、「ささえるスポーツ」を広げることによって、神戸の新たなスポーツ文化をつくろうという、「こうべスポーツ応援団神戸声明」を発表した。

図2-1 校区内にある神戸ウイングスタジアムでのボランティア活動

このシンポジウムは、今まで個別の活動をしていたスポーツNPOが集まり、お互いの活動と課題を議論したことにより、新しいスポーツ団体のネットワーキングにつながる。その後、シンポジウムの参加団体だけでなく、社団法人神戸フットボールクラブやニュースポーツ団体なども一緒になり、翌年、「こうべスポーツ応援団」が結成され、活動を支援し合ったり、FIFAワールドカップにおけるKOBEファンビレッジの企画・運営を手がけている。現在も、1月に1回神戸レガッタ＆アスレチッククラブにおいて、定期的に会議やセミナーを開催している。

表2-2は、和田岬はちのすクラブの活動種目と活動場所、対象者を示している。少年野球は、毎週水曜日と第2・4土曜日、日祝日に活動をしている。神戸市にはスポーツ少年団はなく、小学校に少年野球チームが結成され、各区にリーグが組織され、全部で100以上のチームが活動している。少年サッカークラブは、創部29年目を迎え、全学年混合で練習している。どのクラブも練習場所は、小学校校庭だが、すぐ西隣の三菱グラウンドも使用させてもらっている。

和田岬地区には、三菱重工の造船所があり、三菱電機の工場や三菱病院など、三菱村ともいわれる地域である。三菱グラウンドは、野球やサッカーができる大型グラウンドで、小学校の体育授業やグラウンド・ゴルフ部の活動にも、無料で使用させてもらっている。総合型クラブを発展させる上で重

表2-2 活動種目と活動場所

種目	活動場所	対象
和田岬少年野球	小学校校庭・三菱グラウンド	小学生
和田岬少年サッカークラブ	小学校校庭・三菱グラウンド	小学生
和田岬剣道クラブ	小学校体育館	小学生〜大人
卓球	小学校体育館	成人男女
バドミントン	小学校体育館	成人男女（小学生は親子で）
グラウンド・ゴルフ部	小学校校庭	成人男女
健康体操	小学校体育館	中学生以上
書道クラブ	小学校市民図書室	成人男女
着付け	小学校多目的室	成人男女
コーラス	小学校	子ども〜大人
ソフトバレーボール	小学校体育館	大人

図2-2　剣道クラブの活動

要な課題のひとつは、施設の確保である。小学校の体育館やグラウンドは、ほとんど既存団体によってふさがっている。それゆえ、中学や高校・大学のスポーツ施設、そして企業が所有しているスポーツ施設を活動場所にできれば、種目数の拡大を図ることができる。

　企業も地域への社会貢献という視点から、和田岬のように開放している例もあるが、まだまだ遊休施設が多い。開放が進まない要因のひとつは、利用者側にもある。かつてある企業施設を訪ねたとき、日曜日に地域住民に貸したら月曜日は弁当箱やゴミの山が残っていたと担当者が嘆いていた。また、スポーツ施設において事故が起きたとき、施設管理者の責任だと法的責任を追及されたらかなわないとも考えている。利用するクラブがしっかりしとした組織基盤をもち、利用者自身がスポーツ傷害保険に加入し、利用者マナーを守れば、企業も門を開いてくれるだろう。

　ヒアリング調査のために和田岬はちのすクラブを訪ねると、ちょうど、中高年を中心にしたグラウンド・ゴルフが活動を終えたところだった。三橋さんにできたばかりのクラブハウスと体育館を案内していただいた。クラブハウスは、以前は市民図書室があったところで、グラウンドに面している。すぐ向かいの多目的室や倉庫、そしてクラブハウスの3室と他の教室の間にはシャッターが降りており、クラブ員が教室へ入れないように分かれている。

　1997年に筆者も委員として関わった保健体育審議会が答申した「生涯にわたる……スポーツの振興」には、"学校体育施設の共同利用化"が打ち出され、地域スポーツの拠点となることが期待された。神戸市の小学校では、学校体育施設がまさに地域スポーツクラブの拠点になっている。

　体育館に入ると、剣道部が練習していた。小学1年生くらいのちびっこから中学生が、5人の指導者によって、男女一緒に元気に練習している。初心者と中級者が中心で、剣道部が減少してきたことから、校区外の会員もいるという。指導者の一人の西澤さんは、会員と指導者の写真をホームページに掲載している。

　はちのすクラブは、以前から存在してきた学校開放による単一種目クラブが連合して誕生した。こういった連合型クラブにおける運営課題のひとつは、総合会費の徴収である。各種目クラブは、それぞれ月会費を徴収して活動していることから、総合会費を集めづらい。しかし、総合クラブでも徴収しないと、総合型クラブとしてのイベントや教室を開設することができない。国と自治体からの補助金を3年間受けておきながら、4年後には消滅している総合型クラブがある。それは、補助金を受けている間は裕福であることから、総合会費を徴収していなかったことが一因である。

　和田岬はちのすクラブでは、2003年4月から総合会費（年間）大人1000円、子ども500円を

徴収することになった。それは、クラブハウスができたことにより、光熱費や電話代、インターネット契約料が必要になったという理由からである。

企業施設の有効利用

　和田岬はちのすクラブでは、クラブハウスができたことにより、これから会員のたまり場や、クラブライフの魅力をつくることが可能になった。クラブハウスをたんなる会議施設ではなく、交流施設とするためのハードが必要である。また、情報発信のために、電話やファックス、パソコン、印刷機を置くことにより、クラブ会報を発行できるようになる。また、大型冷蔵庫を置くことにより、アイシング用品や氷を準備することができる。種目を超えて共同利用用品を置くことにより、総合型クラブのよさやメリットが具体化していくだろう。

　企業はこれまでスポーツに対して、「企業知名度の向上」そして「従業員の連帯感・一体感の醸成」を期待してきた（大崎企業スポーツ事業研究財団、1999）。しかし、実業団リーグでの優勝がマーケティングにつながらないこと、従業員の士気高揚にも陰りがさしてきたことから、1990年代の後半からスポーツから撤退する企業が相次いだ。休廃部された種目は、社会人野球、バレーボール、バスケットボール、サッカー、陸上、テニス、バドミントン、アメリカンフットボール、卓球、スキー、アイスホッケーなど、ほぼ全種目にわたっている。

　バブル経済の崩壊後、経済成長や事業拡大が期待できない中で、「企業スポーツで売る」というスポーツ・マーケティングには限界がみえている。これから期待されるのは、企業による社会貢献や地域貢献といった「スポーツ・メセナ」[*3]である。企業が保有するスポーツ施設の市民開放、協議会・研修会への物的・人的支援、地域スポーツクラブへの物的・人的支援が求められる。すでに、オムロン株式会社や富士ゼロックス株式会社ではスポーツ・メセナ活動に会社をあげて取り組んでいる（山口、2004）。

　「企業は人なり」といわれるが、地域に根ざしてこそ企業は社会的責任が果たせるだろう。

　*3　スポーツ・メセナ──企業による社会貢献や地域貢献をメセナといい、「スポーツ・メセナ」は企業によるスポーツ分野における社会貢献や地域貢献のこと。企業が保有するスポーツ施設の市民開放、協議会・研修会への物的・人的支援、地域スポーツクラブへの物的・人的支援が求められる。

神戸市──西須磨はつらつスポーツクラブ

震災からの復活にも寄与した地域住民のネットワーク

震災10年、神戸からの発信

　2005年の1月17日、阪神・淡路大震災（兵庫県南部地震）から10年を迎えた。神戸は港湾都市、ファッション都市、工業都市、医療産業都市と、さまざまな顔をもつ国際都市であるが、六甲山や有馬温泉をもつ観光都市でもある。そして、震災は神戸の産業だけでなく、神戸観光にも大きな打撃を与えた。

　その後、明石海峡大橋の開通や「神戸ルミナリエ」、洋菓子や靴などのマイスターの技を体験できる「北野工房のまち」、有馬温泉のまちおこしなどにより、震災前の観光客数を上回り、2600万人（2003年）の観光客が神戸を訪れた。観光が21世紀のリーディング産業であり、地域の魅力を向上させ、まちづくりの原点でもあることから、神戸市は2004年2月に、「神戸"観光交流都市"づくり」を目指し、「神戸観光アクションプラン」を策定した。

　また、震災時に国内外からいただいた支援への感謝を込めて「震災10年　神戸からの発信」事業が、2004年12月4日から2005年12月まで開催された。具体的な事業としては、「市民のかけ橋　神戸から全国へ」は、神戸市民が全国の主要都市を訪問し、震災の経験や教訓、復興への取り組みを伝えた。市民企画事業も公募・認定され、神戸インターナショナル・キッズ・スポーツイベントなどが開催された。

　2005年4月からは、事業の情報発信拠点がメリケンパークに置かれ、市民・NPOが活動を発表したり、市内のイベント情報などを提供した。周辺の広場では、週末・祝日を中心に、だれもが参加できるスポーツイベントが開催され、手軽に参加できるスポーツの場が提供された。

　阪神・淡路大震災をきっかけにして起こった変化のひとつに、ボランティアや民間非営利団体（NPO）などの市民活動が活発になったことがある。時事通信社の全国調査（2004年）によれば、「阪神・淡路大震災をきっかけに地域でのさまざまな活動に変化があったか？」という設問に、

図2-3　震災の犠牲者の鎮魂をする神戸ルミナリエ

24％が具体的に変化したと答えた。地域別では、被災地の阪神（神戸、大阪、尼崎など17市）が38％と最も多かった。

　震災後、被災地では亡くなった方を慰霊するための慰霊碑などが多く建てられている。震災4年後に、阪神・淡路復興委員長だった下河辺淳さん、作家の陳舜臣さんや行政関係者ら有志とボランティア団体が、「震災モニュメントマップ」を作成した。そして、マップを使って慰霊碑などを訪ね歩く「震災モニュメントウォーク」が始まった。

　1999年から「こうべi（あい）ウォーク」というチャリティイベントも行われた。2001年からは、「1・17ひょうごメモリアルウォーク」が始まり、西宮市役所からの東ルート、神戸市長田区からの西ルート、中央区や灘区からのコースも設定され、ゴールの「追悼のつどい」会場を目指して、多くの市民が歩いた。これらのイベントは、NPO団体や多くのボランティアがその運営を支えている。

　地域スポーツクラブもその運営は、多くの会員ボランティアによって支えられている。ここでは、震災で大きな被害を受けながら、地域の住民のネットワークにより、クラブづくりに成果を収めている「西須磨はつらつスポーツクラブ」を紹介したい。

クラブを支える「クラブサポートサービス」

　日本のスポーツ振興のマスタープランである「スポーツ振興基本計画」において、2010年までに、全国のすべての市町村に総合型スポーツクラブを少なくともひとつは設立することが明記されている。「多種目、多世代、住民の自主運営」という特徴をもつ総合型クラブは、わが国では前例がない。それゆえ、都道府県や市町村のスポーツ行政担当部局の理解と支援が大きな鍵になる。

　神戸市には170小学校区があるが、2006年3月、170小学校区のすべてに総合型クラブが設立された。神戸市のクラブは、兵庫県から「クラブ運営補助」として、年間100万円（5年間）を支援されているが、実際は年間35万円を設立から10年間受けられる。残りは、各クラブからの拠出金として、市全体の「クラブサポートサービス」事業に充てられている。その内容について紹介したい。

　2003年度には、10月18日に総合運動公園において、「第1回地域スポーツクラブフェスティバル」が開かれた。設立された各クラブから、卓球、ミニバスケット、バドミントン、グラウンド・ゴルフ、ラグビー、家庭バレーボールなど8種目の競技に、約2000名のクラブ会員が参加した。

　2004年の2月には、ふだん交流機会が少ない種目や活動を中心にして、「活動発表会」がシーガルホールにおいて開催された。実施種目は、ダンス、新体操、和太鼓、居合道、バトンなどで、市内の12クラブから15団体、約500名の会員が発表の機会を得た。当日は、クラブ会員だけでなく、会員の家族や友人などが、演技の観賞に集まった。

　トップアスリートとの交流会として、2004年2月に、「スポーツゲームin神戸」が王子スポーツセンターなどにおいて実施された。神戸には、Jリーグのヴィッセル神戸、オリックス・ブルーウェーブ（当時）の2プロ球団だけでなく、ラグビーの神戸製鋼やワールド、バレーボールの久光製薬などの強豪実業団チームがひしめいている。当日は、バスケットボールや陸上、テニス、フラッグフットボールなどのトップアスリートも集まり、約500名のクラブ会員に対して、クリニックと体験教室を指導した。

　また、各クラブへの指導者派遣も行われた。講師として派遣されたのは、元プロサッカー選手、NPO法人神戸アスリートタウンクラブ（KATC）、ヴィッセル神戸、神戸製鋼スティーラーズ、スポ

ーツ競技団体の指導者で、神戸市体育協会に登録されている「スポーツ指導者バンク[*1]」からも卓球、サッカー、ドッジボールなどの指導者が派遣され、初心者教室・体験教室で指導した。

　講習会も活発である。「クラブマネジャー講習会」は神戸レガッタ＆アスレチッククラブで開催された。また、「スポーツ栄養学」や「テーピングを使った応急処置」、「子どもの心とともに学びあうスポーツ指導」、「ウォーミングアップ・クーリングダウン・筋力アップ」などの講習会が、事業委託を受けた神戸市体育協会やKATCによって行われた。

　2004年の3月には、神戸ウイングスタジアムにおいて、「クラブフラッグ贈呈式[*2]」が行われ、筆者も出席した。神戸市には、「スポーツクラブ21ひょうご神戸市推進委員会」が組織され、筆者は副委員長として参画してきた。その委員会において、かつて「スポーツクラブのフラッグをつくったらクラブ員意識が高まるのではないか」と提案した。というのは、神戸市のスポーツクラブは、既存の種目チームが集まって設立された連合型クラブがほとんどである。それゆえ、統一クラブの会員としての意識が低い。クラブ員であるという帰属意識を高めるためには、クラブのシンボルが必要である。

　このヒントは、「こうべスポーツ応援団」の結成だった。神戸にあるスポーツNPOが自発的に集まり、新たなネットワーク団体をつくったとき、その凝集性を強くしたのが、同応援団の結成を契機にしてつくられたフラッグだった。神戸市教委の地域スポーツクラブ担当者が、筆者の提案実現のために奔走し、贈呈式を迎えた。この事業は、「クラブフラッグ170」と名づけられ、神戸芸術工科大学の学生ボランティア、神戸ウイングスタジアム、神戸総合型地域スポーツクラブの連携により、地域、大学、産業の協力関係が構築された。

　贈呈式には、西須磨はつらつスポーツクラブ、和田岬はちのすクラブを始め、合計10クラブの役員と学生ボランティア、神戸芸工大、推進委員会、市教委の関係者が集まった。完成したフラッグをみて、その大きさに驚いた。フラッグのデザインは学生が行ったが、各クラブを何回も訪ね、クラブ役員たちとデザインの検討を行った。フラッグは3本贈呈されたが、そのうちの1本はウイングスタジアムの壁面に飾られている。170クラブのフラッグが壁面に飾られたとき、地域に密着したスタジアムとして、神戸のスポーツクラブ会員の誇りになるだろう。

　　*1　スポーツ指導者バンク——スポーツリーダーバンクともいう。都道府県を中心にした地方自治体において、スポーツ団体や地域住民の要請に応じて、指導者となりうる人材をあらかじめ登録しておき、派遣する制度のこと。1980年代以降、都道府県で設置が始まり、現在39の都道県に置かれている。大阪府など5県においては、すでに廃止もしくは休止している。最近では、スポーツ・ボランティアバンクとして再スタートした自治体もある。

　　*2　クラブフラッグ——スポーツクラブのロゴマークを入れた旗のこと。学校の部活動には部旗があるが、地域スポーツクラブにもクラブフラッグをつくるところが増えている。クラブフラッグにより、会員のクラブへのアイデンティティやロイヤリティ（忠誠心）が高まるという効果がある。

神戸総合型地域スポーツクラブのフロントランナー

　西須磨はつらつスポーツクラブ（以下、「西須磨はつらつ」と略す）は、1999年5月に設立された。「スポーツクラブ21ひょうご」事業は、2000年度にスタートしており、西須磨はつらつは、神戸市独自の神戸総合型地域スポーツクラブ補助事業を受けた7クラブ（小学校区）のひとつとして立ち上がった。兵庫県内の総合型クラブのフロントランナーである。

　西須磨小学校は、1893（明治26）年、一の谷尋常小学校として開校され、今年で113年目を迎えている。生徒数は750名で、「かがやけ西須磨　みなぎる気力とはじける笑顔」をめざして、教育活動が展開されている。

西須磨小学校区は、阪神・淡路大震災で大きな被害を受け、その際、西須磨小学校は地域の避難所になった。震災時の体験を忘れず、これからの防災に活かすため、「おやこ防災訓練」が9月の最初の土曜日に開かれた。避難場所になっている西須磨小学校には多くの親子が集まった。そこでは、防災訓練と児童引渡し訓練が行われた。担任の先生が1人ずつ児童の名前を確認し、保護者に引き渡した1月15日には、"防災学習週間"の行事として、「21世紀を担う子どもたちに、伝えよう、復興の道・心」が小学校で行われた。「亡くなった人たちへ哀悼の意を示し、復興支援に感謝し、地域を愛し、未来への希望と夢をもとう」と、子ども、保護者、教職員、地域住民が集まった。

　西須磨小学校区では、地域活動やボランティア活動が盛んである。震災を契機にして誕生した高齢者支援サービスをするNPO法人は、独居老人の支援プログラムだけでなく、中学生や大学生を「トライやるウイーク」[*3]やインターンシップの一環として受け入れている。

図2-4　会員募集のチラシ

　西須磨小学校の4年生は、地域の介護老人保健施設へ福祉体験学習として交流会などに参加している。また、夏休みに100万人以上の海水浴客でにぎわう須磨海岸のクリーン作戦において、迷惑花火禁止をテーマに製作した看板を掲げるなど、住みよい地域づくりに貢献している。

　表2-3は、西須磨はつらつの運営委員会の構成を示している。会長は地域住民代表で、地域安全対策委員会委員長の大島秀之介さん、副会長は4名（青少協役員、施設開放運営委員会会長、PTA会長、PTA前会長）である。事務局長は地域住民代表の施設開放管理者である米倉司郎さん、庶務は4名の元PTA役員などと2名の小学校教諭が担当している。会計2名は体育指導委員と教頭、会計監査2名は地域住民代表の保護者、そして運営委員11名は体育指導委員、種目代表者、指導者が務めている。

　表2-4は、種目別クラブと練習日程・会場を示している。活動場所は小学校の運動場とアリーナで、主に土曜日と日曜日に活動が行われている。クラブ会員数は子ども（小中学生）237名、大人102名、合計339名である。

　バレーボールは軟らかいゴム製ボールを使った家庭バレーボールで女性中心、グラウンド・ゴルフ

表2-3　クラブの運営委員会

顧　　問	西須磨小学校長
会　　長	地域住民代表 （地域安全対策委員長）
副会長	4名（青少協役員、施設開放運営委員会会長、PTA会長、PTA前会長）
事務局長	地域住民代表（施設開放管理者）
庶　　務	4名（地域住民代表：元PTA役員など） 2名（小学校教諭）
会　　計	2名（体育指導委員、教頭）
会計監査	2名（地域住民：保護者）
運営委員	11名（体育指導委員、種目代表者、指導者）

表2-4　種目別クラブと練習日程・会場

卓球	一般・児童	第2・3・4土曜	小学校アリーナ
バドミントン	一般・児童	第2・3・4土曜	小学校アリーナ
ジュニアバレー	児童	休部	小学校アリーナ
ミニバスケット	児童	第2・3・4土曜	小学校アリーナ
バレーボール	一般	第2・3・4土曜	小学校アリーナ
ボールで遊ぼう	一般・児童	第2・3・4土曜	小学校アリーナ
ホッケー	児童	休部	小学校アリーナ
グラウンド・ゴルフ	一般	第2・4土曜	運動場
テニス	一般・児童	第2・3・4土曜	運動場
少年野球	児童	日曜他	運動場
少年サッカー	児童	日曜他	運動場
各種スポーツ教室	一般・児童	第1・5土曜	運動場／アリーナ

表 2-5　年間行事一覧

水泳教室	共催	7・8月
バレーボール教室	共催	8月
トラック＆フィールド教室	共催	9・10月
一輪車教室	共催	10月
ドッジボール教室	共催	1月
阪神タイガース少年野球教室	主催	10月
ヴィッセル神戸サッカー教室	主催	11月
児童対象スポーツ教室	主催	随時
市民対象スポーツ教室	主催	随時
ファミリー卓球大会	共催	2月
神戸総合型地域SC交流大会	共催	10月
源平夏祭り	共催	8月
西須磨はつらつSC種目間交流大会	主催	未定

は中高年が中心である。成人と児童が参加しているのは、卓球、バドミントン、テニスである。児童中心のクラブは、ミニバスケットボールと少年野球、少年サッカーの3種目である。

　表 2-5 は、年間行事一覧（主催・共催事業）を示している。夏休み期間中はプール開放が行われており、スポーツ協会や少年団との共催で水泳教室が開かれている。子どもを対象にした各種目の初心者教室も盛んであり、バレーボール、陸上競技、卓球、バレーボール、一輪車、ドッジボールなどが開催されている。

　行事一覧で目を引かれるのが、プロスポーツ球団による野球教室とサッカー教室である。少年野球チームの役員のひとりが、阪神タイガースの風岡尚幸コーチ（当時）と親交があることから、毎年教室が開かれ、今岡選手もコーチ役を務めた。また、ヴィッセル神戸は地域貢献に熱心であり、市内のさまざまなクラブでサッカー教室を指導している。子どもたちにとっては、あこがれのプロ選手による直接指導で、西須磨はつらつの魅力のひとつになっている。

　また、夏休み期間中の8月最後の日曜日には、西須磨小学校において、地域団体との共催で「源平夏祭り」が開催されている。西須磨小学校の旧名は一の谷尋常小学校で、源氏と平家による一の谷の合戦場になったところである。そういった郷土の歴史と誇りを名前にした夏祭りでは、模擬店、フリーマーケット、そして盆踊りが繰り広げられる。アリーナでは、地元の鷹取中学校ブラスバンド部の演奏や、須磨ノ浦女子高校新体操部の演技も行われる。

　＊3　トライやるウイーク——兵庫県教育委員会が考案した「地域に学ぶ1週間の体験」で、中学2年生を対象にしている。2004年度には、県内すべての358中学校と14養護学校が参加し、参加生徒は4万8913名に上った。活動内容の中心は、職業体験活動で、地元の企業や商店、飲食店、公共施設が中学生を育てている。役所や消防署、福祉施設も中学生を受け入れている。中学生が学校と家庭以外の地域で育てられ、その教育効果は大きく、他府県へも広がりをみせている。

図 2-5　阪神タイガース・風岡コーチ（当時）による野球教室

図 2-6　ヴィッセル神戸のサッカー教室

地域と学校のパートナーシップ

　西須磨小学校のクラブハウスを訪ねると、その日は、後期の運営委員会が開催されており、そのようすをみた後で、会長の大島さんと庶務担当の井上清平先生から、クラブ運営に関してお話を聞かせていただいた。

　西須磨はつらつの特徴は、3つにまとめることができる。第1点は、小学校区における地域のキーパーソンが集まり、クラブ運営を支えていることだ。クラブ設立のきっかけになったのは、神戸市教委のスポーツ担当者の来校で、

図2-7　クラブ役員（前列左から、井上先生、大島会長、野崎教頭）

新しく始まる総合型クラブ事業のモデルクラブになってほしいとの申し出だった。職員会で報告の後、事業の性格上、「地域安全対策委員会」を母体とすることが決まった。

　同委員会は、神戸児童連続殺傷事件のあと、市内の各小学校に組織されたものである。そして委員長を務めていたのが、大島さんだった。委員会には、地域活動やPTA活動の役員が就任しており、まさに地域のキーパーソンの集まりである。

　その後のクラブ設立準備委員会の経緯をみると、クラブ設立の根回しがよく理解できる。まず、小学校の同委員会担当者と体育世話係に協力を要請し、承諾を得ている。次に、学校施設開放委員会への説明、施設開放管理者への説明、同窓会長への説明、青少協支部長への説明、PTA会長への説明と続き、その後、趣意書が作成され、準備委員会を経て実行委員会が結成された。

　第2点は、学校のキーパーソンの協力体制である。学校の最大のキーパーソンは、校長である。当時の校長は大濱義弘先生で、モデル校の依頼があったのは大濱先生がいたからではないかと思う。大濱先生は教育委員会の指導主事や学校体育係長を歴任され、ユニバーシアード神戸大会の企画・指導にも携わったスポーツ行政のベテランだ。神戸市のスポーツクラブ21推進委員会で、初めて大濱先生に会い、前向きで、情熱ある話し方と人間性に感銘を受けた。大濱先生は、神戸市小学校校長会・兵庫県小学校校長会会長を務められ、平成15年には全国教育功労者、平成16年には兵庫県教育功労者を受賞された。まさに、神戸市の総合型クラブづくりのパイオニアといえるだろう。

　クラブ設立当時、趣意書を作成したのが、井上先生だった。井上先生は、地域と一体になった「おらが学校づくり」が研究テーマで、クラブ設立から7年間、西須磨はつらつを支え、クラブとともに歩んできたといえるだろう。

　第3点は、スポーツ行政担当者のサポートである。神戸市内のすべてのクラブは、カラー見開き4ページのクラブパンフレットを用意している。パンフレットの企画・印刷は、スポーツ行政担当者が行っている。また、設立されたクラブのホームページも彼らがサポートしている。

クラブづくりは人なり

　今回のフィールドワークにおいて、あらためて「クラブづくりは人なり」を実感した。西須磨はつらつは、「地域のキーパーソン」、「学校のキーパーソン」、そして「スポーツ行政のキーパーソン」の

3つの人的資源が、協働することによって、クラブ運営が活性化している。

最近、ユニークなグループが入会した。それは、西須磨小学校を52年前に卒業した同窓生による「ナイスミドル　ソフトボール倶楽部」である。29名の会員の中には、女性も少なくなく、元兵庫県体育保健課長の吉井宏一郎先生の名前もある。

西須磨はつらつの活動は、週末が中心である。井上先生は、小学校を楽しく、憩いのある「西須磨ワンダーランド」にしたいという。クラブのスローガンは、「いい汗かきに"はつらつ"へ」で、これからも、西須磨はつらつを中心に、ワンダーランドになってほしい。

◆総合型クラブのクラブ自慢◆

○地域の安全確保のため、ウォーキングクラブ会員および住民の散歩者や犬の散歩時に、地域の防犯を呼びかけ、不審者のチェックを行っている。その結果、地区内の防犯意識が高まった。また、2005年4月15日に、兵庫県警より感謝状をもらった。(南あわじ市・朝見台スポーツクラブ21)

○私有地の山林を借りて、おくもキッズと小学校育友会子ども会部が連携し、里山作りを目指し活動している。現在、山林にツリーハウスを建設中。(篠山市・スポーツクラブ21大芋)

○小学生会員を対象にして、小学校の協力を得て「あそび隊」を作り、親子サイクリング、忍者遊び、宝探しなど、誰にでも参加でき楽しむことのできる活動を展開している。(篠山市・スポーツクラブ21おおやま)

○昔あった町内運動会を復活させ、「秋の大運動会」を実施した。町内の大人、子どもたちがお互いを知り、楽しくスポーツにより汗をかき、下町人情のあるまちづくりのきかっけになった。(神戸市・いたやどGENKIくらぶ)

○クラブ主催のスポーツ大会では、会員以外の参加者も募集し、当日の参加者の抽選によりチームをつくり、老若問わず、仲良く、楽しくプレイしてもらっているのが自慢。(宝塚市・スポーツクラブ21西谷)

○2006年のじぎく兵庫国体のキャンペーンイベントやキャンペーンソングでダンスを実施している。(宝塚市・スポーツクラブ21丸橋、スポーツクラブ21長尾、スポーツクラブ21長尾南)

○「国際スポーツフェスティバル」を実施している。校区内にある海技大学に短期留学しているフィリピン、タイ、ベトナム、バングラディッシュなどの学生たちも参加し、会員だけでなく、自治会、子ども会、老人会など総勢700人が大運動会を楽しんでいる。(芦屋市・スポーツクラブ21宮川)

○高橋勝成ゴルフプロの支援をいただき「スナックゴルフクラブ」を立ち上げ、親子ゴルフ大会などを行っている。(尼崎市・スポーツクラブ21おおしょう)

○「3世代交流ふれあい餅つき・グラウンドゴルフ大会」を開催している。子ども、親、おじいさん・おばあさんの3世代が揃って餅つきをし、その後、グラウンドゴルフで交流を深めている。(加東市・スポーツクラブ21米田)

○多彩なユニークなイベントを開催している。日頃、測れない体力を測定できる「体力テスト」、猪名川町散策ができる「春・秋のハイキング」、いつも使用しているグラウンドの「草引き作業」、年末の「年忘れ！　餅つき＆昔遊び」などで、好評を得ている。(猪名川町・スポーツクラブ21松尾台)

○クラブが主体になり、インディアカ協会を設立し、篠山市インディアカ親善大会を開催し、大成功した。(篠山市・スポーツクラブ21西紀北)

○大型スポーツ店と提携し、会員割引料金を設定している。また、会員を対象に、健康チェック(保健師による血圧測定・健康相談)や体力測定、料理教室を実施している。(宝塚市・スポーツクラブ21丸橋)

○マリンクラブによる「カヌー教室」や自然体験をし、材料持参による昼食を作る際の手際の良さに皆なびっくりした。(明石市・スポーツクラブ21大観)

(兵庫県教育委員会地域スポーツ活動室「総合型地域スポーツクラブ活動状況調査」2005)

神戸市───多聞台わくわくスポーツクラブ

クラブのあり方を変えた
クラブハウス

クラブハウスの形態と意義

　阪神・淡路大震災は多くの人の命と物を奪った。しかし、その後の避難生活で得たものは、共生と協働だった。住居を失くした住民が向かったのは学校だった。小・中・高校の体育館や教室、大学の体育館も避難所になった。マスメディアにはあまり報道されなかったが、避難所の運営においてはトラブルも少なくなかった。避難所の運営がスムーズだったのは、積極的に学校開放事業を進めていたところだった。地域住民がふだんから学校に入り、学校関係者とのコミュニケーションがよかったからである。また、コミュニケーションがいいことにより、地域住民自らが運営委員会を立ち上げ、自立していったからだ。

　総合型クラブと単一種目クラブの違いのひとつは、拠点施設が確保できるか否かだろう。神戸市内の総合型クラブの半数にあたる75クラブはクラブハウス[*1]をもっており、2005年度末までには、さらに30ヶ所が整備され、合計105クラブにおいて、クラブハウスが完成する。ヨーロッパにおけるスポーツクラブの多くには、クラブハウスが置かれている。スポーツクラブとクラブハウスはワンセットで、クラブライフを楽しむための必須アイテムといえるだろう。

　クラブハウスをつくる過程には、企画段階から計画・設計段階、建設段階まであるが、できるだけ早い段階から利用者である地域住民が関わることがポイントになる。施設計画に住民の意思が反映されることから、その後の会員の獲得、ボランティアスタッフの確保、資金援助などの可能性が広がる。

　クラブハウスの設置形態は、次の3タイプが考えられる（笹川スポーツ財団、2004）。

①複合施設型：同じ敷地に隣接する他の施設と機能を共有（体育館、グラウンドなどのスポーツ施設があるスペースに設置）

②総合型：施設単体で自立・完結（体育館、テニスコートなどの屋内スポーツ施設を備えたクラブハウス）

③単一型：特定種目対応で個々に独立するが、相互にネットワークして共同運営（テニスコートや温水プールなどに付帯するクラブハウス）

　わが国では、クラブハウスのモデルになる事例が少なく、それが総合型クラブの発展が進まない一因になっている。日本でのモデル事例となるのは、横浜カントリー＆アスレチッククラブ（YC＆AC）、神戸レガッタ＆アスレチッククラブ（KR＆AC）、ソシオ成岩スポーツクラブなどがあげられる。YC＆ACとKR＆ACは、明治初期に設立された在日外国人を中心にしたヨーロッパ型スポー

ツクラブである。土地、建物を自己所有し、多くの有給スタッフを雇用し、会員から選出された理事会により運営されている。クラブハウスの存在は、クラブへの帰属意識を高め、雇用されたスタッフのホスピタリティには見習う点が多い。

NPO法人ソシオ成岩スポーツクラブは、文部省が総合型クラブの育成をスタートさせた1995年以来、全国のフロントランナーとして、またモデルクラブとして注目を集めてきた。会員数は約2600名で、成岩中学校を拠点にした小中一貫指導を実践している総合型クラブである。中学校の部活動は、平日週3日間だけで、週末はスポーツクラブの会員として活動している。

会員の中で、家族会員は663世帯、スクール会員（小中学生）978名、個人ソシオ会員318名である。2004年度の年間予算は3650万円で、内訳は会費収入が1320万円、事業収入が1700万円、助成金収入が64万円、その他276万円、繰越金290万円で、自主財源率が高いことが健全運営を表している。

クラブハウスは鉄筋4階建てで、総工事費9億6300万円のなかで、社会体育施設の補助金1億4600万円を活用している。クラブハウスには、屋内体育館、屋上アリーナ（人工芝）、トレーニング室、ロビー・フロント、研修室（和室）、談話室（パーティールーム）、会議室、健康体力相談室（カフェ）、更衣室・シャワー室、浴室などを備えている。上述した総合型クラブのクラブハウスの形態としては、総合型にあたる。成岩中学校の体育館の建て替えに際して、地域住民が共同利用できる施設を整備した全国でもユニークな事例である。学校敷地内に建てられているが、社会体育施設と位置づけられている。

以下では、神戸市でユニークなクラブハウスを小学校内につくり、注目を集めている「多聞台わくわくスポーツクラブ」を紹介したい。

*1　クラブハウス——スポーツクラブにおいて、クラブ員が更衣やシャワーを浴びたり、飲食や団欒のスペースをもち、クラブライフを楽しむための拠点となる施設のこと。スポーツ振興くじ（toto）助成金によるクラブハウスの整備補助が始まり、注目を集めるようになった。「スポーツクラブ21ひょうご」事業では、800万円のクラブハウス補助金がすべてのクラブに対して出ている。

神戸総合型地域スポーツクラブの育成

神戸市は総合型クラブの育成事業を1997年から始めたが、2006年6月までに小学校区において、158クラブが設立され、3万8000名が会員として活動している。表2-6は、神戸市における総合型クラブの設立計画を示している。2005年度には市内にある170小学校区のすべてに総合型クラブが設立された。

神戸総合型地域スポーツクラブの特色は、次の4点にある。それは、①幅広い地元住民による役員構成、②住民の自主運営、③受益者負担、④スポーツから文化活動まで含まれる点である。現在75クラブにおいてクラブハウスが整備されているが、クラブハウスをどこに設置するかは重要な意味をもっている。神戸市の場合は、小学校内の空き教室を改修したり、小学校内にプレハブ型のクラブハウスを新設している。いずれも小学校内に設置しており、学校施設が拠点施設となっている。

また、スポーツクラブ21ひょうご神戸推進委員会と神戸市教委の主催により、2002年、第1回神戸総合型地域スポーツクラブフォトコンテストが開催された。地元の運動用品

表2-6　神戸市における総合型クラブ設立計画

年度	設立数	累計
2000	10	10
2001	17	27
2002	33	60
2003	40	100
2004	40	140
2005	30	170

組合やフィルムメーカーの協賛を得て、民間資本を活用している。その結果は、ホームページで公開されている（htpp://www.sportsclub-kobe.com/index.html）。

　神戸市は、総合型クラブの創設・育成に関するさまざまなサポート体制を敷いている。その特徴は、行政担当課だけでなく、市内のスポーツNPO[*2]との連携である。行政担当課は、教育委員会にあるスポーツ体育課市民スポーツ係で、上記のホームページに神戸総合型地域スポーツクラブのクラブ情報やサポートメニューなどを掲載している。

　総合型クラブへの支援は、財団法人神戸市体育協会もかかわっている。そのひとつは、クラブマネジャー講習会で、参加者は市内だけでなく、市外でも誰にでも門戸を開いている。講習会の会場は、1870（明治3）年に設立された神戸レガッタ＆アスレチッククラブのクラブハウスである。

　もうひとつは、「会員ポイントシステム」で、地元のスポーツ用品店で総合型クラブの会員証を提示すると、15％割引きになる。さらに、購入金額に応じてポイントが加算され、ポイントが貯まれば、スポーツ用品と交換できるというシステムである。これは、兵庫県運動用品店商業共同組合神戸支部との連携で実現した。大型店舗に押され気味の地元のスポーツ用品店と総合型クラブの双方にメリットのあるアイデアといえる。

　NPO法人神戸アスリートタウンクラブにも、事業委託を行っている。その中心は人的資源の派遣である。各総合型クラブでは、既存の種目別サークルの個別活動が中心で、新しいプログラムの指導者やソフトが不足している。そこで、クラブサポートサービスとして、テニスや親子水泳、キンボール、太極拳などの初心者教室・体験教室を開催する指導者派遣を行っている。また、地元のJリーグ球団であるヴィッセル神戸も教室を開催している。この人材派遣は無料ではなく、受益者負担により各クラブが費用を払っている。

　神戸アスリートタウンクラブの専任スタッフである宮本宏史さんは、「神戸総合型地域スポーツクラブ育成専門員」として、各クラブを巡回している。そこでは、クラブサポートサービスの紹介とクラブ運営に関するアドバイスを行っている。宮本さんは大学院でスポーツ経営学の修士号を取得しているスペシャリストで、2002年度は58クラブを巡回指導し、各クラブの役員から信頼を得ている。総合型クラブは、わが国では前例がなく、多種目・多世代型、自主運営という理念がなかなか理解されないことが多い。スペシャリストが巡回指導することによって、クラブ育成が着実に進んでいることを強調すべきだろう。

　＊2　スポーツNPO──スポーツNPOとは、スポーツ分野における民間非営利団体を意味しており、NPO法人のほか社団法人、財団法人も含まれる。スポーツNPO法人に関しては、NPO法人クラブネッツによれば、2006年1月現在、全国でスポーツに関わる事業を行うNPO法人は2060団体に上っている。

クラブハウスの整備によるクラブの活性化

　「多聞台わくわくスポーツクラブ」は、2000年10月、多聞台小学校区を中心に開設された。多聞台小学校は、1965年4月に神戸市垂水区の団地の中に創立された。児童数は280名と少なく、長期的な減少傾向にある。1学年は1クラスと2クラスの学年に分かれている。1学年だけでは、野球チームができないという、少子化の影響が顕著になっている。

　多聞台小学校区は、地域活動が盛んである。学校横の「寺地川親水プロムナード」は地元地域が管理しており、地域住民の憩いの場であるとともに、子どもたちの学習や遊びの場になっている。周辺にはウォーキングコースや市民花壇が整備され、湧水を利用した「循環型せせらぎ遊歩道」もある。

図2-8　少年サッカークラブ

プロムナードにおいて、「多聞台に蛍を飛ばそう」というイベントが開催されたこともある

小学校では、運動会や音楽会などの行事だけでなく、地域住民を取り込んださまざまな活動が行われている。「餅つき・昔遊びの会」は2月8日に、地域住民やペア学年の友達と一緒になり、昔の伝承遊びを楽しみ、餅つきを体験する。同行事はPTAの協力を得て、隣接されている保育所や幼稚園、そして地元の老人会を招待している。

1月17日には、「防災訓練」が行われている。これは小学校と地域防災福祉コミュニティの合同訓練で、消防署や警察署の協力のもとに行われる。避難訓練や消火訓練、バケツリレー、はしご車の搭乗体験もある。阪神・淡路大震災の際、学校が避難所になった経験を活かし、震災の体験が語り継がれている。

表2-7は、多聞台わくわくスポーツクラブの役員を示している。会長はソフトテニスの指導者でもある岡本重雄さん。「和田岬はちのすクラブ」と同様に、多聞台小学校区には学校施設開放事業により、少年野球や少年サッカーなどの単一スポーツクラブが活動していた。2000年から始まった「神戸総合型地域スポーツクラブ」事業の指定を受け、「多聞台わくわくスポーツクラブ」が誕生した。

会長の岡本重雄さんは、多聞台小学校区のすべてのスポーツ団体をわくわくスポーツクラブの構成メンバーにしようという方針で、徐々に活動団体を増やしていった。そのモットーは、「楽しみながら、ふれあいの和と輪を広げよう」である。

神戸市垂水区は、団地スポーツの発祥の地といわれている。それは、1969年に垂水区のマンモス団地の中に、「垂水区団地スポーツ協会」（通称、団スポ）という、わが国の総合型クラブの草分け的存在で、住民が自主運営するモデルが存在するからである（第1章参照）。団スポは行政補助を受けずに、野球やバレーボール、テニス、卓球、ハイキングなどの多種目サークルを、種目サークルの指導者がリーダーになり、自主運営を続けている。

表2-8は、多聞台わくわくスポーツクラブの開設種目と活動場所を示している。児童向けには、

表2-7　クラブの役員

顧　　　問	多聞台小学校校長
会　　　長	多聞台小学校施設開放運営委員会会長
副 会 長	婦人会副会長
	PTA副会長
	施設開放運営委員
事 務 局	学校施設開放管理者
広　　　報	市民図書室管理者
会　　　計	施設開放管理者
	多聞台小学校教頭
会計監査	ダンス教室
	老人大学OB
運営委員	ゲートボール部
	神戸市スポーツ相談員
	施設開放運営委員（4名）
	バレーボール部
	テニスクラブ指導員
	グラウンド・ゴルフ部

表2-8　活動種目と活動場所

種　　目	活動場所	対　象
少年少女野球	小学校グラウンド	小学生男女
少年少女サッカー	小学校グラウンド	小学生男女
少年少女ソフトテニス	小学校グラウンド	小学生男女
ソフトテニス	小学校グラウンド	成人男女
ゲートボール	小学校グラウンド	成人男女
グラウンド・ゴルフ	小学校グラウンド	成人男女
社交ダンス	小学校体育館	成人男女
ママさんバレー	小学校体育館	家庭婦人
卓　　球	小学校体育館	成人男女
バドミントン	小学校体育館	成人男女
シルバー野球	南多聞公園	60歳以上
将　　棋	クラブハウス	小　学　生

図 2-9 校舎 2 階南側に位置しグラウンドを一望できるクラブハウス　　図 2-10 クラブハウスのカウンターテーブル

野球とサッカー、ソフトテニスが開設されている。成人向けには、ソフトテニスや卓球、バドミントン、グラウンド・ゴルフ、ゲートボールといった種目が、小学校のグラウンドと体育館において展開されている。ユニークな種目としては、シルバー野球という60歳以上が対象のものもある。兵庫県は還暦野球[*3]が盛んで、元野球少年たちが、白球を追っている。また、クラブハウスができたことにより、将棋クラブが発足し、スポーツのやや苦手な子どもたちも、地域の将棋サークルの大人から指導を受けている。

　多聞台わくわくスポーツクラブは、団地や住宅街に囲まれ、緑がいっぱいの多聞台小学校の中にある。ヒアリング調査において、事務局を務めている森川裕子さんと高橋あやのさんから、クラブ運営に関するお話を聞かせてもらった。森川さんは、わくわくスポーツクラブの事務局長といったところで、学校施設管理者を兼ねている。また、高橋さんはクラブの広報を担当し、小学校内にある市民図書館管理者でもある。

　わくわくスポーツクラブのフィールドワークのねらいは、クラブハウスの見学が主眼だった。「スポーツクラブ21ひょうご」事業においては、クラブハウスの建設費補助として、1小学校区あたり800万円もの補助金が支給されている。しかしわが国では、総合型クラブやクラブハウスという前例がないことから、スポーツクラブ内に設立されるクラブハウス像が曖昧になっている。設立されたクラブハウスを見学すると、ほとんどがテーブルとイスが置かれた会議室である。

　わくわくスポーツクラブのクラブハウスは、校舎2階南側にあり、かつては資料室として使用されていた。当初、学校からは別の空き教室が提示されたが、粘り強い交渉の結果、現在の場所になった。クラブハウスの窓からは、グラウンドが一望でき、少年サッカーの練習風景がよく見える。また、校舎3階の体育館からも近い。

　クラブハウス内は絨毯敷きで、靴を脱いでくつろげる。絨毯敷きにすることで、ストレッチングや簡単なエクササイズも可能になる。会議用のテーブルはたたんであり、必要なときにセットされる。また、テレビとビデオが置かれ、練習後にリラックスした姿勢でビデオ鑑賞ができるようになった。隅にはソファーも置かれ、ゆったりとくつろげる。

　クラブハウスのもうひとつの特徴は、教室の廊下を残し、キッチンを設置したことだ。そして、カウンターテーブルやカフェチェアーを置き、少人数で談話できるスペースになったことである。スポーツ活動後に、自分たちでコーヒーやお茶をいれ、スポーツ談義に花が咲くことになる。

　クラブハウスの整備の影響はすぐに現れた。それまでは、単一種目の活動だったために、総合型クラブとしての総合会費は徴収されていなかった。しかし、クラブハウスの使い心地がよく、クラブハ

ウスを将来にわたって維持していくために会費が必要であることを理解する会員が増えていった。その結果、2002年度より、総合会費（年額大人1200円、小人600円）を徴収するようになった。また、クラブハウスが積極的に活用されることで、他の種目のようすがクラブハウスからみえ、会員同士のコミュニケーションも図られるようになってきた。

＊3　還暦野球──60歳以上の軟式野球を愛好する人たちによって組織化されている。都道府県には、還暦軟式野球連盟があり、数チームから30チームくらいの所属クラブがある。全国大会は、1985年群馬県前橋市で開催され、以後、毎年1回全国大会が開催されている。

住民主導によるクラブづくり

　神戸は行政に頼らずに、住民主導により何かを始めるという住民パワーが生きているまちである。これは、全国の生協のモデルとなった生活協同組合"コープこうべ"（前灘生協）をはじめとして、マンモス団地の住民が自ら立ち上げた"垂水区団地スポーツ協会"、そして"NPO法人神戸アスリートタウンクラブ"や多くのスポーツNPO、"こうべスポーツ応援団"の存在が証明している。

　総合型クラブの設立と運営には、住民パワーをいかに結束できるかが重要である。行政は、設立のアドバイスや人的資源の養成・研修、またスポーツ教室の事業委託などによる財務支援が求められる。また、学校の活性化には、地域社会とのネットワークが欠かせない。多聞台わくわくスポーツクラブは、機能的で使いやすいクラブハウスの設立により、学校と地域をより密接につなぐ重要な役割を果たしている。

神戸市——いぶきウエストスポーツクラブ

町対抗のイベント開催により促進されるまちづくり

神戸児童連続殺傷事件

　阪神・淡路大震災から2年後の1997年2月、神戸市須磨区において、女児2人が金づちで殴られ負傷した。3月には、女児が金づちで殴られ死亡した。そして、5月27日、閑静な住宅街が騒然となった。小学校6年生の男児が絞殺され、遺体の一部が「酒鬼薔薇聖斗」名の犯行声明文と一緒に中学校の校門に置かれた。いわゆる「神戸児童連続殺傷事件」であった。

　犯行声明文は、次のような内容だった。「さあ　ゲームの始まりです　愚鈍な警察諸君　ボクを止めてみたまえ　ボクは殺しが愉快でたまらない　人の死が見たくて見たくてしょうがない　汚い野菜共には死の制裁を　積年の大怨に流血の裁きを　　SHOOLL KILLER 学校殺死の酒鬼薔薇」

　マスコミの過剰な取材、子どもたちの大きな精神的ショック、少年犯罪の凶悪化と少年法の適用、被害者家族の人権問題など、多くの少年犯罪をめぐる社会問題に関する論議を呼ぶことになった。この事件が起きた神戸市須磨区名谷は閑静な住宅街で、地下鉄の開業に伴って開発されたニュータウンであった。ニュータウンでは、ショッピングは駅周辺のビルに限定されている。住宅街には、わずかのクリニックやコンビニがある程度である。かつての下町には、駅周辺から住宅地への通りに、八百屋や肉屋、床屋、花屋、喫茶店、雑貨屋などがあり、界隈があった。ニュータウンは美しい宅地が整備されているが、界隈性がなく味気ない。

　ニュータウンは新住民が中心ゆえに、地域における人間関係は新たに築かなければならない。また、地域社会における教育力は、都市化や核家族化に伴い、年々、低下している。ここでは、同じ地下鉄沿線のニュータウンにおいて、新しく設立された「いぶきウエストスポーツクラブ」がユニークなスポーツイベントを通して、まちづくりを進めている事例を紹介したい。

神戸市のイベント戦略

　神戸は古くから港という交通の要所を中心に栄えてきたが、近年の神戸市の都市開発はイベント開催とともに進んできた。1981年、当時、開催すれば多額の財政赤字を残すといわれていた地方博だったが、人工島で開催した「ポートピア'81」は、1610万人の入場者という日本記録をつくった。

　4年後の1985年には、「ユニバーシアード神戸大会」を開催し、新設された神戸総合運動公園には、新しい地下鉄が開設され、沿線にニュータウンの建設が始まった。ユニバーシアードから4年

後の1989年、「フェスピック神戸大会」(第5回極東・南太平洋身体障害者スポーツ大会)を神戸市北区の「しあわせの村」で開催している。「しあわせの村」は運動公園と福祉施設という2つの異なるコンセプトを合わせた素晴らしい複合施設で、年間200万人以上の来園者を集めている。

1993年には「アーバンリゾートフェア」を開催したが、1997年は阪神・淡路大震災により、イベント開催は中断した。2001年には、「神戸21世紀・復興記念事業 ひと・まち・みらい」が半年にわたって開催された。そして、翌2002年、FIFAワールドカップ神戸大会が新設された「神戸ウイングスタジアム」で開催され、スタジアム横には新たに地下鉄湾岸線が開設された。このように、神戸市は4年に1回のイベント開催により都市開発を進めてきたが、その中でもスポーツイベントが大きなまちづくりの柱になっている。

総合型クラブに関しては、神戸市には小学校が170校あり、神戸市は1997年に総合型クラブの育成補助事業を始めた。文部省の総合型クラブ育成事業からわずか2年後に、自治体による育成事業としてはフロントランナーとして総合型クラブの育成に立ち上がった。その基盤になったのが学校施設開放運営委員会である。学校体育施設を、施設開放運営委員会が認定した種目団体が利用する形態をとっている。総合型クラブは施設開放運営委員会が基盤になっていることから、活動は個別の種目サークルが中心で、総合型クラブとしてのプログラム開発や会員としてのアイデンティティの形成が課題といえる。

こうした総合型クラブの課題を踏まえて、2003年10月18日、神戸総合運動公園において、「神戸総合型地域スポーツクラブフェスティバル―スポーツで仲間の輪を広げよう―」が開催された。このイベント開催にあたって、各クラブに対して「地域スポーツクラブ会員の皆様が、日頃の練習の成果を発揮していただくと共に、他の地域スポーツクラブと親睦を深める大会です。特に、初心者の方、大歓迎です。奮ってご参加ください」というチラシが配布された。

神戸総合運動公園は、中心部から地下鉄で約20分、ユニバーシアード神戸大会のメイン会場である。オリックス・ブルーウェーブのホームスタジアムは、かつて「グリーンスタジアム神戸」であったが、その"ネーミングライツ"[*1]が売られ、「Yahoo BBスタジアム」になった。そして、現在はオリックス・バファローズのダブルフランチャイズ施設として、「スカイマーク・スタジアム」と呼ばれている。また、陸上競技の全国イベントである「神戸リレーカーニバル」は、公園内のユニバー総合競技場で開催される。さらに、NPO法人神戸アスリートタウンクラブは、総合運動公園を中心にして、「ユニバースポーツクラブ」を設立し、陸上競技やソフトテニスの活動を展開している。スポーツクラブフェスティバルは、室内体育館のグリーンアリーナ(メイン・サブ)、球技場、テニスコ

図2-11 2003年10月に開催された「神戸総合型地域スポーツクラブフェスティバル」

表2-9 「神戸総合型地域スポーツクラブフェスティバル」のプログラム

種 目 大 会 (事前申し込み)	バドミントン〈159人〉　卓 球〈164人〉 ミニバスケットボール〈160人〉 グラウンド・ゴルフ〈102人〉 家庭バレーボール〈250人〉 ラグビー〈200人〉 テニス〈77人〉　ソフトテニス〈62人〉
当 日 参 加	健康チェックコーナー(骨密度、体脂肪、体測定) 総合型クラブ・フォトコンテスト ロゴ・フラッグ展 モーヴィ・ネッピー・リブシー 神戸ストレッチング体験コーナー

〈 〉内は参加者数

ート、そして公園内のウォーキングコースにおいて展開された。

表2-9は、神戸総合型地域スポーツクラブフェスティバルのプログラムを示している。種目別大会では、バドミントン、ミニバスケットボール、卓球、家庭バレーボール、グラウンド・ゴルフ、ラグビー、テニス、ソフトテニスで、参加者数は合計1174人であった。内訳は、小学生515人、中・高校生43人、大人616人であった。小・中学生の家族も応援に駆けつけ、その数はおよそ500人に上った。

図2-12 ロゴ・フラッグ展

フェスティバルは快晴に恵まれ、多くの参加者で賑わった。その要因のひとつは、「複合イベント効果」[*2]であった。というのは、朝から神戸市私立幼稚園連盟と神戸市私立幼稚園PTA連合会の主催による「親子ハイキング」「親子ふれあいフェスタ」が、総合運動公園内で開催されたからだ。参加者数は5000人に上り、親子ハイキングの後に、当日参加型の健康チェックコーナーやスポーツ大会を会場で観戦した。

フェスティバルの特徴は、種目別大会だけでなく、当日参加型プログラムを用意したことである。事前申し込みの種目別大会だけだと、初心者や応援の家族や友人は少ない。予約なしでも参加できる「当日参加型プログラム」の設定が集客のポイントであろう。

当日参加型プログラムで目を引いたのが、ロゴ・フラッグ展である（図2-12）。クラブのロゴ（シンボルマーク）やフラッグ（旗）はクラブ員のアイデンティティを高めるために、大きな機能を果たす。クラブハウスにフラッグが常時、掲揚されていたり、試合にフラッグを持っていくことによって、「マイクラブ意識」[*3]が高まる。総合型クラブの育成を担当している神戸市教委スポーツ体育課は、各クラブにロゴ・フラッグの制作を勧めている。クラブで独自にデザインを作成しているだけでなく、神戸芸術工科大学の教員・学生グループがボランティアでクラブロゴのデザイン作成を買って出ている。今後、スポーツ大会やフェスティバルにおいて、数多くのクラブのフラッグがはためく日も遠くないだろう。

スポーツクラブフェスティバルは、多くの参加者を集め、大成功であった。そして、2つの副産物をもたらした。ひとつは、ふだんは自分たちのチーム練習が中心の会員が、他のチームと交流できたことである。もうひとつは、ロゴ・フラッグ展やフォトコンテストなどにより、総合型クラブのイメージが広がったり、モデルクラブの活動を見ることにより、強い刺激を受けたことである。「意外に総合型クラブが広がっている」、「なかなか頑張っているな」というように認識が変わったのではないだろうか。

＊1 ネーミングライツ——スポーツ施設などにおいて、企業名や商品名を冠する権利で、命名権ともいわれる。シアトル・マリナーズのホームスタジアムであるセーフコ・フィールドなどで使われ、ヨーロッパや日本においても広がっている。わが国では、施設の運営費用の調達を目的に、野球やサッカーのスタジアムやアリーナ、ドームにおいてネーミングライツが使われている。

＊2 複合イベント効果——2つ以上のイベントを同時開催することによる集客効果のこと。意図的に複合イベントの開催をするときと、偶然重なるときとがある。2つ以上のイベントの同時開催ゆえに参加者数が増え、相互に見たり、見られたりすることにより相乗効果が生まれる。

＊3 マイクラブ意識——スポーツクラブに対する会員の"わがクラブ意識"で、クラブに対するアイデンティティやロイヤルティ（忠誠心）ともいわれる。クラブに対する所属年数や役員やスタッフとしての関わり、およびクラブ内の活動満足度により高まると考えられる。

各年代の役員がグループ指導体制でクラブをリード

　地下鉄沿線で最も新しい駅が、名谷駅から北西へ4駅の西神南駅である。この地区は井吹台といわれ、駅を挟んで井吹東小学校のある井吹台東町と、井吹西小学校のある井吹台西町の2小学校区からできている。ヴィッセル神戸の練習グラウンドもここに置かれている。

　「いぶきウエストスポーツクラブ」は、井吹西小学校区に誕生した新しい総合型クラブである。同小学校は、1998年に開校し、生徒数は何と1300人を数え、神戸市ナンバーワンのマンモス校である。クラブ設立のきっかけは、2001年のプール開放であった。翌年には、井吹西小学校施設開放運営委員会が結成されている。この施設開放運営委員会が母体になり、2003年4月にいぶきウエストスポーツクラブが設立された。

　クラブ内の活動種目は、野球、ミニバスケットボール、サッカー、ジュニアバレーボール、家庭バレーボール、卓球、バドミントン、ソフトテニス、空手の9種目である。会員数は448人で、その中で、小学生が300人を超えている。成人は30歳代と40歳代が多い。活動は火・水曜日の夜に体育館、そして週末にグラウンドと体育館で展開されている。また、各種目の指導者は、野球・少年野球23名、サッカー9名、ラグビー10名、ミニバスケットボール2名、バレーボール8名、卓球・空手・バドミントン各1名、体育指導委員1名、合計56名を抱えている。

　いぶきウエストスポーツクラブのひとつの特徴は、年齢バランスのとれた役員構成である。その中心は、事務局長の山崎誠人さんと浜谷継明さん、体育指導委員で会計を務める中島真紀さん、そして会長の坂本都留代さんの4名である。山崎さんと浜谷さんは30歳代、中島さんは40歳代、そして坂本さんは50歳代とバランスがよく、性別も男性2名、女性2名である。ことあるごとにこの4名が集まり、ミーティングを重ね、運営の中心を担っている。

　成功しているスポーツクラブには、必ずといっていいほど、意欲的で強力なリーダーが存在している。しかし、1人のリーダーだけではクラブ運営はうまくいかない。組織を動かすためには役割分担が必要であり、4～5名のリーダーによるグループ指導体制が理想である。

　事務局長の山崎さんから、クラブの概要について話を聞いた。とくに印象的だったのは、クラブの理念についてであった。「子どもたちや地域の皆さんが、スポーツクラブを通して、ふれあいや交流を深め、住みやすいまちづくりに貢献したい」という。新しいまちゆえに人的交流やコミュニケーシ

表2-10　クラブの役員

顧　　問	井吹西小学校長
会　　長	連合自治会会長
副 会 長	野球代表
	サッカー代表
事務局長	ミニバスケットボール代表
庶　　務	サッカー代表
会　　計	家庭バレーボール代表
	井吹小学校教員
委　　員	体育指導委員
	井吹西小学校教頭
	19人（種目サークル、囲碁、保護者会、青少協の代表）

図2-13　ミニバスケットボール大会

ョンが希薄になっている。スポーツクラブがまちづくりの拠点や中心になって、地域住民の手で、明るく楽しい生活ができるまちに育ってほしいという。

まちが一体になった「アスレッツゲームズ井吹台」

　井吹のまち開き10周年を記念して、東町と西町が対抗しながら交流する、スポーツ・レクリエーション大会が2003年の8月24日と30日に開催された。このイベント開催の趣旨は「井吹のまち開き10周年を記念して、ふれあいのまちづくり・心豊かなまちづくりを願って本大会を開催する。新しい出会いを楽しんだり家族の絆を深めながら、共に井吹に生きる仲間を大切にし合うことを再認識し合う機会としたい」とある。

　「アスレッツゲームズ井吹台」の競技は、下記のように進められた。
①井吹西地域、井吹東地域の対抗大会とする。
②各競技（5種目）は200点を持ち、勝利得点の合計で競う総合スポーツ大会。5種目合計1000点とする。
③オープン競技（スタンプラリー）については、1人1点とする。「○×クイズ大会」は優勝チームに200点とする。
④優勝地域には、セリオ杯を授与し、次回大会で返還する。

　競技種目は、フットサル（大人・子ども）、ソフトバレー（大人・子ども混合）、3on3（家族・子ども）、グラウンド・ゴルフ（大人・子ども混合）、Tボール（大人・子ども混合）の5種目であった。オープン競技は、当日参加型種目である。

　スタンプラリーは、5会場に11種目が用意された。フライングディスク体験、バドミントン体験、フリースローチャレンジ、グラウンド・ゴルフ体験（ねらえ！ホールイン泊！）、キッズテニス体験、健康チェック（骨量測定）、キッズアスレティック、輪投げ、リフティングチャレンジ、シュートスピードチャレンジ、キックターゲットで、子どもたちが好きなチャレンジ型や中高年の関心が高い骨密度の測定などが含まれている。4種目以上の参加者には、参加賞というインセンティブも用意されている。

図2-14　アスレッツゲームズ井吹台

スタンプラリーには、合計220名が参加している。○×ゲームは2日目の閉会式のプログラムとして行われ、東町が勝利を収めた。2日目の会場は小学校だけでなく、地下鉄駅のすぐ横のセリオ光の広場がメインになった。

　広場ではチャレンジ型のプログラムや、青少協によるミニ縁日と井吹台中学校吹奏部がお祭り気分を盛り上げた。神戸のプロスポーツ球団のマスコットであるヴィッセル神戸のモーヴィ、オリックス・ブルーウェーブのネッピー・リプシーも大会会場で参加者を盛り上げた。合計点は東町842点、西町578点で第1回アスレッツゲームズ井吹台は1500名以上の参加者を集め、幕を閉じた。

　これだけのイベント開催にこぎつけるには、半年前からの実行委員会の開催と広報活動、そして開催経費が必要である。イベント開催経費は合計37万円だが、すべてはプログラムに掲載された23団体からの広告収入である。プログラムは井吹台の全7700世帯に実行委員たちが自分たちで全戸に配布した。企画書に目を通すとタイムテーブル、会場見取り図など、細部にまで綿密な準備が行われていることがうかがえる。

　アスレッツゲームズ井吹台の開催には、いぶきウエストスポーツクラブだけでなく、両小学校の施設開放運営委員会、西区青少年育成協議会西神南支部、NPO法人神戸アスリートタウンクラブが協力して実行委員会を構成している。イベント開催の仕掛け人は、神戸市教委スポーツ体育課の上坂資次さんである。上坂さんは神戸市の総合型クラブの育成を担当されているが、井吹台の住民でもある。新しいスポーツクラブの育成とまちづくりのためにと、いろいろな地域団体やスポーツ団体に声をかけ実現に至っている。

　このイベント開催が刺激になり、いぶき東スポーツクラブの結成にも弾みがついた。また、イベント開催により、両町のスポーツリーダーの交流が深まった。これまで、駅をはさんで東町と西町にあった「見えない壁」がなくなり、井吹台の住民というアイデンティティが深まり、まちづくりにも寄与したものと考えられる。

イベント開催の社会的効果

　総合型クラブの育成や地域スポーツの振興において、イベント開催は欠かせない。それは、イベントの集客力だけでなく、イベント開催に伴い、人材が育ち、ヨコの人的ネットワークが強くなるからである。イベント開催の際のスポンサーは、今後のクラブ運営のスポンサー候補にもなるだろう。また、イベント開催によりクラブの知名度が上がったことが、新たな会員や運営スタッフの獲得につながっていく。

　神戸市のスポーツ行政にはイベント開催のノウハウが蓄積されており、イベント上手といえるだろう。また、市教委だけでなく、神戸市体育協会やスポーツNPO、スポーツ産業とのネットワークが強く、豊富な人的資源が集客力の高いイベント開催を可能にしている。

神戸市──渦が森あいあいクラブ

クラブ員の帰属意識を高め
多目的に利用されるあいあいルーム

裏山リゾート六甲山

　六甲山は、神戸の市街地に隣接した裏山リゾートである。背後にそびえる緑の屏風のような山々の連なりは60kmほどになる。六甲山からの夜景は、「100万ドルの夜景」ともいわれ、市民にとっては、手軽にハイキングに行ける裏山リゾートになっている。

　1895（明治28）年、外国人居留地に住み、神戸レガッタ＆アスレチッククラブ（KR & AC）の中心メンバーでもあったA．グルームは日本女性の宮崎直さんと結婚した。グルームは六甲山に狩猟に来たとき、六甲山の魅力を発見し、三国池（通称グルーム池）のほとりに別荘を建築した。これが六甲山開発のルーツである。その後、グルームは、登山道の整備や砂防植林に取り組み、都市近郊の保養地としての六甲山の基礎をつくった。グルームは、日本初のゴルフ場を六甲山に造り、「六甲山の開祖」といわれている。

　今は緑にあふれた美しい六甲山だが、かつては"はげ山"であった。秀吉の時代から、木材や柴の過剰採取が始まったという（神戸新聞、2002年8月18日朝刊）。江戸時代はさらに荒廃が進み、その結果、40回以上の水害が記録されている。そんな六甲山を甦らせる契機になったのは、上水道の敷設工事であった。1902（明治35）年、貯水池の集水地を中心に本格的な植林が始まり、以来、ほぼ毎年にわたり、合計1000万本以上が植えられ、現在の緑の山になった。

　六甲山の緑化再生により、六甲山は市民や観光客の観光・レクリエーションの憩いの場になった。しかし、1990年代前半には、毎年700〜800万人だった六甲・摩耶の観光客数は、阪神・淡路大震災で200万人に落ち込み、その後も500万人にとどまっている。経済不況により、企業の保養所も次々と閉鎖されている。

　そんな中、摩耶山にあった市立国民宿舎がPFI[*1]（民間資金活用による社会資本整備）により、ホテルに再生され人気を集めている。また、企業保養所の稼働率を上げたり、施設の相互利用や一般利用を促す「六甲山保養施設活用コンソーシアム」が設立され、官民一体となって六甲山の再生への取り組みが進められている。

　六甲山には、市街地からハイキングができる「山筋」が数多くあり、各山筋に10を超える毎日登山会がある。毎朝、5000人に上る近隣の住民が早朝から山筋登山を行っている。神戸大学のすぐ下に、一王山登山会がある。早朝から多くの市民が登ってきて、全員で独自の体操をしたあと、下っていく。登山会は記帳システムをもっており、何回登山したかが記録される。

登山会の組織を調べていて、おもしろい発見をした。各登山会の会長の多くは、記録保持者なのである。副会長はたいてい2位の記録保持者だ。ある会長の1万4000回を超える記録は、毎朝登り、40年間継続することによって達成されたものである。

　六甲山登山の総仕上げは、「六甲全山縦走」である。神戸市外ではあまり知られていないが、須磨の鉢伏山から登り始め、宝塚まで全長56km、谷あり山場ありの厳しいコースである。1975年に市民の会と神戸市の共催で始まり、今年で33回目を迎える。参加希望者が年々増え、今では11月に2回行われ、4000人が自らの体力に挑んでいる。著者は昨年挑戦しようとしたが、申し込みがあっという間に定員に達し、断念した。高校生から80歳代のシニアまで、全国各地からハイカーが集まり、約8割が完走するビッグイベントである。

　　＊1　PFI──Private Finance Initiative の略称で、社会基盤や公共施設の整備に際して、民間企業の資本とノウハウを活用する方策のこと。1999年に「民間資金等の活用による公共施設等の整備等の促進に関する法律」（PFI促進法）が成立し、財政支出の削減、運営の効率化、サービスの向上などに貢献している。

屋外で遊ばなくなった子どもたち

　神戸市東灘区渦が森地区は、六甲山のふもとの標高246mの高台に位置する住宅地である。神戸港や大阪湾の眺望は格別で、まちを取り巻く自然環境はきわめて良好である。

　沿岸の埋め立て地に造成された住宅地では、入居から30年以上が経ち、住民の高齢化や住宅の老朽化が進んでいる。また、地域内に医療施設がないことや交通問題、若者層の地域活動への参加が少ないなどの課題があることから、「渦が森ふれあいまちづくり協議会」が結成されている。

　夜になると住宅地にイノシシがよく姿をみせる。神戸大学でも同じ状況だが、子どもたちや学生はいつものことと怖がらない。しかし、イノシシがゴミをあさったり、庭を荒らすことが増えていることから、協議会はイノシシとの共存を考えるワークショップを開催した。市はその成果を参考に、イノシシにえさを与えるのを禁止したユニークな「イノシシ条例」を2002年に制定した。

　著者らは、神戸の小学生の遊びや生活時間の現状を把握するために、20年前のデータと比較分析した（岡田・山口、2001）。渦が森小学校4年生と6年生計137人を対象にし、1980年に神戸市立教育研究所が実施した質問項目と同じ設定で調査をした。

　ふだんの遊び場についてたずねたところ、80年の調査では「屋外」と答えたのは4年生で52％、6年生は46％だった。ところが20年後には4年生が26％、6年生が17％と激減した。「1週間に塾に通う日数」も20年前との差が明らかである。「0回」が4年生で67％、6年生は49％だったが、今回は4年年で34％、6年生では25％、「4回以上」は6％（6年生）にすぎなかったのが今回は20％で、3倍以上になった。このように、20年前に比べて、子どもの屋外遊びは半減し、塾通いは3倍になっている。

　公園についての自由記述では、「フェンスがあり、狭くて走り回れない」、「あまり人がいないので怖い」、「ごみがあふれていて汚い」と不満が続出した。それでも7割以上が「必要な場所」、「公園は楽しい」と答えた。

　子どもの発達にとって遊びは欠かせない（ピアジェ、1987）。しかし、戦後の高度経済成長期を境にして都市形態は大きく変貌し、子どもの遊び場も質・量の両面において、大きな変化を余儀なくされた。さらに、核家族化、少子高齢化、高度情報化といった社会変容により、子どもの遊びも変容している。それゆえ、学校だけでなく、地域社会において、子どもたちの遊びの質と量を確保するア

クションが求められている。

> *2　少子高齢化——人口構造に占める子ども人口の比率が減少し、高齢者人口（65歳以上）の比率が増えていくこと。少子化は、女性1人が生む子どもの数が減少することで、合計特殊出生率は1971年の2.16から2003年には1.29に減少している。高齢化は、総人口に占める高齢者人口比率で示され、2005年には19.5％を占めている。

和気あいあいとした活動を目指して

「渦が森あいあいクラブ」（以下、あいあいクラブ）は、渦が森小学校区内において、2002年4月に設立された。設立から2年が経ち、約450名のクラブ会員が小学校のグラウンドと体育館、そしてクラブハウスにおいて、スポーツや文化活動を楽しんでいる。クラブの名前は、「大人も子どもも和気あいあいと活動したい」という思いから命名された。

あいあいクラブの目的は、「渦が森小学校区及びその周辺に在住する子どもから高齢者までの全ての住民が、日常生活のなかで自発的にスポーツ・文化活動を楽しみ、各自の健康・体力を保持増進するとともに、相互の親睦を図り、地域社会の連帯と明るく豊かな生活の実現に資すること」と記されている。小学校区だけでなく、周辺地域の会員も存在し、スポーツだけでなく、文化活動も取り入れている。

4月初めの土曜日、六甲山はちょうど、桜が満開である。2004年度の第1回あいあいクラブ実行委員会が開催され、オブザーバーとして参加させてもらえるということで、クラブハウスを訪ねた。会議中のクラブハウスを訪ねて驚いたのは、その人数の多さである。総勢47名にも上っている。著者の席の机の上には、会議資料のファイルが置かれている。ファイルのなかには、委員会名簿に始まり、組織図や2004年度活動計画、予算計画、クラブ会則、クラブ運営要綱、クラブハウスの使用内規、使用のしかたなど、合計16の資料が整理され挿入されている。

資料ファイルに目を通すと、実行委員会の人数の多さが理解できた。それは、あいあいクラブの実行委員会が、小学校施設開放委員会を兼ねているからである。図2-16は、あいあいクラブ実行委員会（小学校施設開放委員会）の組織図である。顧問として、小学校の校長と教頭、実行委員長、事務局長、庶務、応援スタッフの他に、各種目クラブ代表、赤陽会

図2-15　クラブの中心役員と応援スタッフ

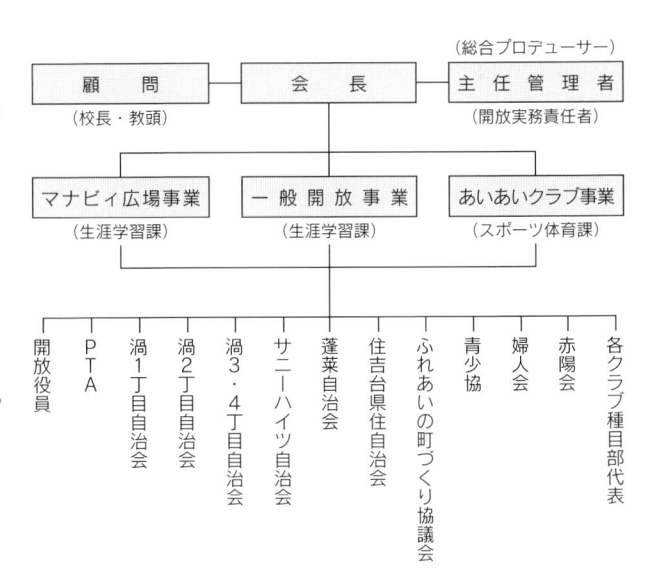

図2-16　クラブの実行委員会

表 2-11　種目別の活動状況

種　目		愛　称	活　動　日
ス ポ ー ツ	テニス（ソフトテニス・硬式テニス）	菜の花部	第1・3土曜
	グラウンド・ゴルフ	ひまわり部	第1・3日曜
	ペタンク	ライラック部	第1・3土曜、第2・4土曜
	バドミントン	すみれ部	第1・3土曜、第2・4土曜
	少年野球（2チーム）	さくら部・むぎ部	第2・4土曜、日曜・祝日
	卓球	コスモス部	第2・3土曜、第2・4日曜
	気功	かすみそう部	第2・4金曜
	健康クラブ	あじさい部	第1日曜、第1水曜
文 化	中国語に親しむ会	らん部	第3月曜
	手織りクラブ	マーガレット部	第2木曜
	茶の湯	みやこわすれ部	第3火曜
	陶芸	つばき部	第1・3木曜
	カラオケ	スイトピー部	第3日曜
	書道	水仙部	第1火曜
	水墨画	なでしこ部	第2水曜
	生け花	ききょう部	第2火曜
	子育て交流	たんぽぽ部	第2月曜
	手芸	つくし部	第2火曜

（老人会）、婦人会、各自治会、PTA、青少協、ふれあいの町づくり協議会の代表によって構成されている。

　表2-11は、あいあいクラブの中の、スポーツ・文化種目部を示している。スポーツ部はテニス、グラウンド・ゴルフ、ペタンク、バドミントン、少年野球、卓球、気功、健康クラブの8種目である。文化部は中国語に親しむ会、手織りクラブ、茶の湯、陶芸、カラオケ、書道、水墨画、生け花、子育て交流、手芸と多彩であり、地域におけるちょっとしたカルチャーセンターといえよう。

充実したクラブハウスとリーダーシップ

　運営委員会にオブザーバーとして出席した後、クラブハウスでクラブの中心になっている5人のメンバーから、いろいろな苦労話を聞かせていただいた。実行委員長の片岡恵美子さん、事務局長の中村清さん、書記の飯野貴久さん、そして副実行委員長の古川公夫さんの5名である。ヒアリングの結果をまとめると、あいあいクラブの特徴は次の3点にある。

　まず第1点は、「強力なリーダーと地域の人的資源の掘り起こしに成功している」ことである。クラブの中心は片岡さんで、あいあいクラブの"実行委員長"だけでなく、開放委員会においても"総合プロデューサー"として大活躍されている。片岡さんは、渦が森小学校の施設開放主任管理者を10年間務めてこられたことから、小学校区内に強力な人的ネットワークをもっている。片岡さんとは、神戸市のスポーツクラブ21推進委員会でお会いした。ヒアリングの後で、神戸沖の眺望がすばらしいレストランで食事をご一緒させていただいた。奇遇なことに片岡さんと私は、干支と星座、そして血液型まで同じである。辰年の獅子座、そしてA型である。いろいろと話をすると、2人ともどちらかというと"ネアカ"で活動範囲が広く、回遊魚的生活をしていて多忙であり、プラス志向と実に共通点が多い。

　事務局長の中村さんは、開放委員会の会長を務められ、どっしりとして片岡さんをサポートされている。30代の飯野さんは、自治会役員をされていたことからクラブの活動に関わるようになり、書記だけでなく、グラウンド・ゴルフの世話人としても活躍されている。神戸市内のスポーツクラブで

も、あいあいクラブにしかないペタンク部の指導者は、忽那さんで園田女子大学の元体育教授である。バドミントン部の指導者の横田さんもかつての名選手と、地域における多様な人材がクラブの活動を豊かにしている。

　また、クラブの"応援スタッフ"として、小学校区やPTAのお母さんたちがクラブの活動をボランティアで支えている。クラブの運営委員会のあと、応援スタッフの皆さんが机と椅子の片付けをされていたが、お母さんの子どもたちも一緒に片付けに加わっている姿に感心させられた。こういった家庭では、子どもの虐待などあり得ないだろう。

図2-17　少年野球チーム

　第2点は、「地域の既存団体をネットワークしている」ことである。神戸市の小学校区を中心にした総合型クラブの設立パターンは、既存の単一スポーツクラブを集めた「連合型クラブ」である。あいあいクラブは、子どもの単一種目クラブや成人の単一種目クラブ、さらに文化クラブを統合させた連合型クラブのモデルである。

　各種目クラブは、月会費として200円から1000円を集めている。さらに、あいあいクラブの"会員年間登録費"として、大人1000円、子ども500円を集め、会員登録証を渡している。この会員登録証により、会員は複数の種目部に参加することができる。また、傷害保険には種目部単位で加入している。

　文化部では、中国語や陶芸、水墨画などユニークな活動が目を引くが、ほとんどの文化部は10年以上の活動実績がある。小学校施設の開放により、育ってきたクラブである。

　さらに、「既存団体のネットワークにより、縦割り行政の弊害を克服している」ことに注目したい。図2-16に示されている"あいあいクラブ事業"は、教育委員会のスポーツ体育課の事業で補助金が出ている。"一般開放事業"と"マナビィ広場事業"は生涯学習課の事業でそれぞれ補助金が出ている。多くの小学校区では、それぞれの事業が別々の組織により運営されている。しかし、あいあいクラブでは、それらの事業を統合化し、施設利用や事業運営において効率化に成功している。

　年間事業計画表をみると、マナビィ広場事業として、「ミニ文化祭」や「紙芝居」、「手づくり教室」などのイベントが行われる。あいあいクラブ事業として、各種目部が地域一般を対象にした「ふれあいスポーツ」イベントや「3周年記念」イベントが企画されており、これらのイベントが縦割り組織で企画運営されるのではなく、ひとつの組織体として展開され、より盛り上がることにつながっている。

　第3点は、「充実したクラブハウスを広範に活用している」ことである。あいあいクラブのクラブハウスは"あいあいルーム"と呼ばれ、2つの空き教室を改築したものである。あいあいルームは、"にじ"と"ゆめ"の2室に分かれている。あいあいルームは、2003年10月に完成したが、完成までには何回ものミーティングが重ねられている。"にじ"は、主に文化部の活動や運営委員会に使用され、カラオケ機器も設置されている。かつて、シンガポールのスポーツクラブを調査したとき、クラブ内にカラオケ室があり、スポーツクラブが近づきやすい地域の拠点になっていた。"ゆめ"は、パソコンや印刷機、キッチンやソファーが置かれ、窓ガラスにはステンドガラスが輝いている。これまで多くのクラブハウスを視察してきたが、教室の改築型としては、最も機能的で内装も優れている。

「誰がクラブハウスのデザインをしたのですか?」とたずねたところ、「小学校区内のクラブ員で、神戸市芸術工科大学の花田先生です」と聞き納得した。

クラブハウスを効率的かつ気持ちよく使用するために、「クラブハウス使用内規」と「使用のしかた」が明文化されている。規約の主なものは下記のとおりである。

■使用内規
①クラブハウスを利用できるのは、クラブの会員、学校および学校関係者、その他学校長と実行委員会で使用が妥当と認めた団体。
②クラブハウスの光熱水道費等は、クラブの負担とする。
③管理簿を作成し、予約や使用実績を管理する。
④クラブハウスの備品は神戸市の所有とするが、備品の買い替えや消耗品の購入はクラブが行う。

■使用のしかた
①スポーツ種目部の使用(昼食、休憩、ミーティング)は実行委員会の許可を得ること。
②文化部の活動における鍵の開閉錠は、実行委員会が行う。
③一般利用時間は、午前9～12時と午後1～4時とする。
④実行委員会や各種目部の会議、談話、昼食などの使用料金は無料とする。
⑤地域の他の団体が使用する際は、1室につき500円とする。
⑥カラオケ機器を使用する際は、500円納める。
⑦各文化クラブは光熱費として年間3300円納める。

このように規約をつくることにより、あいあいルームは文化部や子育て支援事業にも活用され、まさに会員の憩いの場になっている。クラブハウスがたんに会議機能だけでなく、交流機能を持つことにより、クラブ会員の帰属意識を高めることにつながるだろう。

受益者負担によるクラブ運営

あいあいクラブは、強力なリーダーシップと地域の人的資源を活用し、既存団体の統合化により発展し、充実したクラブハウスにより会員の帰属意識を高めている。

補助金を受け設立された総合型クラブの中には、年会費が200円のクラブや、年会費がそのまま傷害保険にあてられているクラブなど、補助金が終了すれば、存続がむずかしいクラブも存在する。あいあいクラブは、各種目部はそれぞれの月会費で運営し、年間登録費や文化部からはクラブハウス使用料を徴収するなど、"受益者負担"[*3]の原則が読み取れる。また、クラブパンフレットには、8つの商店や歯科医院、銀行、幼稚園、理容室の広告が掲載され、広告収入を得ている。

ランチをとりながら、クラブの立ち上げからの苦労話を聞いたが、戸惑うことや問題点が数多く噴出していた。ここまでこぎつけることができたのは、適切なアドバイスを受けたり、励まし続けてくれた市教委スポーツ体育課の指導主事である横谷さんと里さんのお陰であると片岡さんがしみじみと語った。総合型クラブの設立と育成において、市町担当者の役割は大きいことをあらためて感じた。

*3 受益者負担──便益を受ける者がその経費の一部を負担すべきという考え方。日本では、公共事業において、下水道事業などにおいて導入されてきた。スポーツの分野では、サービスを受ける住民が経費の一部を負担すべきで、総合型地域スポーツクラブにおいては、便益を受ける会員が会費を負担するという意味で用いられている。

神戸市──成徳スポーツクラブ21

地域住民が支える開放型小学校

安全・安心な学校づくり

　2001年6月8日、2時間目の授業が終わりに近づいた午前10時過ぎ頃、大阪教育大学附属池田小学校において、凶悪で残忍な事件が起きた。出刃包丁を持った1人の男が校内に侵入し、8人の児童の命を奪い、13人の児童と2人の教員を負傷させた。小学校に侵入し、無差別に児童を殺傷するなど、誰も予想しない悲惨な大教大附属池田小学校事件だった。また、事件が発生した後、児童に対する避難誘導、救命活動、搬送処置など、学校における危機管理のシステムと実効性の弱さが明らかになった。

　これほど残忍ではなかったが、1999年12月、京都市立日野小学校において児童刺殺事件が起こっている。また、2000年1月には、和歌山県かつらぎ町立妙寺中学校において、不審者の校内侵入による生徒殺人未遂事件などが発生していた。

　その後、学校を発生場所とする犯罪の件数が増加している。凶悪犯が増加するとともに、外部の者が学校へ侵入した事件が、2002年には2168件と、1999年の1042件と比べると2倍を超えている。文科省は2004年1月、「学校安全緊急アピール─子どもの安全を守るために─」を発表した。そこには、学校安全マニュアルの策定や教職員の危機管理意識の向上、安全点検の日常化など、学校による具体的取組に関する留意点が記されている。そして、全国の教育委員会と学校は、防犯マニュアルの作成・配布、安全指導と適正な事故対応の徹底を進めている。

　大阪教育大学の附属6校では、警備員が配置されることになったが、これは文科省からの予算がある大学附属校だから可能なことである。安全確保のために、フェンスを高くする工事を進めている自治体もある。また、100万円、200万円といった予算を学校現場に施設整備として配分し、その執行について校長に権限を委ねている自治体もみられる。兵庫県明石市では、2006年度から小学校や幼稚園に警備員を常駐させる。

　しかし、学校の安全確保は、学校内部だけのハードの整備や安全マニュアルだけで達成できるものではない。学校、家庭、地域との連携・参画なしには、安全で安心な学校づくりは不可能である。とくに、学校を取り巻く地域社会で、子どもたちの安全を地域で守っていこうという意識が高まっていくこと、そしてそれをいかに行動に移すかが重要である。最近では、地域ぐるみで学校安全推進モデル事業や、学校開放型児童健全育成モデル事業、子どもの居場所づくり事業が進められている。

　東京都葛飾区では、2002年度から「わくわくチャレンジ広場」が始まった。これは平日の下校時

から午後6時と土曜日において、児童が自主的な活動を行う「フリータイム」と、各種スポーツや文化活動のプログラムに参加する「チャレンジタイム」から構成されている。

実施にあたっては、地域の青少年育成委員、自治会長、民生・児童委員、PTAなどの代表による運営委員会が設置され、運営委員会の推薦を受けた児童指導サポーターがプログラムを運営している。

ここでは、小学校の横に地域福祉センターが設置され、さらに公園も隣接されていることから、自由に学校に出入りできる小学校において、地域スポーツクラブが設立されているユニークな事例を紹介したい。

> *1　地域福祉センター——地域に在住する高齢者や障害者、児童をはじめすべての人が地域社会のなかで、快適な生活を過ごせるよう、福祉活動や交流活動の拠点施設として整備されたもの。神戸市では、おおむね1小学校区に1ヶ所整備され、ふれあいのまちづくり協議会などの地域団体が、市からの管理営業委託費や助成金などをもとに活動している。

全国でも珍しい開放型・成徳小学校

成徳小学校（児童数は約800名）は、神戸市灘区のJR六甲道駅を中心とする商業地と住宅地が混在した地域にある。六甲道駅は、神戸大学へのバスが出ており、筆者にとっては地元である。また、六甲山へ登る人たちのバスの起点でもある。

成徳小学校区は、1995年の阪神・淡路大震災で大きな被害を受けた。児童6名、保護者2名が亡くなり、地域の多くの住宅が全壊・半壊した。六甲道駅は高架のホームが落ち、駅周辺のビルも倒壊が相次いだ。公園には仮設住宅が建設され、学校には避難住民が集まった。現在、駅南部には再開発ビルが建設され、人口が増えている。将来は、児童数1200名の大規模校になることが予測されている。

成徳小学校は、「70年余りの歴史を通して、『地域の学校』として保護者・地域住民からの支援を受け、その教育力を教育内容に生かす取り組みを続けてきたことが、特色である」と記されている。そして、「地域の教育力を学校教育活動のエネルギーに」をテーマにして、地域参画の教育活動が保護者と地域住民によって進められている。

校庭南部の敷地は公園用地であることから、震災後の1997年には、「せいとく公園」が完成した。校庭東南隅には、「森の教室」がつくられた。そこにはクスノキ、ヒマラヤスギなどの大樹が茂り、ベンチと白板が設置され、屋外学級活動や青空給食ができる。校庭南部からは、公園入口として自由に出入りできる。小学校の東側を流れる高羽川も、震災で護岸が大きく崩れた。その改修を機に、2001年には、ビオトープがつくられ、「うきうき広場」と名づけられた。水辺の草も根付き、メダカも泳いでいる。

教育課程のクラブ活動は、月に1～2回行われており、文化・スポーツ活動が展開されている。クラブ活動には、もちろん「地域支援者」が参画し、総数で75名に上っている。また、地域支援者とのつながりを深めるために、「クラブだより」が発行されている。

「総合学習」のテーマは、「人、ふるさと、命」である。ねらいは、「身のまわりや地域に目を向け、自分の設定した問題を、さまざまな人とのかかわりを通して、自分を見つめ、自己の生き方を考える」ことにある。4年生は、「スクープをさがせ」というテーマで、デジタルカメラをもって校区内のまちに出かけた。

成徳小学校は、情報教育のモデル校である。コンピュータ室には41台、図書室に11台、オープンスペースに5台、2～4階に30台が分散設置されている。各教室にはLANケーブルが敷かれ

図2-18　成徳小学校　　　　　　　　　　　図2-19　小学校と隣接するせいとく公園

83台のコンピュータがLANにつながっている。同小学校のホームページ（http://www.kobe-c.ed.jp/sit-es/）を開いて驚いた。小学校のホームページは、地域や学校で大きな格差がある。同校のホームページは、情報コンテンツが充実しており、トップレベルにあるといっていいだろう。

　ホームページの利用者数は、著者が2万5966番目で、保護者や地域住民の関心の高さがうかがえる。とくに、印象に残ったのは、「阪神・淡路大震災について」である。学校や周辺地域の被害の様子がデジカメで入力されており、低学年の児童にもよくわかる。また、「救援物資とボランティアありがとう」と、子どもたちが震災時に思った「ありがとう」のメッセージも残されている。写真やヘルメットなどの救援物資は、今も校内にも展示されている。

　成徳小学校には、全国でも珍しい「パパイーヤ」という父親会がある。「パパ・嫌」ではなく、「ぼくの、わたしのパパは、とってもいーや（良いや！）」から名づけられている。

　成徳小学校では、卒業30年目の同窓生が恩師を囲む会を開くことが定例化している。それに参加した藤井義弘さんが、同窓会の席上で「学校のために何かしたいけど、音楽会と運動会しかない。用もないのに学校に行くのは、敷居が高すぎる」と当時のPTA会長の中田進さんに話したのがきっかけだった。

　当時は、神戸児童連続殺傷事件があった後だった。中田さんは、学校を守るには母親中心のPTAだけでなく、お父さんが学校に集まることが重要であると考えた。そこで、同窓生で保護者でもある知人の数人と準備を行い、全家庭に呼びかけたところ、45名が集まり、父親会が誕生した。

　パパイーヤのモットーは3つあり、「子どもたちのために」、「自分たちも楽しく」、「無理をしない」である。実行委員は現在60名。設立当初は全役員が卒業生だったが、現在は役員、実行委員とも、卒業生以外が多数派になっている。役員には校長、教頭、PTA会長も含まれる。現在の会長はPTA会長の佐脇洋平さんで、神戸市教育研究集会の分科会（学校・地域における教育改革）で会い、そのユニークな活動に感銘を受けた。

　パパイーヤは毎月1回、定例会を小学校会議室で開き、意見交換会とイベントの準備を行っている。定例会のあとはお父さんゆえに、近くの居酒屋で"ノミニケーション"となる。活動のメインは、1学期に1回開催されるイベントである。これまで、ドッジボール大会や体育館での親子遊びレクリエーションが開催されている。

　夏休みの初めには、「学校探検」が定例化している。これは、暗くなった学校を子どもたちで探検するもので、今年度は児童300名、保護者200名が参加した。実行委員会のメンバーや先生たちが

脅かし役になり、探検は8人ごとの班で行われた。探検が終わったあと、6年生だけは、隣接する地域福祉センターでカレーを食べ、宿泊した。

パパイーヤは、開放プールの監視員も行っている。また、ビオトープ作成の手伝い、総合学習の講師（地域先生）、そして後述するように「成徳スポーツクラブ21」の中心メンバーとしても活躍している。実行委員の中には、新聞社や放送局、コンピュータソフト会社勤務のお父さんもいて、いわばプロ集団である。それゆえ、イベント運営もスムーズである。パパイーヤはPTAの一部になっているが、お父さんの力が結集すると素晴らしい「地域の教育力」につながることを実感した。

＊2　ビオトープ──野生生物の生息場所を示すドイツ語（biotope）で、ある程度の景観的なまとまりをもち、野生生物が十分に生息可能な空間を意味している。最近では、全国でビオトープづくりが行われるようになったが、本来のビオトープの意味が失われないためには、行政と企業だけでなく、市民の参画と専門家の監視体制が必要である。

PTAとパパイーヤが中心となって設立

成徳スポーツクラブ21は、2001年に設立された。設立にあたっては、PTAとパパイーヤが中心になり、当時の成徳小学校公園管理運営委員会会長の堂内克孝さん、松永前小学校長、灘区体育指導委員連絡会会長の坂本正彦さん、ふれあいのまちづくり協議会副委員長の中田進さんらが話し合い、小学校区内の既存のスポーツ団体をひとつにし、機能的な組織にしようということで話が決まった。

成徳小学校には、他の地域にはみられない学校公園管理運営委員会が組織されている。表2-12は、運営委員会の役員を示したものである。これは、小学校区内に公園があり、地域スポーツクラブだけでなく、神戸市の生涯学習事業である「マナビィ広場」があることによる。

マナビィ広場は、2000年に開設され、月2回、土曜日にハンドベル教室や英会話、囲碁・将棋、書道、演劇、茶道、華道、琴、和太鼓などの教室がある。土曜日には、約200名の子どもたちが、成徳マナビィ広場で活動している。学校公園管理委員会は、スポーツクラブをスポーツ部、マナビィを文化部と位置づけ、一本化した。現在の成徳スポーツクラブ21の会長は、中田さんが務めている。

表2-12　成徳小学校公園管理運営委員会

顧　　　　問	成徳小学校長、市体育指導委員協議会会長
会　　　　長	徳井協議会（前成徳スポーツクラブ会長）
副　会　　長	スポーツクラブ会長、文化部代表（PTA会長）
書　　　　記	教　頭
会　　　　計	前管理者
開 放 管 理 者	元PTA副会長
市民図書館管理者	市民図書
運　営　委　員	13名（スポーツクラブ・3名、公園管理者、自治会代表、PTA副会長など）

表2-13　種目別クラブと練習日程・会場

成徳少年野球部	小1～6	土・日曜、祝日	運動場・新大和公園
FC成徳	小1～6	土・日曜、祝日	運動場・新大和公園
ミニバスケットボール	児童	日曜	体育館
少女バレー	小3～6	土曜または日曜	体育館
子ども卓球	小3～6	第2・4土曜	体育館
ウインドミルバトンクラブ	小1～6	日曜	体育館
なぎなた	小学生以上	水曜夜	体育館
婦人バレー	女性	土曜	体育館
ママ卓球	女性	第2・4日曜	体育館
ゲートボール	誰でも	水・金曜	烏帽子公園
グラウンド・ゴルフ（徳井・南八幡C）	誰でも	平日2～3回	新大和・烏帽子公園

表2-13は、種目別クラブと練習日程・会場を示している。成徳少年野球部は40年以上の歴史があり、58名の部員が練習に励んでいる。練習会場は、隣接する新大和公園にある子ども専用の野球グラウンドである。ここは、以前は一般対象の野球場だったが、利用マナーに関する周辺住民の苦情が多いことから、震災後、多目的グラウンドとして、少年野球やグラウンド・ゴルフ、ゲートボールなど地元中心の利用形態になった。

FC成徳は、神戸市少年サッカーリーグに所属し、45年の歴史がある。「フェアで楽しいサッカー」をモットーに、50名の会員が活動している。指導しているのは、伝統ある神戸FCのメンバーである林幸男さんで、創設から現在に至るまで、子どもたちにサッカーの楽しさを伝えてきた。林さんだけでなく、4～5名のコーチが指導にあたっている。

ミニバスケットボール部は61名の会員から構成され、神戸市の大会で活躍している。指導者は初代パパイーヤ会長の藤井さんをはじめ、4名が担当している。ウインドミルバトンクラブは、バトントワリングの女子が集まり、45名の会員がいる。神戸市の総合型地域スポーツクラブが集まって、シーガルホールで開催された「活動発表会」でも見事な演技を披露した。少年野球大会の開会式においても、入場行進で先導し、好評を得た。

図2-20 活動のようすを伝える会報

子ども卓球クラブは、ママ卓球の会員からも指導を受けて活動している。婦人バレーは神戸市の協会に所属し、日々のストレスを解消し、幅広い年齢層のママさんが元気に汗を流している。また、なぎなたクラブでは17名の児童が伝統武道に挑戦している。ゲートボールとグラウンド・ゴルフは中高齢者が中心である。グラウンド・ゴルフの会員は、小学校のクラブ活動の地域の先生としてボランティアで指導にあたっている。

成徳スポーツクラブの会員数は合計300名を超えている。会費は各種目ともクラブで決まった額を徴収しており、総合会費は徴収していない。

運動公園型校庭

ヒアリング調査のために、大学院生と2人で成徳小学校を訪ねた。小学校と地域福祉センター、公園の一体化とは、どのような姿なのか、以前から調べたいところであった。

校庭東部入り口から入ると、すぐ前に地域福祉センターがあり、ちょうど来所した高齢者と一緒になった。小学校校舎の1階東端に位置している。管理運営は、成徳ふれあいのまちづくり協議会で、自治会、婦人会、老人クラブ、民生委員・児童委員協議会、PTAなどの代表者により構成されている。和室が2室、ホールと活動コーナー、調理コーナーが設置されている。

校庭では、子どもたちやお父さん、お母さんがキャッチボールをしたり、ボールを蹴ったりしている。校庭東側には、2000年に設置された総合遊具があり、子どもたちの絶好の遊び場になっている。幼児をつれているお母さんの姿も見え、校庭というよりは運動公園という感じである。

土曜日であったため、スポーツクラブ会長で工務店を経営される中田さんの事務所を訪ねて、クラブの活動状況をお聞きした。中田さんがPTA会長を務めていたときに、神戸児童連続殺傷事件が起

こり、対策のためにPTA集会が開催された。そこで、「学校内の事件を、ハードで防ごうとしても限界があり不可能だ。学校の中に大人や保護者の姿がみえるほど安全になる。どうか、学校に来てください」と訴えたという。その後、PTA活動も活発になり、パパイーヤが設立され、スポーツクラブにつながったという。

中田さんは少年野球部の監督も務めており、もちろん成徳小学校の卒業生である。40年以上の歴史のある少年野球やサッカーの指導者は、子どもたちのお父さんが多い。しかし、子どもたちが大きくなっても、指導者としてクラブの活動を支えている。また、クラブを卒業したOBは大学生になっても、指導に来てくれるという。

クラブハウスがないのが残念である。空き教室や適当なスペースがみつからないことが原因である。現在は、地域福祉センターが代替機能を果たしている。種目部のミーティングや祝勝会の会場として、センターが活用されている。

地域住民によるコミュニティの形成

最近、休日に小学校に入るときには、首に許可証をかけるところが増えてきた。不審者と区別するための方策である。成徳小学校のグラウンドには、誰もかけている人がいない。日常的に学校に入る機会が多く、顔見知りが多いことから不要であるという。成徳小学校では自由に住民が校庭に入り、家族連れや子どもたちが駆け回っている。

11月には、小学校で震災後に始まった「成徳まつり」が開催される。地域のさまざまな団体が集まり、実行委員会が組織されている。スポーツクラブは、模擬店としてお好み焼きを出店する。成徳まつりには、何と3000人も地域の住民が参加するという。

今回のフィールドワークにおいては、人間関係が希薄になった都市部においても、学校を拠点にして、地域住民が参画することにより「地域コミュニティの形成」が可能であることを学んだ。それを可能にしているのは、小学校の同窓生であり、お父さんやお母さん、そしてご近所の底力であった。

第3章

スポーツクラブによる地域の変容

- スポーツクラブ21おぎの
- NPO法人加古川総合スポーツクラブ
- スポーツクラブ21津田
- スポーツクラブ21城南
- NPO法人スポーツクラブ21はりま

伊丹市──スポーツクラブ21おぎの

市のマスタープランが後押しする地域ぐるみのスポーツ活動

格差が広がる自治体のスポーツ環境

スポーツ環境[*1]の自治体間格差が拡大している。横浜市や名古屋市では、各区に体育館やプール、トレーニング室を備えたスポーツセンターが整備され、安価な使用料でスポーツライフを楽しむことができる。しかし、全国の市町村の中には、公共の温水プールをもっていない自治体も少なくない。こういったスポーツ環境の自治体間格差に住民はほとんど気づいていない。それは、住民が、居住する地域のスポーツ環境に関する判断材料をもっていないからだ。

2000年に、わが国初のスポーツ振興のマスタープランである「スポーツ振興基本計画」が文部省によって策定された。そこでは、具体的な政策目標の提示とともに、数値目標が示された。3つの政策目標のひとつは、「生涯スポーツ社会の実現」であり、その実現に向けて、全国の市町村に少なくともひとつの総合型地域スポーツクラブを2010年までに設立すること。そして、定期的スポーツ実施者（週1回以上）を35％から50％に高めることであった。

わが国のスポーツ行政においては、政策評価は未知の分野であった。しかし、今後はスポーツ行政によるスポーツ政策（policy）・施策（program）・事業（project）に関して、政策評価が求められる。それは、スポーツ政策に対して、①「政策」に関する意思決定の改善、②資源配分の最適化・効率化、そして③納税者への説明責任が必要になってくるからだ。

著者は文部省科学研究費の補助を受け、自治体におけるスポーツ環境の評価指標の作成を試みた（「地域におけるスポーツ環境とモデルクラブの評価に関する研究」1997〜1999年度）。全国の669市および23特別区の教育委員会に対して、郵送法によ

表3-1　スポーツ環境総合ランキング（上位20位）

順位	市区名（県名）	人口（千人）	偏差値
1	越谷市（埼玉県）	31	60.72
2	豊橋市（愛知県）	36	60.11
3	三笠市（北海道）	14	60.06
4	岡崎市（愛知県）	330	58.04
5	市川市（千葉県）	449	57.56
6	多治見市（岐阜県）	11	57.32
7	藤枝市（静岡県）	130	57.14
8	川之江市（愛媛県）	39	56.70
9	伊丹市（兵庫県）	194	55.74
10	大垣市（岐阜県）	153	55.47
11	富田林市（大阪府）	126	55.39
12	日光市（栃木県）	18	55.15
13	江津市（島根県）	26	54.97
14	武生市（福井県）	73	54.97
15	目黒区（東京都）	240	54.65
16	久慈市（岩手県）	38	54.01
17	大洲市（愛媛県）	40	53.82
18	新居浜市（愛媛県）	130	53.81
19	佐賀市（佐賀県）	170	53.74
20	伊達市（北海道）	36	53.68

調査対象：385市（回収率55.6％）
調査項目：29指標（ハードウェア部門13指標、ソフトウェア部門11指標、ヒューマンウェア部門5指標）
（山口泰雄「地域におけるスポーツ環境とモデルクラブの評価に関する研究」文部省科学研究費報告書、2000）

る質問紙調査を実施した。回収数は385票で、回収率は55.6％であった。

スポーツ環境指標は、ハードウェア（施設）、ソフトウェア（制度、事業、情報サービスなど）、ヒューマンウェア（人的資源）の3つの要素から構成した。それぞれの指標は、①ハードウェア部門：スポーツ施設充実度（3指標）、スポーツ施設開放度（10指標）、②ソフトウェア部門：スポーツ振興体制（6指標）、スポーツ事業（3指標）、スポーツ情報サービス（1指標）、スポーツ関連予算（1指標）、③ヒューマンウェア部門（5指標）である。

それぞれの平均値をもとにして偏差値を算出し、部門別と全体による上位20市をリストアップした（表3-1）。ここでは紙面の都合から、「スポーツ環境総合ランク」（3部門の総合順位）トップ10を紹介する。1位は越谷市（埼玉）、2位は豊橋市（愛知）、3位は三笠市（北海道）で、以下、岡崎市（愛知）、市川市（千葉）、多治見市（岐阜）、藤枝市（静岡）、川之江市（愛媛）、伊丹市（兵庫）、大垣市（岐阜）の順である。関西からは、ハードウェア部門で伊丹市が5位、ソフトウェア部門で豊中市（大阪）が4位、ヒューマンウェア部門で富田林市（大阪）が4位にランクインした。

ここでは、関西で唯一、総合順位で9位にランクインした伊丹市におけるスポーツ振興とモデルクラブを取り上げたい。

*1　スポーツ環境――一般的には、住民に対するスポーツ施設の整備状況を意味している。厳密には、スポーツに関するハードウェア（施設、用具・機器、スポーツクラブなど）、ソフトウェア（プログラム、教室、イベント、情報サービス、相談・カウンセリングなど）、ヒューマンウェア（指導者、ボランティア、スポーツ行政担当者など）の整備状況と捉えられる。

充実した伊丹市のスポーツ振興策

伊丹市は兵庫県南東部に位置する人口19万2400人の中都市である。古来から交通の要衝にあり、清酒発祥の地として「酒造りのまち」、そして空港のまちとして知られている。

伊丹市は文化・スポーツ施設が充実している。とくに、スポーツ施設の充実ぶりは群を抜いている。「伊丹スポーツセンター」には体育館、室内温水プール、野球場、陸上競技場、テニスコート、クラブハウス、トレーニング室があり、運営は市の財団が行っている。また、「緑ヶ丘体育館・武道場」、そして「緑ヶ丘プール」には50mプール、変形プール、流水プールが夏季期間中、多くの市民に愛用されている。「クリーンスポーツセンター」には、室内温水プールやスライダー、トレーニング室、大浴場などが備えられている。また、西日本唯一の公認リンクをもつ「ローラースケート場」や近くの三田市には、テニスコートや体育館、山荘、野外活動センター、芝生広場などの「市民健康村」もある。

生涯学習施設であるラスタホールには、「フィットネスラスタ」というジム、温水プール、スタジオ、サウナからなる公共健康増進施設もある。さらに、野球グラウンドは5ヶ所、運動広場が5ヶ所、市立相撲場、テニスコート等々、書ききれない。市営温水プールが3ヶ所、さらに50mプールをもつ自治体はそうないだろう。ハードウェア部門、全国5位もうなずける。

10月の「体育の日のつどい」は、市民スポーツ祭と市民レクリエーション大会の合同フェスティバルである。当日は、伊丹スポーツセンターや緑ヶ丘体育館、ローラースケート場、稲野公園運動施設、ラスタホールなどは無料開放される。ニュースポーツ広場やチャレンジ・ザ・ゲーム、テニス1日スクール、体力テスト、障害者体育大会など、手軽で多様なイベントが開催されている。

スポーツ教室や大会も充実している。市のスポーツ振興課が開設している教室は、ちびっこ相撲教室、高齢者ピンポン教室、健康体操教室、エアロビックダンス教室、水練学校、小学生卓球教室、小

学生陸上教室、リズムウォーキング教室、なぎなた教室、親子リズム教室、あすなろ教室などがある。あすなろ教室は、知的障害者を対象としたローラースケート教室で年間30回開催されている。

伊丹スポーツセンターにおいては、多様な水泳教室（幼児、小学生、親子、婦人、一般等）、テニス教室、卓球教室、親子体操教室など、さまざまな教室が開催され、多くの市民が受講している。特筆すべきは、センター専任職員の他に、約40名の時間講師がいることで、市内在住のスポーツ愛好者の中から、市の講習会により養成されている。伊丹市では、これまで「少年スポーツ指導者講習会」や「女性スポーツ講演会」、そして「スポーツリーダー講習会」を開催してきている。「スポーツリーダー講習会」は年間4回の講義と実習が行われ、全講習に出席すれば修了証が手渡される。

スポーツ組織をみると、「伊丹市スポーツ振興審議会」、「伊丹市体育協会」、「伊丹少年スポーツ指導者連絡協議会」、「伊丹家庭婦人スポーツ連絡協議会」、「伊丹体育指導委員会」が組織化されている。こういった各種スポーツ団体は、他市では横のネットワークがなく、縦割りに組織化されていることが多い。しかし、伊丹市では、市内各種団体が、相互の連絡を強化するために、「伊丹市スポーツ振興協議会」が設立されている。この協議会は会議などの話し合いだけで終わらずに、さまざまな施設や団体が参加し、全市をあげて展開している「体育の日のつどい」などのイベントを企画・実行している。

クラブの多彩な活動

「スポーツクラブ21おぎの」は、2001年5月に設立された。伊丹市のスポーツクラブ21としては、オープン第1号である。荻野小学校は児童数832名で24学級、教職員43名の大規模校である。「明るい子、強い子、考える子」の育成を目指し、保護者・PTAや地域住民とともに、稲作体験や餅つき大会など、ふれあいや体験学習に力を注いでいる。

「スポーツクラブ21おぎの」の設立趣意書には、次のように記されている。「スポーツを愛好する同志が相集い、定期的にスポーツに親しむと共に、スポーツ活動を通して会員相互の親睦を図り、明るく豊かな生活を実現することを目的としたクラブであります。優れた指導者のもとでいろいろなスポーツを楽しむことができるなんて、なんとも素晴らしいことではありませんか。」

表3-2は、「スポーツクラブ21おぎの」の運営委員を示している。会長は荻野小学校地区社会福祉協議会会長で荻野自治会長でもある阪本義親さん、副会長は大野自治会長、東野自治会長、山本団地自治会長の3名が務めている。理事長は、伊丹市体育指導委員である前田勤さん[*2]で、理事は各種団体の代表が務めるほか、クラブに所属する各種目別クラブの代表によって構

表3-2　クラブの運営委員

顧問	荻野小学校長
会長	荻野小学校地区社会福祉協議会会長（荻野自治会長）
副会長	大野自治会長、東野自治会長、山本団地自治会長
理事長	伊丹市体育指導委員
理事	東野香梅会会長、元老人会代表、前PTA会長、伊丹市体指、ニュースポーツ、少林寺拳法、元PTA副会長、前少年補導理事、小学校施設調整委員、少年サッカークラブ、軟式少年野球、少女バレー、少年バレー、卓球クラブ、おぎの・伊丹北バレー、PTAバレーボール、ソフトボール、Z会バレーボール、太極拳

図3-1　運営委員のメンバー

表 3-3 種目別クラブ員数

種　目	大　人	子ども	合　計
少年サッカー	15 名	100 名	115 名
ソフトボール	19 名	0 名	19 名
卓　球	55 名	3 名	58 名
少年・少女バレー	16 名	37 名	53 名
Z 会バレー	19 名	10 名	29 名
PTA バレー	15 名	0 名	15 名
おぎの・伊丹北バレー	20 名	0 名	20 名
軟式少年野球	21 名	54 名	75 名
少林寺拳法	9 名	49 名	58 名
一般・多種目	35 名	32 名	67 名
合　計	224 名	285 名	509 名

図 3-2 「いたっボール」交流大会

成されている。

　クラブ内の種目クラブとして、子どもたちにはサッカー、バレーボール、野球、少林寺拳法の4種目があり、大人には、ソフトボール、卓球、バレーボール（3チーム）の3種目がある。表 3-3 は、種目別クラブの会員数を示している。大人会員は 224 名、子ども会員は 285 名とバランスがとれており、クラブ員合計は 509 名である。荻野小学校の児童の約 27％、4 人に 1 人がクラブ員である。高学年になると、生徒のクラブ所属率はさらに高い。

　種目別クラブ以外に、「多種目クラブ」もおかれている。これは小学 4 年生以上を対象に、土曜日の午前中に集まり、いろいろなスポーツを楽しむというねらいのクラブである。ショートテニスやバドミントン、タグラグビーなどを実施している。夏休み期間中には、小学校プールで水泳教室にも参加している。大会に参加するのではなく、多様な種目を楽しむというクラブで、32 名の小学生が所属している。

　種目別クラブのほかには、スポーツ教室とイベントが定期的に開催されている。体育館ではショートテニス教室や今はやりのキンボールが月 2 回、第 2・第 4 土曜日に開催され、卓球大会やなわとび大会、ちびっこ相撲大会と多彩なイベントも開かれている。2004 年からは、伊丹市で開発された「いたっボール大会」が伊丹市体育指導委員会の主催で始まり、市内の各スポーツクラブから最大 3 チームが参加するようになった。「いたっボール」は、北海道で開発された雪合戦の室内版で、「いつでも、どこでも、だれにでも」を合言葉に伊丹市体育指導委員会が開発した。また、グラウンド・ゴルフやペタンクといったニュースポーツも子どもと大人の交流機会になっている。

　多彩なイベントのなかでも、12 月の第 2 土曜日に開催される「なかよし会」は多くの会員が集まるメーンイベントである。小学生から中学生、そして大人会員が参加するが、家族参加という形態も多い。イベントの内容は、ビーチボール送り（全員）、クロリティー（小 6、中学生）、紙飛行機飛ばし（小学生）、ストラックアウト（小 3〜6）、宝探し（全員）、ビンゴゲーム（全員）、ジャンケン勝負（全員）、福引と続き、1 日レクリエーション大会といった様相である。こういったゲームやニュースポーツ指導、そしてパーティーの企画運営ができるのは、前述した「伊丹市スポーツリーダー養成講習会」によって育成されたスポーツリーダーが存在するからである。さらに、「なかよし会」が開催される日に大会・試合や練習会が重ならないように、各種の団体へ協力依頼がなされており、子どもたちやファミリーにとっては、毎年恒例の楽しいイベントになっている。

＊2　体育指導委員──市町村のスポーツ振興を図るために、住民に対し実技指導や企画立案、助言指導を行うことを目的に教

育委員会が任命する非常勤公務員。「スポーツ振興法」第19条に、「社会的信望があり、スポーツに関する深い関心と理解を持ち、……職務を行うのに必要な熱意と能力を持つ者」と規定されている。

施設利用者によるクラブ運営

　ヒアリング調査のため、荻野小学校の中にある「スポーツクラブ21おぎの」のクラブハウスを訪ねた。クラブハウスでは、理事長の前田勤さんや阪本義親会長をはじめ20名の運営委員の皆さんから話を聞くことができた。これだけ多くの運営委員が集まったのは、この日は朝から「親子グラウンド・ゴルフ大会」が開催されたからである。

　台風の影響で開催が心配されたが、幸い何とか天候にも恵まれ、多くの子どもたちとシニアがグラウンド・ゴルフを楽しんだ。シニアはふだんからプレイされているせいかレベルが高い。ちょっとインタビューすると「週3回は楽しんでいるよ」と元気がいい。一般の部には、荻野小学校の教頭先生も参加されている。最高齢は83歳の女性で、歩行補助機を押しながらのプレイがほほえましい。予定していたホールインワン賞が足らなくなってしまったが、クラブのTシャツが代用品として贈られた。

　「スポーツクラブ21おぎの」の特徴は、次の3点にある。第1点は、「強いリーダーシップとチームワークのよさ」である。リーダーは理事長を務める前田さんで、伊丹市の体育指導委員を長年務めてきたことから、スポーツ指導経験や行事の企画運営も慣れている。また、野球協会の役員をされているだけでなく、最近、卓球にもはまっているとのこと。これは、子どもたちに対する卓球教室を開催するために、自分でも少しは腕を磨こうと卓球教室に参加しているうちに、技術が上達し、はまったとのこと。前述した伊丹市スポーツセンターにおいては、卓球教室の愛好者が多く、レベル別に分かれて中高年がいい汗をかいている。

　子どもたちのグラウンド・ゴルフの進行役には、運営委員である各種目団体の代表が務めている。ふだんはサッカーやバレーボール、野球、太極拳などのリーダーをしている人たちが、スコアカードをもち、子どもたちのグラウンド・ゴルフを指導している。この日の大会には、20名の運営委員が大会運営の実行委員を務めていた。

　大会終了後には、みんながクラブハウスに入ってきて、冷たい飲み物とハンバーガーを食べながら、話の輪が広がっている。クラブハウスには、パソコンやファックスが置かれ、明るい雰囲気に満ちている。クラブハウスは、空き教室を改築したものだが、正門を入ってすぐの所に位置し、入りやすい。

図3-3　荻野小学校区大運動会　　　　　　　　　**図3-4　12月の第1土曜日に行われるもちつき大会**

このクラブハウスは、PTAの役員室としても使用されている。

運営委員のみなさんに、「スポーツクラブができてから、何か変化したことや影響はありますか?」と尋ねた。すると前田さんや委員のみなさんが異口同音にいわれたのは、「地域で挨拶されることが多くなった」ということ。年間を通して、スポーツクラブが多彩なイベントを開催してきたことから、運営委員の顔を覚え、自然と挨拶が増えた。地域のなかで挨拶があちこちで交わされることは、素晴らしい。

図3-5 夏休みに開かれる水泳教室

第2点はクラブの設立に際して、小学校区施設を利用するすべての既存種目団体が参加していることである。総合型クラブの中には、既存のスポーツ少年団やサッカークラブとは一線を画し、設立されているクラブも少なくない。既存団体がすべて加入しているメリットは大きい。最大のメリットは、施設の利用調整がしやすいことである。前述したようにクラブ行事の際には、種目別クラブに対して、練習会や大会を計画しないように依頼がなされている。

伊丹市周辺の阪神地区においては、スポーツが非常に盛んで、種目別協会や大会が数多くある。それゆえに、単一種目クラブの自立性が強く、総合型クラブの設立が県内では遅れている。伊丹市は「スポーツクラブ21おぎの」が第1号クラブとして、小学校施設の利用団体を統合した意義は大きい。

第3点は、「地域ぐるみで多彩なイベントを開催し、地域で子どもたちを育てよう」という考え方が浸透している点である。伊丹市においては、社会福祉協議会が広く組織され、すべての小学校区には地区社協が組織されている。地区社協は、小学校区内の自治会とPTA、そして老人会を傘下に置いている。

表3-4は、年間行事一覧を示している。地区社協と共同開催しているのは、ちびっこ相撲大会、盆踊り、摂津音頭、荻野小学校区大運動会、なわとび大会、グラウンド・ゴルフ大会である。ちびっこ相撲大会は、小学生学年別トーナメント方式で実施される。ユニークなのは1年から3年は男女混合、4年から6年は男女別で対戦することである。服装は、体操服に簡易まわしを着用する。男

表3-4 年間行事一覧

行　　事	会　場　等
常任委員会	会議室（年間6回）
運営委員会	会議室（年間6回）
施設開放調整委員会	会議室（毎月第3金曜日）
スポーツ教室 （ショートテニス、キンボール）	体育館（月2回）
親子グラウンド・ゴルフ大会	運動場（6月12日）
ちびっこ相撲大会	体育館（社協との共催）
特設水泳教室	プール
盆踊り、摂津音頭	運動場（社協との共催）
グラウンド・ゴルフ、ペタンク大会	運動場（秋、春：社協ほか）
もちつき大会	運動場（小学校との共催）
卓球大会	体育館
なわとび大会	運動場（社協との共催）
荻野小学校区大運動会	運動場（秋、社協との共催）

子は上半身裸、4年～6年女子は、まわしをしない。体育館で開催されるが、両親や家族、おじいさん、おばあさんも応援に熱が入り、大いに盛り上がっている。

　小学校とスポーツクラブの共催行事も開かれている。「もちつき大会」は小学校と、「土曜いきいき（夏のカルチャー）教室」は小学校、PTAの共催である。これは学校週5日制を契機に始まった行事で、土曜いきいき教室の内容は、「親子史跡巡り教室」、「親子ネイチャー教室」、「親子押し花教室」、「親子パソコン教室」などである。申し込み先は教頭か前田理事長になっており、指導は小学校教員が担当している。親子で参加できるカルチャー教室が、小学校とスポーツクラブの共催で実施されているのは他に例をみないだろう。

スポーツ・マスタープランの策定

　市町村合併が進み、スポーツ行政においても、広域的発想が求められている。伊丹市、尼崎市、西宮市、川西市などでは、「阪神広域スポーツ施設情報サービス」のシステムを構築し、情報サービスを始めた。

　伊丹市においては、スポーツ施設が充実し、多様な教室やイベントが展開され、スポーツ環境整備が進んでいる。これは偶然に一夜にしてつくられたものではない。それは、スポーツ・マスタープラン[*3]の存在である。2000年に「スポーツ振興基本計画」が文部省によって策定された。そして、都道府県では、同計画に沿って県レベルのマスタープランを策定してきた。しかし、市町村において、独自のマスタープランを策定している自治体は少ない。

　伊丹市のスポーツ振興審議会は、1994年9月に「伊丹市生涯スポーツ振興マスタープラン」を策定した。そして、翌年の1995年9月には、「伊丹市スポーツ振興基本計画」を発表した。多様なスポーツ教室やイベント開催、そして指導者養成講習会の開催は、このマスタープランに沿って進められてきたものである。著者もこのマスタープラン策定委員会に委員の1人として関わったが、12年前にこれほど内容の充実したマスタープランを発表した市町村は少ないだろう。

　スポーツ振興においては、まず理念ともいうべき"マスタープラン"が策定され、具体的な"基本計画"が作成され、"施策（program）"と"事業（project）"が展開されることの重要性をあらためて強調したい。

　　＊3　スポーツ・マスタープラン——スポーツ振興の基本理念と政策目標を示した計画のこと。わが国では、2000年に文部省が、スポーツ振興の基本理念と政策目標、目標達成のための施策に関する「スポーツ振興基本計画」を発表した。これを受けて、都道府県教育委員会は、各自治体における独自のスポーツ振興計画を策定している。市区町村については、「独自のスポーツ振興計画を策定している」、「総合計画の一部に含まれている」、「策定していない」に類型化できる。

加古川市―― NPO法人加古川総合スポーツクラブ

NPO法人格を取得し
専任マネジャーを配置する大型クラブ

TSVハールの指導ボランティア

　3年前、ドイツのミュンヘン郊外にあるスポーツクラブ「TSVハール」を訪ねた。TSVハールは、クラブ法にもとづくNPO法人で、約2500名の会員を擁する多種目・多世代型の大型クラブである。
　年間約1万円の安い会費で、著者の大好きなテニスだけでなく、さまざまなスポーツ種目やマシントレーニングを年中楽しめることが羨ましかった。体育館に入ると、子どもたちが器械体操の練習中だった。指導者はというと、3名の女子大学生のボランティアである。日本ではまずお目にかかれない光景なので、「ボランティアで教えるようになったきっかけは？」とたずねると、「私が子どもの頃、ここで大学生のお姉さんに教えてもらったから」と、いかにも当然といった答えが返ってきた。
　TSVハールは1923年に設立されている。公設民営型で、市が施設の建設を行い、会員の会費と事業収入、寄付、行政補助などにより運営されている。80年余の歴史があるからこそ、クラブ員であるというアイデンティティが強く、「クラブのために何かをしよう」という気持ちになるのだろう。
　ここでは、生涯スポーツの振興に熱心で、総合型クラブの育成にまちぐるみで取り組んでいるNPO法人加古川総合スポーツクラブを紹介したい。

生涯スポーツ振興のモデル都市・加古川市

　加古川市は、兵庫県の瀬戸内海に面した播磨平野に位置し、人口25万人で「ウエルネス都市宣言」[*1]をしている。加古川市は明治以降、繊維と肥料の生産地として、温暖で暮らしやすいコミュニティを形成してきた。しかし、高度経済成長とともに、1969年頃から臨海工業地帯の繁栄と宅地開発が進み、人口が毎年1万人ずつ増え、10年間で人口が2倍に膨れ上がった。その結果は、「都市化の進行によるコミュニティの消失」につながった。地域によっては、郷土意識が希薄になっただけでなく、ときには新住民と旧住民の間で摩擦も生まれるようになった。この危機を加古川市では、青壮年層を中心にした"まちこん"（まちづくり懇談会）のパワーで再生した（山口、2000）。とくに、地域住民をあげてのスポーツイベントの開催により、新たなまちづくりに成功した。
　加古川はスポーツが非常に盛んなまちに育ち、少年・少女スポーツから中学・高校の部活動のレベルも高い。地域におけるスポーツイベントも多様である。加古川には市立漕艇センターが置かれ、競技大会だけでなく市民レガッタも開催されている。"まちこん"の活動が発展し、市制40周年を記

念して始まった、2日間のウォーキングイベントである「加古川ツーデーマーチ」には、全国から約1万6000人の参加者がある。

1999年から3年間、文部省の補助を受け、加古川市は総合型クラブの創設に着手した。総合型クラブの中心となるリーダーシップは、地域によって多様だが、加古川市は非常勤公務員である「体育指導委員」(以下、体指と略す)が中心である。さらに、市独自の「生涯スポーツ指導者」養成事業により育成された指導者が、総合型クラブを支えている。

* 1 ウエルネス——ウエルネス(wellness)とは、総合的な健康づくりを目指したライフスタイルの改善のこと。自己のライフスタイルを健康なものに改善し、効率的で質の高い人生や生活を積極的に築くような生活実践としてとらえられる。YMCAはウエルネスを、「身体的、精神的、情緒的、社会的、知的、職業的」に好ましい状態ととらえている。

兵庫県の施策に先行した加古川市

文部省のモデル事業は、市町村自治体が都道府県を通して申請するという過程を踏むが、総合型クラブのモデル事業の申請は体育指導委員が提案した。

表3-5は、「NPO法人加古川総合スポーツクラブ」の歩みを示している。モデル事業が始まる前の1999年2月には、すでに「総合型クラブ準備会」が体指と市教育委員会事務局によって発足し、総合型クラブの調査研究を始めた。5月には正式に設立準備会が発足し、以後、発起人会、会員募集と続いている。同年10月には総合型クラブ設立総会が開かれ、加古川市の中心に中クラブ、そして東西南北に4クラブ、計5クラブ、会員数732名でスタートした。

11月には、5つのクラブが集まり、スポーツクラブ連合を発足させた。文部省のモデル事業による総合型クラブは、中学校区が多い。しかし、加古川市は「1市1クラブ」を選んだ。そして、2000年3月には、各クラブ会員が一堂に会し、卓球、バドミントン、ゴムバレーボール、テニスなどからなる「第1回交流スポーツ大会」を開催した。

順調にクラブの発展が進んでいたこの時期、新たな課題に直面した。それは、2000年4月から、兵庫県が県内の全小学校区に総合型クラブをつくるという「スポーツクラブ21ひょうご」事業を発表したからだ。すでに市内5ヶ所でクラブを発足していたことから、さらに全小学校区で創設するとなると、加古川スポーツクラブとの関係をどのようにするのか、会員を奪い合うことにならないか、などの問題があった。しかし、各小学校区に総額1300

表3-5 NPO法人加古川スポーツクラブの歩み

年月	内容
1999年 2月	総合型地域スポーツクラブ(以下総合型クラブ)準備会
5月	総合型クラブ設立準備会(発起人会発足:文部省補助開始)
8月	会員募集
10月	総合型クラブ設立総会(5クラブ:会員数732人)
11月	スポーツクラブ連合発足
2000年 3月	第1回交流スポーツ大会
5月	シンボルマーク決定
7月	NPO法人化準備委員会発足
8月	スポーツクラブ21推進委員会発足
8月	氷丘総合スポーツクラブ設立(スポーツクラブ21第1号)
11月	第2回交流スポーツ大会
2001年 5月	NPO法人認証
6月	NPO法人取得記念イベント開催
9月	鹿児総合スポーツクラブ設立(以後5クラブ設立)
10月	第3回交流スポーツカーニバル
2002年 3月	文科省補助の終了
8月	別府西総合スポーツクラブ設立(以後8クラブ設立)
11月	第1回スポーツ障害講習会・第1回ハイキングの開催
2003年 3月	第1回指導者講習会&スポーツ交流大会(会員数:2,502人)
10月	第5回交流スポーツカーニバル
2004年 1月	第2回指導者講習会&交流大会
10月	第6回交流スポーツカーニバル
11月	第3回ハイキング
11月	第1回少年少女サッカー教室(ヴィッセル神戸)
2005年 1月	第1回少年少女バレーボール教室(元全日本選手)
2月	第1回クラブマネジャー研修会
3月	第3回指導者講習会
4月	加古川市総合体育館オープニング記念大会
5月	NPO法人取得5周年記念事業(東レアローズ)

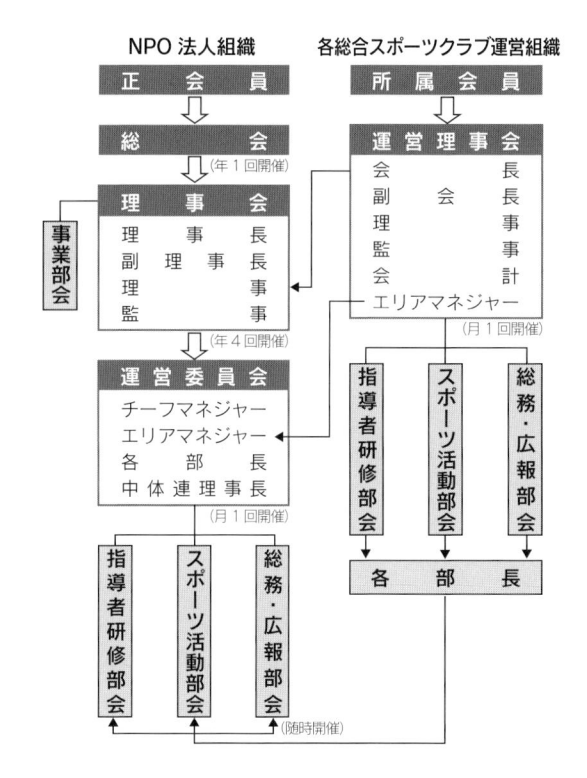

図 3-6　クラブの組織図

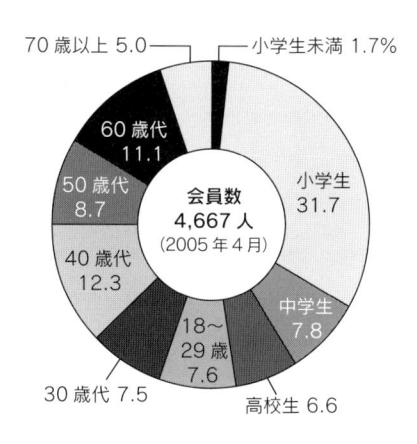

図 3-7　クラブの年代別構成比率

万円もの補助金が出ることを前向きにとらえ、加古川スポーツクラブの傘下に、各小学校区の「スポーツクラブ21」を組み入れることにして、事業を始めた。

「スポーツクラブ21ひょうご」事業は2000年に始まったが、準備期間が短いこともあって、県内88市町（市町合併により、現在は41市町）のなかには、総合型クラブの趣旨をよく理解できないで、設立に戸惑いがあったところも少なくなかった。加古川市は総合型クラブのフロントランナーであったことから、同年8月にスポーツクラブ21事業として、県内第1号の「氷丘総合スポーツクラブ」が立ち上がった。

以後、小学校区のスポーツクラブ21は2001年度には6クラブが立ち上がった。また、2001年5月には、全国の総合型クラブのさきがけとして、兵庫県から「特定非営利活動法人加古川総合スポーツクラブ」としてNPO法人の認証を受けた。同年6月12日には、NPO法人取得記念イベントを開催した。2002年度には10クラブが立ち上がり、2003年、会員数は2502人。同年度末には、残りの11小学校区においてもクラブが立ち上がり、市内全28小学校区にクラブが設立された。2005年4月現在、総会員数4667人である。

図3-6は、NPO法人加古川総合スポーツクラブの組織図である。NPO法人として理事会が置かれ、毎月1回開催される運営委員会は、チーフマネジャー、エリアマネジャー、各部長（指導者研修部会、スポーツ活動部会、総務・広報部会）、中体連理事長によって構成されている。エリアマネジャーとは、31ある各クラブのマネジメントの担当者である。各クラブでも運営委員会が月1回開かれている。

図3-7は、NPO法人加古川総合スポーツクラブ全体の年代別会員数を示している。小・中学校生が39.5％を占めており、小学生未満81名、小学生1478名、中学生364名、高校生306名である。総合型クラブの理念は、子どもから高齢者までの一貫指導であるが、現実には中高生は部活動中心で、総合型クラブの会員は少ない。中高生を獲得するために、中高生が好むバスケットボールやサッカー、また手軽に参加できるように多様なレベルを提供している。成人で多いのは、40歳代の12.3％、60歳代の11.1％と中高年齢層の比率が高い。年会費は大人が6000円、児童生徒（小・中・高校

表 3-6　活動種目と曜日別開設コース数

〈活動種目〉

対　象	種　目
小学生	少年サッカー、少年少女サッカー、ソフトボール、少女革バレーボール、ミニバスケットボール、トマトバスケットボール、剣道、弓道、卓球、少年軟式野球、ラグビー、バドミントン、キッズカンフー、よさこい踊り、ジュニア綱引き、遊ぼう会
一　般	綱引き、ゴムバレーボール、親子スポーツ、卓球、テニス、フライングディスクゴルフ、ボードダーティング、ファミリーバドミントン、革バレーボール、ゲートボール、陸上競技、ペタンク、インディアカ、グラウンド・ゴルフ、トランポビクス、バドミントン、エクササイズボクシング、フットサル、スナックゴルフ、ソフトバレーボール、ボート、ソシアルダンス、よさこい踊り、ファミリーゴルフ、クォーターテニス、ウォーキング、ヨット、合気道、太極拳、少林寺拳法、なぎなた、囲碁、将棋、絵手紙

〈曜日別開設コース数〉

曜日	コース数
月	7会場23コース（加古川スポーツセンター体育館特別開放日）
火	13会場21コース
水	14会場22コース
木	15会場22コース
金	15会場25コース
土	24会場78コース
日	22会場44コース

生）が3000円、幼児が1000円、ファミリー会員が1万2000円、障害者はそれぞれの半額である。
　加古川総合スポーツクラブの特徴は、市内に合計31クラブが存在することから、活動場所が多く、活動種目も多様なことだ。表3-6は、活動種目と曜日別開設コース数を示している。小学生対象の種目をみると、少年サッカー、少年少女サッカー、ソフトボール、少女革バレーボール、ミニバスケットボール、トマトバスケットボール、剣道、弓道、卓球、少年軟式野球、ラグビー、バドミントン、キッズカンフー、よさこい踊り、ジュニア綱引きと15種目に上っている。トマトバスケットボールは初心者対象で、ミニバスケットボールは大会参加型と、同じ種目でもレベル別になっている。最近では、幼稚園児や小学校低学年を対象にした"遊ぼう会"も始まった。
　一般向けの活動種目は、テニスやバレーボール、卓球、バドミントンからペタンク、グラウンド・ゴルフ、フライングディスクなどさまざまなニュースポーツ、ボート、ヨットなどのウォータースポーツ、合気道、太極拳、少林寺拳法、なぎなたなどの格技もある。ファミリーゴルフや親子でのクォーターテニス、ソシアルダンスやよさこい踊りも加わった。スポーツ活動だけでなく、囲碁や将棋、絵手紙などの文化活動も誕生している。
　活動が展開されている種目コースを曜日別でみてみよう。月曜は7会場23コース、火曜は13会場21コース、水曜14会場22コース、木曜15会場22コース、金曜は15会場25コース、土曜は24会場78コース、日曜は22会場44コースと、市内の至るところで活動が展開されている。
　加古川総合スポーツクラブは、県内でも屈指のモデルクラブであり、県内だけでなく、県外からの

図 3-8　休館日を「特別開放日」として利用している加古川スポーツセンター

図 3-9　「みんなで楽しむ！　スポーツフェスタ2001」

図3-10 女子バレーボールの社会人トップチームを招待しての交流大会（「クラブ通信」第10号より）

図3-11 各種の交流会（「クラブ通信」第10号より）

視察も多い。2000年度から2004年度にかけて、119団体、合計995名が同クラブを視察に訪ねた。加古川総合クラブの成功要因としては、次の3点をあげることができる。

第1点は、豊富な人的資源によるリーダーシップである。加古川市の生涯スポーツ振興の中心を担ってきたのは"体指"で、総合型クラブの発展も体指によるところが大きい。総合型クラブの設立を提言しただけでなく、各クラブの責任者である"エリアマネジャー"は体指が務めている。体指は全員で42名で、体指会長の大辻利弘さんがNPO法人加古川総合スポーツクラブの理事も務めている。

強調すべきは、総合型クラブの指導者や役員のなかに、学校教員が参加していることである。小学校教員は13名（男性11名、女性2名）、中学校男性教員2名、高校男性教員3名、大学教員1名、合計19名に上っている。体指を兼任している教員が多く、学校教育だけでなく、地域の生涯スポーツの振興にも貢献していることに注目すべきであろう。

第2点は、さまざまなイベント開催である。総合型クラブといっても、その実態は単一種目クラブの寄り合い所帯で、たんに種目の活動を継続しているだけに過ぎないところもある。加古川総合スポーツクラブは、ふだんは各クラブで個別に活動している会員が、総合型クラブの会員であるというアイデンティティを高めるために、「交流スポーツカーニバル」を開催している。第2回大会はバドミントン、ゴムバレーボール、卓球、テニス、ソフトテニス、グラウンド・ゴルフ、3on3の7種目のクラブ交流大会を開催し、200人を超す参加者があった。

また、「スポーツ障害講習会」や「ハイキング」、そして「バドミントン指導者講習会＆交流大会」なども開催している。2005年2月には、クラブの主催でエリアマネジャーを対象にした「第1回クラブマネジャー講習会」を開いた。NPO法人の取得を記念して、「みんなで楽しむ！ スポーツフェスタ2001」を開いた。そこでは、バレーボールや陸上競技の元五輪選手を招き、ゲストとともに競技を体験した。また、綱引きやインディアカ、エアロビックダンスなどの参加型のスポーツを楽しんだ。最近では、ヴィッセル神戸や東レアローズ女子チーム、大学バドミントン教員、中国人卓球選手などのトップアスリートによるスポーツ教室を開催し、クラブ員であることの魅力づくりを進めて

いる。

　第3点は、「やわらかい発想とチャレンジ精神」である。市の中心施設である加古川スポーツセンターは、月曜日が休館日であった。これはどこの市町村でも当たり前の光景だが、クラブ役員は違った。「市職員が休みなら、我々で運営できないだろうか」と考えた。そして、市役所とねばり強く交渉し、月曜日は「特別開放日」として、クラブが運営委託を受けることになった。月曜日には、午前10時から午後7時まで、バドミントン、インディアカ、革バレーボール、そしてフリー使用ができるようになった。使用料金に工夫がみられる。使用料金はクラブ会員は無料とし、会員外の市民は2時間200円を徴収している。料金の差別化は、クラブ員のメリットを高め、会員になるインセンティブ[*2]（誘因）につながっていく。

　総合型クラブへ調査で訪ねると、施設が不足しているという声をよく聞く。ほとんどが小学校や中学校の施設しか利用していない。加古川総合スポーツクラブの利用施設は、非常に多様である。28小学校施設と9中学校施設に加え、市立公共施設が17ヶ所、高校施設や大学施設、県立施設、さらに企業施設へも広がっている。

*2　インセンティブ——行動意欲を高めるための賞やモノ、カネ、地位のこと。動機づけにおける有効な手法であり、スポーツイベントやスポーツ団体において取り入れられている。プロスポーツ選手においては、インセンティブ契約といって、あらかじめ設定された到達目標をクリアしたら、ボーナスが支払われる契約もある。

NPO法人取得の影響

　加古川総合スポーツクラブは、文科省や加古川市、そして兵庫県の補助金を活用しながら、4500人を超す会員を有する総合型クラブに成長してきた。その成長を推進してきたのは、教員を含む体指のリーダーシップである。そして、総合型クラブとして全国で初めてNPO法人格を取得したことが、さらなる発展につながっている。

　NPO法人取得のメリットとしては、①契約主体になれる、②受託事業や補助金を受けられる、③公益名施設を利用しやすい、④社会的信用が生まれる、⑤専任のスタッフを置くことができるなどをあげることができる。総合型の大型クラブにおいては、その運営をボランティアだけに頼ることは無理がある。加古川総合スポーツクラブでは、2人の専任マネジャーが常時クラブハウスに詰めている。全国の総合型クラブのなかでも、専任マネジャーを置いているのは、まだわずかである。チーフマネジャーの能田さんと内藤さんは、体育指導委員を長年勤め、企業を早期退職して専任職についた。

　また、NPO法人を取得したことにより、toto補助金を受けることができた。さらに、NPO法人として、加古川市立武道館（スタッフ6人）と加古川スポーツセンタープール（夏季2ヶ月間）、加古川市立志方体育館の運営管理を受託している。加古川市には全国でもユニークなフルマラソン常設コースが兵庫県によって建設されている。この県立加古川マラソンコースの運営も受託している。具体的には、週2回専用車でコースの点検やパトロールをし、マラソンコースやイベントの広報も行っている。このような4件の受託事業により、クラブの収入が増え、クラブの自立が促進されている。

　全国でクラブマネジャー講習会は開催されているが、近くで講習会があると加古川市の体指では参加希望者が殺到するという。「常に外に目を向け、新しい知識や技術を学ぶ」姿勢を見習うべきであろう。

姫路市――スポーツクラブ21津田

地域のすべての利用団体をまとめ多様なイベントを開催

日本最初の世界文化遺産 "姫路城"

　姫路といえば、まず姫路城が浮かぶ。空に向かって立ち並ぶ天守群と白く美しい白壁の広がり、天を舞う白鷺のような姫路城は別名"白鷺城"ともいわれる。筆者は、姫路城にはいささか思い入れがある。少年時代は中堀周辺がプレイグラウンドで、家の屋根に上り、お城を眺めるのが好きだった。中学生になると、野球部のオフシーズンのトレーニングは、お城に向かって走り、すぐ隣の姫山貯水場の階段昇降で脚力を鍛えた。

　姫路城は、安土桃山時代から江戸初期にかけての建築技術の粋を極めた傑作といわれ、1993（平成5）年、法隆寺とともに日本で初の世界文化遺産[*1]に指定された。姫路には城下町の名残が至るところに残っている。鍛冶町、呉服町、米屋町、魚町、五郎右衛門邸という町名が、今でも使われている。内堀、中堀、外堀もあり、中堀には天守閣からの抜け穴もある。筆者は塀が白壁の城東小学校に通っていたが、城北小、城西小、城南小と城を中心に小学校が位置し、それぞれから眺めるお城の姿は異なる個性があり美しい。

　城下町には、歴史と伝統文化を大切にするという風土がある。江戸時代の藩主が学問を奨励したこともあって、豊かな文化が花開き、椎名麟三、和辻哲郎、安部知二といった小説家、倫理学者を輩出した。姫路文学館には、郷土ゆかりの文人の仕事が紹介されている。羽柴秀吉は、織田信長の命を受けて中国攻めの拠点として、3層の天守閣からなる姫路城を築いた。司馬遼太郎の祖父は姫路出身で、秀吉の軍師として有名な黒田官兵衛の生涯を記した「播磨灘物語」を読むと、官兵衛という明晰な頭脳を通して、信長、秀吉、家康と移っていく時代を俯瞰できる。

　伝統文化の豊富な姫路には、身体文化を象徴する多くの"祭り"がある。弁慶が修行した書写山円教寺の「鬼追い」、夏には「ゆかたまつり」や「お城まつり」、秋には白浜町松原神社で行われる「灘のけんか祭り」の激しく屋台が練り競う勇壮な屋台練りが人気を集めている。また、「大塩の獅子舞」、播磨国総社の「輪ぬけ祭り」、「一ツ山大祭」、「三ツ山大祭」と多くの祭りが定着している。

　2002年5月には、手柄山中公園内に、多彩な武道に対応できる「兵庫県立武道館」がオープンした。第一道場が4面、第二道場が8面で、柔道、剣道、武術太極拳、テコンドーまで、12種目の武道に対応できる。第一道場は、世界初の「エア浮上床転換システム」で、5tの畳を空気で浮かせて移動し、コンピュータ制御で隙間なく並べられる。この武道館の開館を記念して、兵庫県武道祭が12月に開催されており、県下12の武道団体が一堂に会してのビッグイベントになっている。この

県立武道館は、2006年"のじぎく兵庫国体"の柔道会場になる。

* 1　世界文化遺産──国や民族が誇る文化財や自然環境を人類が共有し、未来へ引き継ぐためにユネスコが認定したものが世界遺産で、すぐれた普遍的価値をもつ建築物や遺跡などの「文化遺産」、すぐれた価値をもつ地形や生物、景観などを有する地域の「自然遺産」、文化と自然両方の要素を兼ね備えている「複合遺産」の3つがある。

姫路市のスポーツ振興

　姫路市のスポーツ振興は、教育委員会生涯学習部スポーツ振興課が担当している。広く市民に健康意識の高揚と、心とからだのバランスのとれた健康なからだづくりの普及、啓発を図り、健康で明るく文化的な活力ある健康福祉都市を築くため、1976年から、総市民健康運動推進事業として、①学校体育、②競技体育（姫路市体育協会等）、③生活体育（校区生活体育進行委員会：小学校単位57校区）、④職場体育（各企業）という4つの分野で事業を展開してきた。

　そのなかで、地域住民の生涯スポーツに関連するのは③生活体育である。すべての小学校区に、「生活体育振興委員会」が組織され、校区体育指導員4名が選出され、さらに小学校区内の各町には町体育指導員1名が選出されている。非常勤公務員としての"体育指導委員"は、各小学校区に1名が任命されている。やや複雑であるが、階層構造としては「市体育指導委員―校区体育指導員―町体育指導員」ということになる。

　さらに読者の混乱を招くことになるかもしれないが、「生活体育振興委員会」という組織のほかに、各小学校において「学校体育施設の開放事業」が1977年度から進められてきた。この事業は、利用者の利便性を高めるために、"クラブハウス"と"コミュニティルーム"が設置されている。学校開放は一般的には、スポーツ施設の開放だけであるが、姫路市ではクラブハウスとコミュニティルームを順次設置してきた。クラブハウスには、更衣室、器具庫、シャワー室、トイレ、談話室もある。コミュニティルームは、体育館の2階などに設置され、畳の談話室などもある。校庭クラブハウス設置校は29小学校、体育館コミュニティルーム・体育館クラブハウスが設置されているのは、28小学校にも上る。このように、小学校グラウンドや体育館にクラブハウスが市の事業により設置されてきたのは、他市ではあまりみられない。

　そして、施設開放事業には「施設管理指導員」数名が任命されている。もちろん、学校施設開放を利用している団体（チーム）が集まり、「学校体育施設利用運営委員会」が組織され、管理指導委員が中心になり委員会を運営している。

　姫路市における公共スポーツ施設の管理は、財団法人姫路市スポーツ振興財団が行っている。体育館ホールとしては、総合スポーツ会館、中央体育館、花北体育館、勤労者体育センター、球技スポーツセンターなど、テニスコートが5ヶ所、野球場が6ヶ所、他には陸上競技場や室内プール、木場ヨットハーバーなども管理している。

　市の社会体育行事としては、春の市民体育大会、秋の市民スポーツ祭、スポーツ少年大会などの総合スポーツ大会のほかに、各種目別の大会が盛んである。成人男性では、軟式野球やソフトボールの人気が高く、パパさんソフトボールは町内で1チームが組織され、多いときには姫路市パパさんソフトボール大会に800チームが参加したこともある。成人女性はママさんバレーボールの人気が高く、ゴム製の家庭婦人バレーや9人制バレーボールのチームが各町内に存在する。

　市のテニスコートは5ヶ所あるが、民間テニスクラブも多い。姫路市白浜地区はかつて、全国でもマッチの生産地と知られていたが、マッチの製造会社がインドアテニススクールに業態を変え、姫

路市から兵庫県内、さらには大阪府へも事業展開を広げている。兵庫県都市対抗テニス大会においても、姫路市は神戸市のライバルで、常に上位の成績を収めている。

姫路市で第1号の総合型クラブ

　スポーツクラブ21津田は、2002年11月に設立された。姫路市内のスポーツクラブ21としては、オープン第1号である。津田小学校は児童数840名、教職員34名の大型小学校である。スポーツが非常に盛んで、姫路市小学校大会で2年連続、駅伝で5年連続優勝したこともある。スポーツクラブ21津田は、過去30年間の学校開放事業のなかで、育成されていた単一種目型のスポーツクラブ・同好会を取りまとめる形で組織化された。

　明文化された会則には、次のようなクラブの目的が掲げられている。

　「本クラブは、日常生活のなかで自発的にスポーツを楽しみ、各自の健康・体力を維持増進するとともに、会員相互の親睦を図り、地域社会の連帯と明るく豊かな生活の実践に資することを目的にする。また、クラブの全活動を通じて、子どもたちにルールを守ることの大切さや社会のルールやマナーを体得させることとする。」

　表3-7はスポーツクラブ21津田の役員組織を示している。会長は連合自治会長、監事を自治会長2名、副会長は津田小学校長と溝自治会長が務めている。理事長は校区生活体育会長、会計は校区体育指導員、副理事長は施設管理指導員で、常任理事として校区体育指導員3名、生活体育委員、町体育指導員等で、クラブの役員は各団体組織の長が集まっている。

　実質的なクラブの運営委員は各種目部代表者（サッカー、剣道、革バレー、卓球）と地区種目部代表（ソフトボール4名、ゴムバレー4名、空手、スポーツチャンバラ）、施設管理指導員3名である。さらに、他団体との連携を深めるために、理事として小学校教頭、小学校教員、中学校長・教頭、幼稚園長、婦人会代表、老人会長、連合子ども会長、PTA会長、学識経験者、市体育指導委員が選出されている。

　スポーツクラブ21津田の活動は、日常スポーツ活動とイベント開催の大きく2つに分かれる。日常的なスポーツ活動は、「一般コース」と「技術向上コース」に分かれている。「一般コース」は、健康増進や競技体験が目的で、会員であれば誰でも参加できる。毎週日曜日に開催され、午前中は体育館でバドミントン（高校生以上の初心者）、午後は体育館において、バレーボールや卓球、ニュースポーツ[*2]などを楽しむことができる。バドミントンや卓球では、高校生や成人、中高年とさまざまな愛好者が世

図3-12　クラブの中心リーダー

表3-7　クラブの役員組織

顧　　　問	市会議員
会　　　長	連合自治会長
副 会 長	津田小学校長、溝自治会長
理 事 長	校区生活体育会長
副理事長	施設管理指導員
常任理事	校区体育指導員3名、生活体育委員、町体育指導員等
監　　　事	自治会長2名
会　　　計	校区体育指導員
運営委員	種目代表（サッカー、剣道、革バレー、卓球）、地区種目部代表（ソフトボール4名、ゴムバレー4名、空手、スポーツチャンバラ）、施設管理指導員3名
理　　　事	小学校教頭、小学校教員、中学校長・教頭、幼稚園長、婦人会代表、老人会長、連合子ども会長、PTA会長、学識経験者、市体育指導委員

図 3-13　サッカー教室

表 3-8　活動種目と名称

一般コース	卓球 バドミントン バレーボール グラウンド・ゴルフ ニュースポーツ（キンボール等）	日曜日 体育館・ グラウンド
技術向上コース（部会）	①今在家家庭婦人ゴムバレーボール部会 ②思案橋家庭婦人ゴムバレーボール部会 ③加茂家庭婦人ゴムバレーボール部会 ④構家庭婦人ゴムバレーボール部会 ⑤今在家ソフトボール部会 ⑥思案橋ソフトボール部会 ⑦加茂ソフトボール部会 ⑧構ソフトボール部会 ⑨バドミントン初心者教室部会 ⑩バドミントン小学生親子教室部会 ⑪バドミントン中級・上級部会 ⑫バドミントン中学生部会 ⑬家庭婦人9人制バレーボール部会 ⑭津田サッカー部会 ⑮剣道部会（若葉会） ⑯津田空手道教室部会	月〜日曜日 体育館・ グラウンド

代間交流を深めている。バレーボールは、男女混合で参加者には中学生も混じっている。

技術向上コースは、会員の技術レベルや年代によって選択することができる。表 3-8 は活動種目と名称を示している。技術向上コースの各種目団体は「部会」と呼ばれ、家庭婦人ゴムバレーボールが4部会、すなわち校区内の町の4チームが活動している。4チーム合計80名ほどで、若いママさんから年配ママさんまで、大会での上位進出を目指して毎週1回定期練習を行っている。クラブの会報を見ると、活動風景の写真だけでなく、勧誘のコメントも掲載され、「運動やダイエットをしたくてウズウズしているあなた！私たちと一緒にいい汗しませんか。そのあとのビール美味しいヨー」が目を引く。

ソフトボールも4チームあり、加茂部会は平均年齢37歳とある。今在家部会は全日本ソフトボール協会に登録し、パパさんソフトの全市大会2回優勝、南部地区16回優勝と強豪チームだ。思案橋部会は、練習会、大会出場だけでなく、子ども会ソフト練習のサポート、7月は海水浴、10月は秋祭り、12月は忘年会と社交行事が充実している。メンバーの中の2人は昨年、還暦を迎えている。

サッカー部会は開設32年目を迎えた。6年生チームは、近畿大会に出場し、4年生チームは市民大会で準優勝した。社会人チームは、全国社会人サッカー選手権大会に出場した。会員数は、1年から6年まで120名に上っている。小学校区加茂在住の樽本好美さんは、女子サッカー1級審判員の資格を史上最年少の21歳で取得した。好美さんの父直紀さんは姫路市立琴丘高校教諭でサッカー部顧問を務めていたが、難病を患って審判から遠ざかったことから、父の代わりになりたいと少年サッカーのコーチをしながら、審判員資格を取得している。

家庭婦人9人制バレーボール部会は、年間11大会に参加し、毎週金曜と日曜日に練習を行っている。剣道部会は土曜と日曜の夕方に体育館で活動し、約40名の小中学生が6名の指導者のもと、充実した練習を行っている。

クラブ会費は、年会費として大人2000円、中学生以下100円で、「技術力向上コース」の部会に所属すれば、部会費として大人1000円、中学生以下500円を徴収している。バドミントンだけは、1回参加ごとにシャトル代を200〜300円徴収している。また、部活動補助金として、クラブの予算から大人1700円、中学生以下1200円を各部会へ財政補助している。

*2　ニュースポーツ——わが国では比較的目新しいスポーツで、1980年代の後半から、文部省による生涯スポーツの振興とともに、手軽にプレイやゲームが楽しめるスポーツとして広がった。ニュースポーツは、海外からの 輸入型、新規に開発した 開発型、既存のスポーツの 改良型 の3タイプに類型化される。

利用団体の総合化と多目的クラブ

　2003年の6月に県教委地域スポーツ活動室の主催で、「スポーツクラブ21ひょうご」啓発セミナーが姫路市で開催された。これは、地域スポーツクラブの設立をサポートするために、すでに設立されているモデルクラブの代表者が集まり、成功事例を紹介し、参加者の質問に答え、クラブ設立を啓発するというねらいがあった。そのときのモデルクラブが、NPO法人加古川総合スポーツクラブ、多聞台わくわくスポーツクラブ、そしてスポーツクラブ21津田であった。筆者がコーディネーターを務めたが、その際、スポーツクラブ21津田の副理事長の居相直さんに会った。

　スポーツクラブのヒアリング調査のために、県内各地を訪問してきたが、カーナビ付きの新車により、訪問クラブを探すのが随分楽になった。当日はあいにくの雨模様だったが、居相さんに体育館の2階にあるコミュニティルームに案内された。和室はエアコンが効いており、学校開放事業によるコミュニティルームであるという説明を聞いてようやく納得できた。

　コミュニティルームには、居相さんのほかに、常任理事でレクリエーション部長の土井駿三さん、会計の関仲博さん、広報部長の木村義則さんからお話を聞くことができた。和室にはクラブ内の各部会が大会で活躍したトロフィーや賞状が並んでいる。座って膝を突き合わせることにより、リラックスした雰囲気でヒアリングが進んだ。

　スポーツクラブ21津田の特徴は、次の3点にある。第1点は、設立時に津田小学校を基盤に活動しているすべての単一種目クラブを統合して設立したことである。「スポーツクラブ21ひょうご」事業は、2000年から始まったが、姫路市でのクラブ設立第1号は、2002（平成14）年11月であった。遅れた理由は前述したように、姫路市のスポーツ振興事業として「生活体育」と「学校施設開放」の2つの事業が定着していたからである。兵庫県内でクラブ設立が遅れている市町は、これまで独自の地域スポーツ事業を進めていたところが少なくない。これまでの事業との兼ね合いをどうするのか、という市町独自のビジョンの構築や新たなマスタープランづくり手間取ったことがその原因である。

　スポーツクラブ21津田の場合は、リーダーの居相さんが前姫路市体育指導委員であり、設立時において、施設管理指導員であったことから、小学校を利用している団体のリーダーとの関係があった。「とにかく、すべての利用団体をまとめてクラブ設立を図りたい」という思いと、リーダーたちの声かけにより、困難な単一種目の統合化を成功させている。会費の徴収において、クラブ会費のほかに部会費を徴収し、さらに各部へは財政補助をするというアイデアにより、総合型クラブのメリットをつくった。

　第2点は、スポーツ実施の目的やレベルにより、さまざまな目的をもつ人たちの活動欲求を満足させていることにある。既存する単一種目クラブの統合だけでは、新しい会員獲得は難しい。しかし、健康増進や競技体験を目的とする「一般コース」を開設したことにより、"楽しみ志向"のスポーツ愛好者が集まった。そこでは、世代間交流やレベルの異なる愛好者が集まった。会員同士で指導が行われたり、これまでにないスポーツ参加の楽しさと広がりがみられる。また、単一種目クラブでしか活動してこなかった会員が、新たなスポーツを体験したり、総合型クラブの複数スポーツ体験という、クラブの魅力づくりに成功している。

　姫路市はバドミントンも盛んだが、クラブ内には、バドミントンの「初心者教室部会」「小学生親子教室部会」「中学生部会」、そして「中級・上級部会」の4つものレベル別部会がある。居相さん

はバドミントンの指導者でもあり、レベル別部会というアイデアが生きている。

第3点は、日常の活動だけでなく、多様なイベントを開催していることにある。「体験デー」「バドミントンクラブ内交流大会」「クラブ設立記念大会」「ニュースポーツ大会」「会長杯争奪グラウンド・ゴルフおよびターゲットバードゴルフ大会」など、盛りだくさんのイベントが年間を通して開催されている。

図3-14 定期的に開催される「体験デー」

兵庫県内の地域スポーツクラブの活動をみると、日常的な練習会だけの活動や、楽しみ志向の活動だけというクラブは、活動が停滞し、徐々に会員数が減少しているところが少なくない。イベント開催により、クラブの知名度を高め、クラブ内大会を開催することにより、会員の技術向上意欲を高め、ひいてはクラブの魅力づくりに成功しているといえよう。

学会開催の波及効果

2年前のクラブ設立時のクラブ会員数は300名だったが、現在は500名に増えている。その要因は上述した3点にあるが、小学校区内の全世帯に配布されているチラシには、「地域住民のスポーツコミュニケーション広場です」「会員になれば、どこの種目も自由に行き来できます！」というコピー（スローガン）も効いているだろう。クラブのリーダーの皆さんから課題を聞くと、「高齢者や少女を対象にした活動を広げること」と「夜間照明施設が欲しい」とのこと。体育館とグラウンドは、クラブの各部会の活動で満杯である。夜間照明があれば、もっと会員数や活動内容を増やせるという意欲がみられる。

ヒアリング調査において、嬉しかったことがひとつあった。それは、「キンボールやターゲットバードゴルフといったニュースポーツはどこで仕入れたんですか？」と尋ねると、「2年前の日本生涯スポーツ学会神戸大会です」とのこと。組織委員長を務めた著者は、同学会を成功させるために、2つの作戦を考えた。ひとつは、「スポーツクラブ21ひょうご」事業で設立されたクラブのポスター展示をすること。もうひとつは、兵庫県生涯スポーツ連合が一堂に会し、体験型デモンストレーションを行う「兵庫県生涯スポーツ県民ふれあい大会」とジョイントすることであった。居相さんたちは、学会に参加しクラブ運営を学んだだけでなく、新しいスポーツ団体との接点も生まれ、早速クラブに導入したという。学会大会の開催のねらいが間違っていなかったことを確認でき、ヒアリング調査の帰りは楽しいドライブとなった。

図3-15 日本生涯スポーツ学会神戸大会でのポスター

篠山市──スポーツクラブ21城南

民間のスポーツクラブとも提携し
魅力あるクラブづくり

スポーツ・ツーリストの誕生

　スポーツ参加の形態が多様化している。日常的にグループやスクール・教室でスポーツをする人だけでなく、クラブやサークルに所属しないで、個人でウォーキングに出かけたり、自宅でエクササイズを楽しむ人も増えている。

　さらに近年、注目されているのが"スポーツ・ツーリスト"の増加とそのインパクトである。スポーツ・ツーリストとは、「スポーツイベントやスポーツプログラムへの参加や観戦を目的に、観光行動をする旅行者」を意味している。居住地以外で開催されるスポーツイベントに参加したり、贔屓の選手やチームの応援のために、他都府県や海外にまで出かけるスポーツ観戦者は確実に増えている。

　海外では、1990年代に入ってから"スポーツ・ツーリズム"の研究が盛んになり、カナダやヨーロッパにおいて国際会議やセミナーが開かれるようになっている。2002年釜山アジア大会においても、アジア太平洋観光学会と韓国観光レジャー学会の主催で、「アジアにおけるスポーツ・ツーリズム」国際シンポジウムが開催され、筆者を含め、中国、韓国、日本、オーストラリアからのパネリストがアジア・太平洋地域におけるスポーツ・ツーリズムの可能性を議論した。

　スポーツ・ツーリストは旅行目的によって、3つのタイプに分類できる。第1のタイプは、各種のスポーツイベントに選手や愛好者として参加することを目的にした「イベント参加者」である。このタイプはさらに競技志向の強いアスリートと、楽しみ・交流志向の強い愛好者の2つに分かれる。競技志向が強いのは、各種マスターズ大会やトライアスロン、シニア参加者が多いゲートボールやテニスなどである。楽しみ・交流志向が強いのは、ウォーキングや市民マラソンなどである。

　第2のタイプは、FIFAワールドカップやプロスポーツのイベントに、観客として参加することを目的にした「イベント観客」である。2002FIFAワールドカップには、海外からのサポーターが来日しただけでなく、国内観戦チケットが手に入らなかった日本人ファンは、韓国を訪ねて観戦し、韓国人サポーターとも交流している。

　第3のタイプは、旅行中に愛好するスポーツ活動を実施する「スポーツ愛好者」である。海洋リゾートや山岳リゾートにおいては、滞在客に対して、手軽で魅力のあるスポーツプログラムを提供できることが集客の鍵になっている。世界的な観光ブームの中で、スポーツ・ツーリストによる経済波及効果や、スポーツ・ツーリストを集客することによる地域活性化の影響が注目されている。

スポーツ振興による地域活性化

　これまで、地域におけるスポーツの振興は社会体育事業の一環として、住民の健康増進やクオリティ・オブ・ライフ[*1]（生活の質：QOL）の向上のために実施されてきた。しかし最近では、「スポーツによって元気なまちづくりを進めよう」という意欲をもった市町村が増えている。

　この背景には、自由時間の増加や平均寿命の伸びに伴い、スポーツや健康づくりに対する関心が高まっているという現状がある。また、プロ・アマを問わず、地元にスポーツ球団の本拠地を置いたりスポーツイベントを誘致することが、地域のイメージアップにつながる、という期待がある。宮崎県は、スポーツ・キャンプの誘致を中心にして、スポーツ・ツーリズムの振興に力を注いでいる。2000年に宮崎県内では、698団体がスポーツ・キャンプ（合宿）を行い、延べ9万671人の選手が滞在している。また、プロ野球球団4チームとJリーグ13チームが宮崎県内でキャンプをし、50万人のファンがプロ選手のキャンプをみるために集まっている（宮崎県教育委員会調査、2001）。

　図3-16は、スポーツ振興による地域活性化への影響を表している。スポーツ振興の内容は、ハードウェアとソフトウェア、そしてヒューマンウェアの3つの側面に分類できる。ハードウェアは、スポーツ施設（公共施設・学校施設・民間施設）、機器（用具・器具・AV機器）、組織（政府・NGO・民間）、クラブ（地域・企業・学校・民間）があげられる。ソフトウェアには、スポーツ教室・スクール、イベント、プログラム、そしてスポーツ情報（テレビ・ラジオ・新聞・インターネット・雑誌・書籍など）が含まれる。ヒューマンウェアは、指導者（専門職・有給・ボランティア）、リーダー（団体役員・クラブリーダー）、ボランティア（イベントボランティア・クラブ団体ボランティア）、スポーツジャーナリストなどの人的資源を指している。

　スポーツ振興による地域活性化への影響は、社会的効果、経済的効果、個人的効果の3つの効果が期待される。社会的効果としては、都市化や情報化により崩壊したコミュニティの再生、スポーツの発展に伴う新たな地域文化やスポーツ文化の創造、そしてスポーツ団体やスポーツイベントの開催による人材育成、さらに社会体験が不足している青少年に対する、スポーツクラブでの社会体験や異年齢集団とのかかわりによる青少年育成があげられる。

　経済的効果としては、スポーツイベント開催に伴うスポーツ・ツーリストの集客による観光産業へのインパクト、スポーツ施設の建設に伴う直接経済効果、運動・スポーツの規則的実施者の増加による医療費の削減があげられる。個人的効果としては、QOLの向上、健康増進、そしてスポーツ実施

スポーツ振興			地域活性化	
ハードウェア	施　　設 機　　器 組　　織 クラブ	▶	社 会 的 効 果	コミュニティの再生 地域文化の創造 人材育成・青少年育成
ソフトウェア	教　　室 イベント プログラム 情　　報		経 済 的 効 果	観光産業へのインパクト 医療費の削減 施設建設に伴う直接効果
ヒューマンウェア	指 導 者 リーダー ボランティア など		個 人 的 効 果	QOLの向上 健康増進 自己実現、生きがいの発見

（山口、2003）

図3-16　スポーツ振興による地域活性化への影響

に伴う自己実現や生きがいの発見などがあげられる。

＊1　クオリティ・オブ・ライフ──人間としてより充実した生活を送るために、その生活の質や人生の質を重視し、肉体的、精神的、社会的に良好な状態を保つ、あるいは向上を目指す考え方。生活水準の向上に伴い、人々が量よりも質を求めるようになってきたことによって、近年問われるようになってきた。WHOが生存率や寿命に代わる概念として提唱してから、とくに高齢者福祉や精神医療、終末医療などの医療分野で重視されている。社会学では、人生や生活の満足感と関係していると考えられている。

スポーツ・ツーリストが集まる篠山市

　篠山市は兵庫県の中東部に位置し、1999年4月、多紀郡の篠山町、丹南町、西紀町、今田町の4町が合併し誕生した。財源の優遇措置などを盛り込んだ合併特例法の期限が2005年3月に迫っていたことから、全国で市町村合併の議論が進んでいたが、篠山市は合併先進地である。政府はさらに合併を促進させるために、5年間の時限立法である「新合併特例法」を制定した。旧法に比べ、合併市町村への財政支援を縮小する一方、知事の権限を強化したのが特徴だ。多紀郡は、江戸時代には篠山藩として1つの生活圏を持ち、過去には5回の合併協議が行われており、第1回協議は1958年に始まっている。人口は4万7800人で、緑豊かな山々に囲まれた地域である。

　「丹波ささやま」といえば、"デカンショ祭り"で有名である。毎年8月のお盆の週末は、市内の各地でパレード、音楽ステージ、露天街、フリーマーケット、屋台村、花火、小学生クイズ大会など、多様な催しが開かれるが、もちろん中心はデカンショ踊りの競演会である。「踊り連」がその年度ナンバーワンを目指し、一般とジュニアの部に分かれ、元気に踊る。

　篠山市のホームページの観光情報一覧を開くと、「篠山ABCマラソン大会完走者記録」が掲載されている。また、ホームページのイベント情報にも、「早春の丹波路を走ろう！　篠山ABCマラソン」の情報が載っている。

　篠山ABCマラソンは、1980年に第1回大会が開催され、この年の参加者は1053人であった。以後、年々参加者数が伸び、第9回大会の1991年には1万3009人にも膨れ上がった。その後、成熟期を経て、現在では8000人を超すランナーが参加している。

　市民マラソン大会のランナーは、筆者らの調査では年間3〜4回くらいのイベントに参加する傾向がある。単独での参加者もいるが、たいていは家族や友人・仲間と参加することが多い。その結果、付き添い者を含め、前日からの宿泊者も多く、地元にとって大きな観光収入となる。篠山は猪鍋や丹波地鶏、丹波黒豆などが有名で、ランナーや付き添い者にとって、グルメという大きな魅力がある。

　また、市民マラソン大会にとって、大きな集客要因のひとつはマスメディアの支援である。民放局の冠イベントにもなっていることから、大会の1週間後に放映される特集番組に、ランニング姿が映るかもしれないという期待も強い。

　篠山市では、1989年から「全国車イスマラソン大会」も開催しており、今年で18回目を迎える。第13回大会優勝の花岡選手は、1時間27分8秒という日本最高記録をマークしている。これは健常者のマラソン記録よりはるかに速い。

　さらに、11月初めには兵庫県高等学校駅伝競走大会の男子・女子のレースが開催されている。このように兵庫県内では、篠山市は「駅伝・市民マラソンのメッカ」としても知られている。そして市民マラソンや車イスマラソン大会の運営は、多くの市民ボランティアの協力によって支えられている。

第3章　スポーツクラブによる地域の変容

地区の体育振興会を拠点に多様な活動を展開

　「スポーツクラブ21ひょうご」事業は、2000年度からスタートしたが、篠山市の創設第1号は「スポーツクラブ21西紀南」だった。補助金によりクラブハウスが小学校内の敷地に新築され、23人の運営委員により多様な活動が展開されている。

　「スポーツクラブ21城南」は、2002年7月に設立された新しいクラブである。設立総会の日には、会員の親睦のために、「設立親睦グラウンド・ゴルフ大会」が開催された。

　クラブハウスは、コミュニティ城南会館に隣接する城南小学校の敷地内に建てられている。城南小学校のすぐ横に地域のコミュニティセンターが建てられていて、境界線がない。お祭りの朝でも、土曜日の午前中が練習日であることから、少年野球が練習していた。監督の他にも3人のお父さんコーチが、ピッチングマシンを使って指導している。監督さんの話によると、「最近は上位には残れないが、野球好き少年が多く、野球を続けてくれることを念頭において指導している」とのこと。

　クラブハウスには、クラブ役員として会長の戸出さん、副会長の酒井さん、常任委員の西山さん、そして会計担当の小林さんが待っていてくださった。篠山では地域組織がしっかりしている。小学校区内には集落ごとに自治会があり、自治会長会によってコミュニティセンターが運営されている。また、各地区には「体育振興会」があり、体育委員が体育祭や地域スポーツイベントを運営している。クラブ役員のみなさんは、体育振興会の代表やコミュニティセンターの館長、また自治会長を務めておられる。体育振興会の行事は無料、スポーツクラブは有料会員制ということで、新規参加者を増やすために、スポーツクラブ21と体育振興会の共催事業として、月に1回、会員だけでなく、他団体や会員外を対象にして「ふれあいデー」として手軽に参加できる種目のイベントを開催している。

　表3-9はクラブ会員のタイプと会員数を示している。小学生が76人いるが、城南小学校児童207人の37％を占めている。中高生は少ないが、成人（20～50歳代）170人、高齢者98人とバランスはとれている。

　クラブハウスは、既存施設を改築したものである。教室くらいの広さにカーペットが敷かれ、ロッカーやテーブル、イスなどが置かれている。ここでは、体操教室や囲碁ボールといったニュースポーツも行われている。囲碁ボールとは、スティックとボールを使い、囲碁のゲームを行うもので、近隣の柏原町で開発された新しいスポーツである（図3-18）。

　補助金はクラブハウスの整備やパソコン、コピー機、用具購入などに充てられている。隣接するコ

図3-17　クラブ役員のみなさん

表3-9　会員のタイプと会員数

タイプ	男性	女性	合計
小学生以下	42人	34人	76人
中　高　生	6人	5人	11人
成　　　人	79人	91人	170人
高　齢　者	54人	44人	98人
合　　　計	181人	174人	355人

表3-10　活動種目

少年野球　ファミリーバドミントン　ソフトボール
ホッケー　少女ソフトボール　キンボール　囲碁ボール
ウォーキング　ソフトバレー・ドッチ　3B体操
ペタンク　グラウンド・ゴルフ

図 3-18　囲碁ボール　　　　　　　　　　図 3-19　ペタンク大会

ミュニティ城南会館の一室がクラブの事務室として使用されている。パソコンやコピー機などの事務機器が置かれ、会員管理や印刷物がここで作成される。クラブハウスは会議や軽スポーツの場として使用されており、会員がスポーツの前後に寛ぐことのできる交流機能をつくることが課題だろう。

表 3-10 は、活動種目を示している。子どもたちに人気があるのは、少年野球といった既存スポーツだけでなく、ファミリーバドミントンやキンボールである。キンボールはカナダで生まれたスポーツで、1 チーム 4 人で、3 チームがコートに入りゲームを行う。チームメンバーの配置（ポジション）と協力が求められるゲームで、子どもから大学生などの若者に人気が高い。

ユニークなのは、市内の民間フィットネスクラブと提携していることだ。「スポーツクラブ 21 城南」の会員証を提示すれば、入会金が無料、土曜・日曜の「家族遊泳」（有料）が利用できたり、ジュニア向けの短期教室に民間クラブの会員価格で参加できる。

衰退期に入った篠山 ABC マラソン

スポーツクラブ 21 城南は、地域の体育振興会や民間クラブと連携しながら、魅力あるクラブづくりに取り組んでいる。現在の会費は年間 1500 円で、5 年間の補助金が終了すると、クラブ運営が困難になることが予測される。それゆえ受益者負担の意識を浸透させ、会費の値上げや広告収入、事業収入をあげる努力が求められる。

市民マラソン大会の参加者数は、「導入期―成長期―成熟期―飽和期―衰退期」（その後、消滅か再延長）という過程をたどる。この「プログラム・ライフサイクル（PLC）」[*2]からみると、篠山 ABC マラソンは衰退期に入っており、リニューアル（プログラム内容の更新や工夫）が必要な時期にきている。マンネリを解消し、新しい魅力や付加価値をつけるアイデアが必要である。豊かな自然、魅力ある郷土料理や食材があることから、スポーツ・ツーリストを集客する観光資源には恵まれている。また、市民マラソンだけでなく、サッカーやテニス大会でも市外からも参加者を集めており、スポーツ観光都市へ成長する可能性をもっている。現在、育成が進んでいる地域スポーツクラブが「するスポーツ」だけでなく、スポーツイベントをいかに支え、連携できるかという視点も求められるだろう。

*2　プログラム・ライフサイクル——提供するプログラム・サービスの現状を把握し、分析する方法。プログラムが導入されてから現在まで、参加者にどの程度、支持されているかを明確にでき、プログラムの将来予測が可能で、各段階に応じた対策を検討できる。一般的には、「導入期―成長期―成熟期―飽和期―衰退期」という段階をたどるが、飽和期から、リニューアルによって再延長することもある。

播磨町──NPO法人スポーツクラブ21はりま

団体会員も含め5600名の会員を誇るNPO法人

子どもが危ない

　少子化の影響が深刻になってきた。わが国の女性における平均（合計特殊）出生率は1.29（2004年）で、総人口は2005年から減少に転じた。少子化は人口減少だけでなく、経済を支える労働力人口の減少や社会保障負担の増加による実質給与の減少につながる。スポーツ少年団の団員数は1986年の99万人をピークに減少がはじまり、2000年には79万人と20万人も減っている。

　子ども自身のからだと生きる力にも今、大きな危機が迫っている。「学校保健統計調査」によれば、1970年から2000年にかけての30年間に、男女とも肥満傾向児（身長別平均体重の120％以上の体重の者）の割合は年々増加しており、とくに男子では各年齢層ともにおよそ2倍から3倍に増加している。子どもの体力低下はさらに深刻である。文部科学省が1964年から行っている「体力・運動能力調査[*1]」によると、1985年頃から現在まで、約20年間にわたって低下傾向が続いている。たとえば、13歳女子の持久走（1000m）は、1985年を最高に、2000年では25秒以上遅くなっている。

　また、運動する子としない子の「二極化」が顕著になっている。"スポーツ熱中少年"と屋内遊び中心の"運動不足少年"が、はっきり分かれる傾向が明らかである。また、週2回以上、「活動的な身体活動」を行った11歳のわが国の子どもたちは男子37％、女子27％でしかなく、欧米におけるWHO調査の最低水準よりさらに低い割合を示している（笹川スポーツ財団調査、2002年）。

　総合型地域スポーツクラブは、「多種目・多世代型」という理念をもつが、その中心は何より21世紀を担う子どもであるべきである。ここでは、まちぐるみで総合型地域スポーツクラブの育成に取り組んでいる「スポーツクラブ21はりま」を紹介したい。

＊1　体力・運動能力調査──1964年から、文部科学省が国民の体力・運動能力の現状を明らかにし、体育・スポーツの指導と行政上の基礎資料を得るために実施してきた調査。6歳から79歳までの年代で、走跳投の基礎能力や筋力、全身持久力、柔軟性などを測定する。子どもの体力は長期低落傾向にあるが、中高年層では体力向上がみられる。高齢化の進展とスポーツ科学の進歩により、1999年に全面的に内容が見直され、現在実施されているものは「新体力テスト」と呼ばれている。

スポーツクラブによる子どもの育成

　「スポーツクラブ21ひょうご」政策は、法人県民税の超過課税（108億円）を財源としたCSR

（文化・スポーツ・レクリエーション）事業の一環で、2000年から始まった。これは県内の小学校区すべてに、1校区あたり1300万円の補助金（基金方式）を支援し、総合型地域スポーツクラブの設立を援助しようとするものである。クラブハウス整備費として800万円、また、クラブ運営費用として100万円を5年間、合計1300万円が1小学校区のクラブ育成にあてられる。

「スポーツクラブ21ひょうご」は、地域に住む人々が一緒になって、スポーツを通じた子どもたちの健やかな人間的成長を目指すとともに、地域住民の健康増進を図っていくことをねらいにしている。その特色は、以下の4点にある。

①子どもから高齢者まで、地域の誰もが気軽に参加し、世代間交流ができる「多世代型」。
②競技的なスポーツだけでなく、親子体操やニュースポーツなど楽しみ志向のスポーツも選択することができ、さまざまな種目を楽しむことのできる「多種目型」。
③基本的な活動エリアは「小学校区」とし、小学校体育施設など身近な場所でスポーツができる。
④会費を徴収し、会員の「自主運営」によるスポーツクラブ。

CSR事業は、1万人以上の従業員をもつ県内の事業所から、法人県民税の超過課税（0.8％）を行い、文化・スポーツ・レクリエーション事業にあてるという目的税である。多くの都道府県・自治体が同様の超過課税を行っているが、その使途は福祉領域で、文化・スポーツ・レクリエーション領域は兵庫県だけである。これまでに、フラワーセンター、文化体育館、ピッコロシアター、オートキャンプ場、但馬ドームなどの先進的で、市町施設と競合しない施設建設が進められてきた。

CSR事業によって総合型クラブを育成することになったのは、地域スポーツクラブの意義が評価されたからである。それは、①学校週5日制への対応、②さまざまなスポーツニーズへの対応、③地域住民の健康増進、④2006年兵庫国体への参加、⑤子どもたちの人間的成長の5点である。とくに、「子どもたちの人間的成長」が決定要因になっている。というのは9年前に、神戸児童連続殺傷事件が起こり、子どもが危ないことが強く認識されたからで、今、地域スポーツクラブの会員の自主運営による教育力が期待されている。

平均年齢40歳の播磨町

播磨町は、神戸市から西へ約30kmの位置にあり、明石市、加古川市に隣接している。町の面積は9km^{2}と兵庫県で最も小さく、その3割が人工島である。人工島には製造業を中心に約60社が操業している。人口は3万4269人（2006年3月）で県内の町としては最も人口が多く、平均年齢は40歳と若い町である。

住民憲章は5項目からなっている。
1. 花と緑を育て、うるおいのあるまちをつくります。
2. たがいに尊敬しあい、ふれあいの輪を広げます。
3. 働く喜びを味わい、明るい家庭をきずきます。
4. スポーツに親しみ、健康なからだにきたえます。
5. 学びを深め、豊かな文化を育てます。

全町クラブのモデル

「スポーツクラブ21はりま」は、「スポーツクラブ21ひょうご」事業の初年度に設立されたクラ

ブのひとつである。2000年6月に推進委員会が設立され、事務局の設置、指導者・協力者の発掘、計画書の作成などを行い、同年10月には運営委員会を設立した後で、設立総会を開催した。

「スポーツクラブ21はりま」の理念は、「世代間を超え、いつでも、どこでも、誰もができるスポーツ活動を通じ、健康づくり、コミュニティづくり、健やかな人づくりを目指し、明るくこころ豊かなまちづくりを進める」ことであり、①青少年の健全育成、②健康の増進・体力の向上、③豊かなコミュニティづくりの3点がクラブの目的とされている。クラブのスローガンは、「やろう！　見よう！　育てよう！　スポーツタウンはりま」である。

「スポーツクラブ21はりま」の組織の特徴は、播磨町体育協会が「スポーツクラブ21はりま」の中に位置づけられていることである。日本体育協会が全国の都道府県および市町村の体育協会（1849協会）に対して実施した調査（1999年）の中で、「地域体育協会が総合型地域スポーツクラブの支援団体（受け皿組織、加盟、登録先）になることの賛否」を尋ねたところ、「賛成」は48.4％と半数しかなかった。反対理由としては、「体協は競技スポーツを主体に目指すべき」、「単一種目のクラブが主体で、総合型には戸惑いがある」などが理由としてあげられている。しかし、実際は、「新しい総合型クラブ（新勢力）に対する不安」や「総合型クラブの意義がよくわからない」というところが本音だろう。

兵庫県内の総合型クラブをみても、市町体協が全面的に協力し一体化しているところはみられない。総合型クラブには「指導者が不足している」が、市町体協との関係・連携づくりは、まだまだこれからのところがほとんどである。播磨町では、町体協をあげて、総合型クラブに入会した結果、種目数と会員数は兵庫県下で最大になった。

「スポーツクラブ21はりま」は、次の5つの部門から組織されている。
1. 体験活動部
　①初心者向け各種目別スポーツ教室などの開催
　②地域住民・学校・企業・コミュニティーセンター・自治会の軽スポーツ導入と定着の支援
　③種目別体験活動日の設定と拡充
2. イベント活動部
　①ふれあい町民運動会の開催
　②健康福祉フェアへの協賛事業
　③ふれあいスポーツ大会の開催
3. 種目活動部
　①各種目別大会の開催・支援
　②各種目活動の支援・充実を図る
　③各種サークル団体の組織づくりの支援
　④町体育協会組織との協力・連携強化を図る
4. 広報・研修部
　①スポーツ施設事業プログラムの作成・配布
　②クラブ広報誌の編集・発行
　③ホームページの作成・更新（http://www8.ocn.ne.jp/~sports21/）
5. 健康管理部
　①健康度チェックの継続的実施
　②講演会・講習会の実施

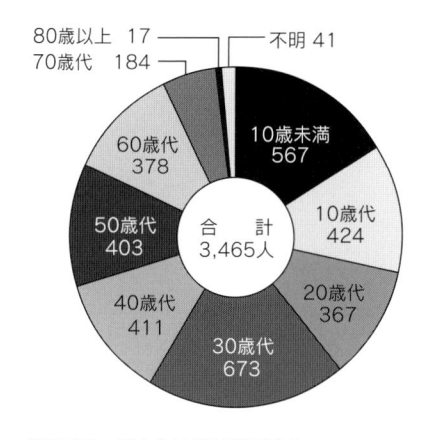

図3-20　個人会員の年代別構成

③体操・ウォーキングの普及と定着
④健康づくりと健康管理の普及指導員の育成

また、185名の有資格指導者が、「スポーツクラブ21はりま」リーダーバンクに登録され、各種目の指導やサポートを行っている。

図3-20は、スポーツクラブ21はりまの年代別の会員数を示している。年齢構成は、10歳未満567名、10歳代424名、20歳代367名、30歳代673名、40歳代411名、50歳代403名、60歳代378名、70歳代184名、80歳以上17名、不明41名、合計3465名である。最も多いのは30歳代で、全体の2割を占めている。個人会員に加え、団体会員の登録制度もあり、会員の総計は約5600名に上っている。

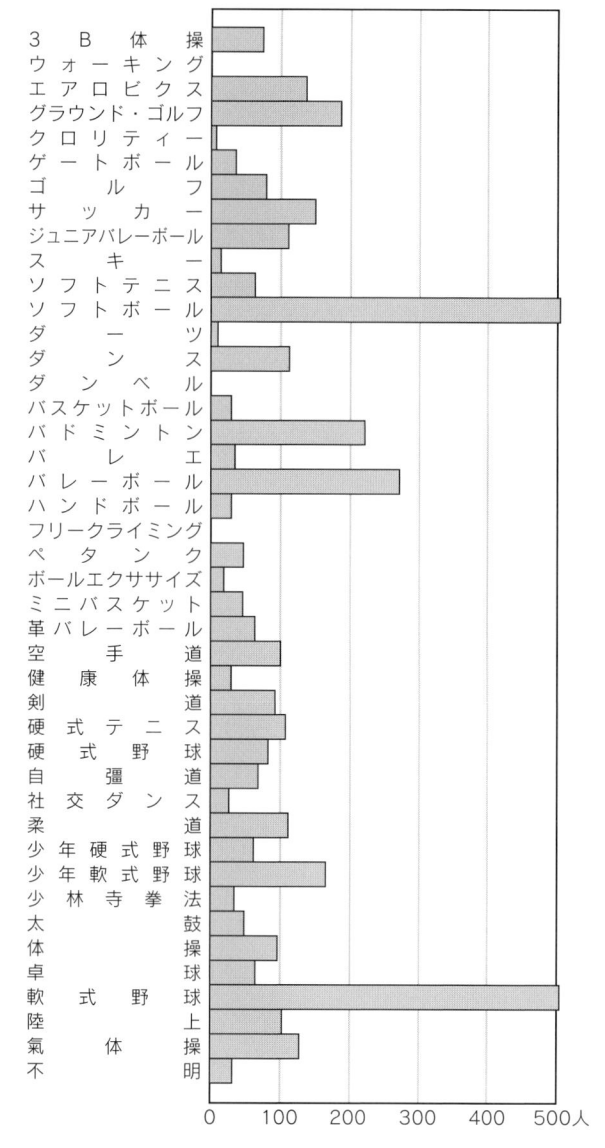

図3-21　種目別の人数

会費は、入会費が1000円で、個人会費は年間2000円、中学生以下は半額の年間1000円である。団体会費は、10名以上の団体は年間1人あたり600円となっている。スポーツ安全保険は、原則として各自別途加入となっている。また、種目別サークルに所属している人は、別途会費を払っている。

年間の主要行事は、下記のとおりである。
1．小中学生のための土曜いきいきスポーツ教室
2．初心者および27種目の無料体験教室
3．20あまりの競技種目によるスポーツ大会
4．健康度（体力測定）
5．健康福祉フェア協賛事業
6．指導者講習会の企画

図3-22　はりまシーサイドドーム

7. 健康づくり講演会
8. 広報誌・会報・ホームページ
9. 地域（4つのコミュニティーセンター区）ごとの運動会
10. サークルごとの練習会・活動

　2003年5月28日には、全国一斉のスポーツイベントである「チャレンジデー」[*2]に初参加した。このイベントは、カナダで始まった「住民の運動・スポーツ参加率の都市対抗戦」で、15分以上、軽い運動やスポーツを実施すれば、参加者としてカウントされ、自治体の全人口の中での参加者数が参加率になる。播磨町は、京都府向日市、大阪府四条畷市との巴戦を行った。このチャレンジデーの中心がスポーツクラブ21はりまで、当日はさまざまな大会や教室などが開催された。
　県内で唯一、チャレンジデーに参加した播磨町は、初挑戦で参加率71.8％と対戦相手の四条畷市、向日市に大差をつけ圧勝した。運営には、同クラブメンバーを中心とする約100人のボランティアスタッフが活躍した。事務局長の北武外司さんは、「日常生活の中に運動やスポーツを取り入れるきっかけにし、地域や年代を超えた交流を深めることができた」と語った。
　2004年もチャレンジデーに参加し、対戦相手は石川県松任市であった。この日も体操、野球、大縄跳び、ウォーキング、昼休みのストレッチ体操や健康体操、そしてグラウンド・ゴルフ大会、キックベースボールなどを開催した。2006年開催の「のじぎく兵庫国体」のマスコットである"はばタン"の着ぐるみも登場し、大いに盛り上がった。2年目の参加率は78.7％に上昇し、松任市に勝利しただけでなく、2年連続で金賞を受賞した。負けた自治体は、市役所の前に、播磨町の町旗を1週間掲揚した。
　2003年6月28日には、新設された「はりまシーサイドドーム」において、「ふるさとボールパークで遊ぼう！」というイベントが開かれた。これは、オリックス・ブルーウェーブ（当時）のバルボン校長と選手による親子ティーボール教室、そしてマスコットである「ネッピー、リプシーと遊ぼう！」といったプログラムで構成されている。その後、「お父さんのための子育て講座」として、高校駅伝で有名な西脇工業高校の渡辺光二先生の講演があった。誰でも親子で参加できたが、一般参加者は1人200円、クラブ会員は1人100円と、会員のメリットが出されている。
　子どもたちに多様なスポーツ経験の場を提供するために、2002年度から"ミニバスケット"と"ニュースポーツメドレー"の2教室で始まった「子どもいきいきスポーツ教室」は、2003年度に

図3-23　キッズスイミング教室　　　　　　　　　　図3-24　クラブハウスのある播磨町総合体育館

は、陸上競技、ペタンク、Jr. ゴルフ、テニス、卓球、ゲートボール、ソフトバレーボール、キンボール、ダーツ、サッカー、ミニバスケットボールの11教室になった。2004年度には、新たにボウリング、クロリティ、グラウンド・ゴルフ、柔道、ファミリー拳法（少林寺拳法）、琉球空手、極真空手、体力測定、クォーターテニス、ウォーキングが加わった。

　「子どもいきいきスポーツ教室」は、少ない教室で2回、多い教室で5回開かれる。会費はほとんどが300円に抑えられている。もちろんクラブ会員は差別化され200円になっている。この教室は、3つの効果をあげている。第1点は、その趣旨である多様なスポーツ種目を子どもたちが体験できることだ。スポーツ少年・スポーツ少女のほとんどは、野球やサッカー、バレーボールなどの単一種目の試合と練習に明け暮れている。しかし、子どもたちは、他の種目もやってみたいと考えている。少年団に入り、市町の大会や県大会で上位を目指すという目標が掲げられると、残念ながら新たな種目の経験は不可能になってしまう。さらに、この教室は年間5期に分けて開催されていることから、"シーズン制スポーツ"が可能になる。北米では、子どもスポーツからプロスポーツまで、年間2〜3シーズン制が導入されている。「子どもいきいきスポーツ教室」は、子どもたちがみごとにシーズン制スポーツを楽しむことを可能にした。

　第2点は、新たな会員獲得の機会になったことだ。5期ごとに参加者募集のちらしが、町内の全小学生に配布される。ふだん運動嫌いの子どもにも、手軽にニュースポーツや楽しそうなプログラムを提示し、やってみたいという気にさせている。1人で複数種目を申し込むことも可能であり、スポーツ好きの子どもたちはさらに多種目にチャレンジできる。2004年度においては、5期の参加者合計は、1252名にも上った。そして、新たな子ども会員が増えた。

　第3点は、子どもたちだけでなく保護者に対して、スポーツの「受益者負担意識」を啓発していることだ。「子どもいきいきスポーツ教室」のチラシには、種目と日時、場所、参加資格、主管団体の他に、参加費が記されている。参加費はほとんどが200円か300円、500円、和太鼓だけは1000円である。もちろん会員は100円か200円安く設定されている。子どもと保護者は、種目と会費をみて自然に「スポーツには低価格だけどお金がかかる」というコスト意識が自然に身につくようになっている。

　播磨町は2004年4月から、町内すべての体育・スポーツ施設の利用受付の窓口を「スポーツクラブ21はりま」に一本化した。利用を受け付けた施設は、町総合体育館や町内4ヶ所の野球場、秋ヶ池運動場、はりまシーサードドームのほか、小・中学校の体育館、グラウンドである。町内の体

育・スポーツ施設は年間を通じて利用が高まり、慢性的な満杯状態であった。そこで、スポーツクラブとしての活動場所を確保するためにも、空き状況の素早い把握や効率的な運営が求められていた。これまでは、総合体育館や町教委で個別に受け付けていたが、希望施設が使えない場合も、その場で他施設の空き状況がわかるなど、サークル間の調整が可能になり、より多くの町民が施設を利用できるようになった。

> *2　チャレンジデー──5月の最終水曜日に、世界中で実施されている住民参加型のスポーツイベント。人口規模のほぼ同じ自治体同士で、午前9時から午後9時までの間に、15分以上継続して運動・スポーツをした「住民の参加率」で競う。1983年にカナダで始まり、TAFISA（国際スポーツ・フォー・オール協会）のリーダーシップにより、世界に広がった。2005年、日本では77の自治体・地域が参加した。

「スポーツタウンはりま」に向けて

「スポーツクラブ21はりま」は、「一町一クラブ方式」を採っており、町内の5小学校区のどのクラブに入会しても、「スポーツクラブ21はりま」の会員と認められる。スポーツクラブ連合型ということができるが、今後の課題は、「スポーツクラブ21はりま」会員であるというアイデンティティの確立であろう。そのためには、多様なクラブ行事の開催や、会員がクラブ運営に関わることが求められる。チャレンジデーの開催により、会員がボランティアで準備や運営にかかわったことは、クラブ員である誇りを身につける機会になった。

播磨町はスポーツクラブ事業初年度の2000年度には、町予算を156万円投入している。町として、総合型クラブを支援していこうという姿勢が明確である。2005年11月には、兵庫県からNPO法人として認証を受けた。クラブ事務局は、町総合体育館の入り口すぐの右側に置かれた。かつては、町の体育館事務局が置かれていた場所だ。そこでは、事務局長の北さんのほかに、合計7名のパートスタッフ（交代勤務）が常駐し、5600名に上るクラブ員のマネジメントを担っている。

また、教育委員会の生涯学習課には、西尾さん、上里さん、西野さんの3名の社会教育主事（スポーツ他担当）を配置している。播磨町には、高齢者を含めスポーツ好きの町民が多く、「やろう！　見よう！　育てよう！　スポーツタウンはりま」というスローガンを実現できるスポーツタウンのモデルになってほしいと期待している。

第4章

ユニークな
プログラムを展開する
地域スポーツクラブ

- スポーツクラブ21佐治
- スポーツクラブ21日高
- スポーツクラブ21くましろ
- スポーツクラブ21さかい
- スポーツクラブ21かわなべ
- 中竹スマイル
- スポーツネットワークUS

青垣町（現丹波市青垣町）──スポーツクラブ21佐治

しっかりした組織と堅実な運営が支える小規模クラブ

青垣町のまちおこし

　農村部では、少子・高齢化の影響や若者の都市への流出により、過疎化が進んでいる。しかし、農村部においても、さまざまな住民活動により、まちおこしに成功している町村も少なくない。

　兵庫県氷上郡青垣町（現丹波市青垣町）は、東経135度、子午線上の兵庫県東北部に位置し、田園風景のなかに約7400人の町民が暮らしている。青垣町は、氷上郡の柏原町、氷上町、春日町、山南町、市島町の6町のなかで、最も人口が少ない。65歳以上の高齢者比率（高齢化率）は、28％に上っており、過疎化が進んでいる。しかし、青垣町は"青垣もみじの里マラソン""丹波布伝承館""アマゴ養殖""ワインの醸造""いきものふれあいの里"や"スカイスポーツの振興"など、官民がそれぞれの立場からまちおこしに取り組んでいる、住民活動が活発な町として知られている。

　青垣町神楽地区には、都市住民の移住を促し、交流を通じて地域の活性化につなげることを目的にした「神楽の郷」という住民組織が設立されている。移住情報を発信したり、交流イベントなどを企画し、過疎化が進む地域で、地域住民と都市からの移住者が力を合わせて、新しい地域づくりに取り組んでいる。農村環境を活かした自然環境体験・農作業体験・農作物販売・農村レストラン・農家民宿などの交流イベントを企画し、ともすれば閉鎖的で単調といわれる農山村の雰囲気を大きく変え、外部からの文化の風を積極的に受け入れて、進取の気風で独自の地域づくりを進めている（丹波新聞、2003年9月14日）。

　こういった進取のまちづくりの契機となったのは、もちろんキーパーソンの存在である。青垣町観光協会会長を10年間務め、現在は丹波ひかみ観光連盟会長を務める中尾勝さんである。中尾さんが会長に就任したとき、町観光協会は役場内にあり、活動は停滞し、有名無実化していたという。民間活力で観光振興を図る必要があると訴え、事務局を町商工会に移した。その結果、さまざまなまちおこしのアイデアや企画が地域の住民力で展開されていった。中尾さんは、2003年に、社団法人日本観光協会関西支部から観光振興の功労賞を授与された。

　ここでは、過疎のまちながら、スポーツ振興によりまちづくりを進めている氷上郡青垣町の「スポーツクラブ21佐治」を紹介したい。

スカイスポーツの町

　関西では、青垣町は「スカイスポーツの町」として知られている。初級者から上級者まで、レベルに合ったパラグライダーのフライト基地があり、スクールも開かれている。フライトスポットは、上級者向けの岩屋山、中級者向けのゆり山スカイパーク、初級者向けのグリーンパーク青垣の3ヶ所である。岩屋山からは、琵琶湖のほとりまでの81kmという、クロカン記録も残っている。パイロットライセンスを取得したビジターは、1500円の年間登録料を払えば、1日2000円で大空でのフライトが可能で、兵庫県内だけでなく、大阪や京都から来ている愛好者も多い。最近は、インストラクターと2人で飛ぶ「タンデムフライト」の人気が高い。

　こういった新しいスポーツの発展には、その道のエキスパートが欠かせない。3つのフライト基地には、それぞれスクールが開設されており、ベテランのアウトドアの達人が校長を務めている。筆者はいろいろなスポーツをシーズンに応じて楽しむが、残念ながら高所恐怖症である。オーストラリアのゴールドコーストで、クルーザーに引っ張られる"パラセーリング"を経験したことがある。海の上だと、泳ぎは得意なことから不思議と安心感があり、快適だった。青垣町の町中から大空に舞うパラグライダーを下から見上げると、自由に空を飛び回れるのが本当に羨ましい。

　青垣町には、町営の立派な総合運動公園「グリーンベル青垣」が整備されている。広大な敷地には多目的グラウンド、テニスコート4面、屋根付広場、屋内温水プール、トレーニングルームなどがある。温水プールは1回大人520円、テニスコート1時間520円と、都会では考えられない低価格である。パラグライダーは強風のときは飛ぶことが困難で、自然任せという側面がある。強風で飛べないときは、グリーンベル青垣で、スイミングやマシントレーニング、テニスなどのスポーツをすることが可能である。また、会議室や和室もあり、講習会や会議にも使用されている。

　丹波少年自然の家には、ログキャビンやキャンプ場、ファイアー場、体育館やグラウンドなどがあり、兵庫県内の全中学2年生が5泊6日で利用する自然学校や、子ども会や青少年団体のキャンプに利用されている。少年自然の家は、団体利用だけでなく、家族利用も可能になっており、小鳥の鳴き声で目を覚ますことのできる豊かな自然が売り物だ。プログラムは、オリエンテーリング、ウォークラリー、アマゴのつかみ取り、サイクリング、登山、天体観測、クラフト、芋掘りなど多彩だ。

　「いきものふれあいの里」は、約30haの恵まれた自然のなかに、ビジターセンターや自然観察路、観察小屋や展望台などが整備されている。ビジターセンターでは、青垣町の自然や野生動物の生態を、立体クラフトや標本、ビデオ上映などを通して紹介している。また、水生昆虫展やバードウォッチング、きのこ教室など、年間30回の企画が開催されており、子どもたちの人気が高い。

　丹波布は、天然染料で染色し、手紡ぎ、手織りと一貫した手作業で仕上げたもので、国無形文化財でもあり県伝統工芸品でもある。古来より明治末期まで愛用されてきた綿つむぎ織で、美しい縞柄が多くの人に愛された。「丹波布伝承館」では、機織り場、糸つむぎ場、草木染の染色場などを設け、伝習生を育成し、展示コーナーや体験コーナーを設けている。

　青垣町のもうひとつのセールスポイントは、「兵庫・青垣もみじの里ハーフマラソン大会」である。1978年に始まったこの大会も、第1回大会は、5kmと10kmの町内大会で、参加者はわずか607名であった。その後、「親子ファミリー」や「中学生5km」や「ジョギング」を加え、第9回大会では参加者が2042名に伸びた。第10回には、「ハーフマラソン」を導入し、2003年の第26回大会には2814名が参加した。

第4章　ユニークなプログラムを展開する地域スポーツクラブ

賞品は多彩である。各種目1位はもちろん、町長賞は「北からの遠来者」、町議会議長賞は「南からの遠来者」、「最高齢参加者」なども用意されている。完走者が抽選で当たる「ラッキー賞」は、「青垣コシヒカリ」「青垣町特産品セット」「温水プール券」、そしてハーフ部門の完走者の中から、「ハワイホノルルマラソン」ツアー招待券があたる。

筆者は同大会をまだ見ていないが、参加した友人によれば、「参加賞のお弁当がおいしく、地元のおいしい食材が安く手に入る」とのこと。この友人は、初参加以来、自然が豊かでゆったりとした雰囲気にひかれリピーター[*1]になっている。

こういった市民マラソン大会は、全国各地で開催されている。しかし、大会が競合することやイベント運営の未成熟さから、参加者数が減少し、廃止に追い込まれる大会も少なくない。大会運営においては、いかにリピーターを確保するかが重要である。リピーター率が低いと、新規参加者数は4～5年で頭打ちになり、

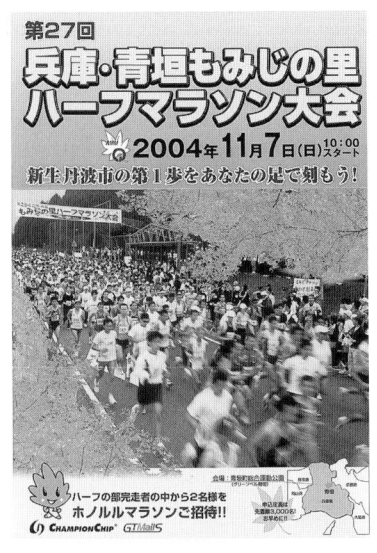

図4-1　青垣もみじの里ハーフマラソン大会のチラシ

やがて参加者数は大幅に減少する。逆にリピーター率が8割を超すようだと、新規参加者が少なく常連だけになり、これも全体参加者数は減少に追い込まれる。

リピーターの確保においては、「参加者の満足度をいかに高めるか」、すなわち顧客満足度の向上が重要である。青垣もみじの里ハーフマラソン大会では、参加者の受付限度は3000名で、あと少しの余地がある。著者らの研究（山口、2000年）によれば、リピーター率には、「ボランティアとの交流」がひとつの重要な要因になっている。「走る」「歩く」という身体活動だけでなく、地域住民やボランティアとの交流が参加者の大会参加への満足度を高めている。それゆえ、コースの途中でさまざまな住民活動のグループが応援したり、完走後に、地域住民や参加者との交流を高めるような「アフタープログラム」[*2]の充実が期待される。プログラムには、参加者の名前だけでなく、ボランティアの名前も掲載したい。ボランティアは自分の名前を見つけることにより、自分の貢献を確認し、ボランティア活動においてもリピーターになることが期待できる。

青垣町周辺には、日帰りでの利用や宿泊もできる温泉が多い。温泉情報や温泉利用割引券を入れることが、大会の魅力を高めることに貢献するだろう。また、いかにして県外の宿泊参加者を増やすかのアイデアがほしい。そのためには、青垣町だけでなく、周辺の観光資源を調査し、広域的発想による協力体制づくりが重要であろう。

*1 リピーター——継続参加者のこと。スポーツイベントやテーマパークでは2回以上の参加者・来園者、スポーツ教室では継続的に参加している者を指す。スポーツイベントや教室の継続には、リピーターの確保が重要である。
*2 アフタープログラム——スポーツイベントやスポーツ教室などのプログラムの終了後、参加者や受講生のために用意されたプログラムのこと。市民マラソン大会やウォーキング大会のゴール後、ゴール会場において参加者の交流を高める目的や付き添い者のために、飲食の場や音楽・舞踊などのエンターテイメント、くじ引き、地元の名産品の販売などが用意されていることがある。

地域の活性化と青少年の健全育成

スポーツクラブ21佐治は、2002年6月に設立された。設立準備委員会は、前年の2001年に立

ち上がり、2002年4月から5月末まで「無料体験期間」を設けた。これは会員募集のために、定期的に行う種目の活動を無料開放したものである。総合型地域スポーツクラブでは、わが国では前例がない。これまでは、ひとつの種目で、20～30名ほどの愛好者が集まった「単一種目・同世代型クラブ」であった。それゆえ、「多種目、多世代、多志向、自主運営」という特徴をもつ新しいクラブの活動を体験してもらい、認知してもらうことが必要である。

会員募集の入会申込書には、「まっとんで～！」という文字が躍っている。クラブの目的は、「会員がさまざまなスポーツ活動を世代を超えて楽しみ、各自の健康・体力を保持増進するとともに、クラブ活動を通じて地域の活性化を図り、青少年の健全育成を図ることを目的にする」と明記されている。

スポーツクラブ21佐治のある佐治小学校区は、青垣町の役場や公民館がある中心地区で、商業地域でもある。小学校区には770世帯があるが、佐治小学校の全生徒は182名と少ない。4月には、1年生25名を迎え、「遠足・1年生を迎える会」が丹波少年自然の家で開かれている。

ユニークなのは、「縦割り班」である。全校生182名が20班に編成され、各班には1年生から6年生までの生徒が含まれ、9～10人で構成されている。最近の子どもたちは、同年齢集団でしか遊ばないことから始められたもので、毎週金曜日の縦割り班の日には、朝の「さじっ子タイム」に体育館で集会活動がある。昼には「縦割り班おべんとう会」があり、いつもとは違った雰囲気で班ごとに昼食を食べる。小学校区において、同学年だけでなく、異年齢のお兄さん、お姉さん、弟や妹ができることの成果が現れてきたという。

表4-1は、スポーツクラブ21佐治の運営理事会の構成を示している。会長がクラブ運営全般を担当し、副会長が2名（専門部・企画広報部への助言）、役員2名（専門部長、企画広報部長）、事務局3名、そして監査が2名という構成である。

表4-2は、種目別クラブと活動日および練習会場を示している。小学生が多いのはミニバスケットで、45名の小学生が小学校体育館で活動している。中学校体育館ではバスケットボール愛好者が週1回活動している。町民センターでは、エアロビクスとジャズダンスの活動が火曜日と木曜日の夜に行われている。

町民センターの体育館では、卓球とフットサルが木曜と土曜の夜に活動している。中心は中学生である。卓球は、中学校の部活動もやりながら、スポーツクラブの活動にも参加している。指導者は中学校の足立朋之先生で、卓球専門ではないが指導が上手く、生徒が集まってくる。

また、フットサルも中学生が主体である。というのは、中学校にはサッカー部がないからだ。地域にはユ

表4-1　クラブの運営理事会

会　長	クラブ運営全般
副会長	2名（専門部・企画広報部への助言）
役　員	2名（専門部長、企画広報部長）
事務局	3名（会計、入退会・保険等）
監　査	2名（予算・執行の審査）

表4-2　種目別クラブと練習会場

バスケット	一　　般	毎　週　木　曜	青垣中体育館
ミニバスケット	小　学　生	毎　週　水　曜	小学校体育館
エアロビクス	一　　般	毎　週　木　曜	町民センター
テニス	一　　般	毎　週　火　曜	グリーンベル青垣
ウォーキング＆健康体操	一　　般	毎　週　水　曜	町民センター
ジャズダンス	小学生以下	毎　週　火　曜	町民センター
	中学生・成人	毎　週　木　曜	町民センター
卓　球	中　学　生	毎　週　木　曜	町民センター
フライングディスク	子ども・成人	毎　週　日　曜	丹波少年自然の家
フットサル	中学生・成人	毎　週　土　曜	町民センター
ボクシング	一　　般	毎週金曜または土曜	青垣ボクシングジム

表4-3　年間行事一覧

会計監査	予算・執行の審査（5月）
総　会	事業・決算報告、事業計画・予算、役員改選、その他
交流イベント	千ヶ峰ハイキング
佐治まちづくりフェスタ	スポーツ広場の開催
交流イベント	スキー教室の開催
交流イベント	ボウリング大会、懇親会
役員会	随時

ースのサッカークラブも存在するが、体育館だと雨の日でも練習できることから、フットサルが好評である。フットサルには、佐治小学校区以外から参加している中学生もいる。中高生はほとんど部活動で活動することから、総合型クラブにおいては、中高生の占める割合が少ない。部活動にない種目を総合型クラブで取り入れることが、学校と地域との棲み分けにつながるだろう。

フライングディスクは、丹波少年自然の家が会場になっている。テニスは、町営のグリーンベル青垣、ボクシングは地元のボクシングジムにおいて活動している。

表4-3は、年間行事一覧を示している。交流イベントとして、千ヶ峰ハイキング、佐治まちづくりフェスタにおいてのスポーツ広場の開催、またスキー教室やボウリング大会も開催している。

図4-2 クラブ行事の千ヶ峰ハイキング

公募で会長を選任

スポーツクラブ21佐治のクラブハウスは、町民センターの中にあり、小学校や公民館からも近い。クラブハウスにおいて、スポーツクラブ21ひょうごの行政担当者である青垣町公民館の中尾大祐さん、会長の伊賀亮子さん、副会長の大田嘉久さんからクラブ運営に関するヒアリングを行った。クラブハウスは既存の建物を改造したもので、入口にはクラブの愛称である「佐治っ子クラブ」の横断幕が光っている。

佐治っ子クラブの特徴は、次の3点にまとめることができる。第1点は、役員のリーダーシップと人的ネットワークである。伊賀さんに会長になったきっかけを聞いたところ、「クラブ役員の募集があり、自分で応募したんです」とのこと。これまで、多くの総合型クラブの調査をしてきたが、公募で会長になったというのは聞いたことがない。伊賀さんは、兵庫県尼崎市で中学校の体育教師を勤められ、募集の3年前に青垣町にご主人と引っ越してきていた。ご主人が青垣町出身の「Iターン」組である。

中学校の体育教師をしながら、地域のスポーツにも関心があり、抜群のタイミングで役員公募とめぐり合ったという。青垣町には、「公募」の歴史がある。かつて町村合併で青垣町が生まれたときも、町名の公募を行った。908件の応募の中で、1票だけの「青垣」が採用されたのである。

いわばプロ指導者である伊賀さんは、地元の指導者をうまく発掘している。地元出身のプロボクサーだった入江潤さんがボクシングジムを開いていると聞くと、入江さんに「声かけ」をし、会員が活動できるよう交渉した。また、クラブの役員組織がスリムで機能的である。役割分担が明確で、当て職や名誉職は存在しない。その結果、クラブの運営はスムーズで、無駄がない。

第2点は、クラブの財務面がしっかりしていることだ。会費は、一般会員6000円、ジュニア会員（高校生以下）・シニア会員（60歳以上）3000円、そしてファミリー会員1万2000円である。ファミリー会員1万2000円というのは、兵庫県内のスポーツクラブ21では最高額である。しかし、これは年額であって、月額1000円と考えれば、4人家族なら決して高額とはいえない妥当な額だろう。会員募集要項には、「"スポーツクラブ21佐治"の活動は、会員が負担する会費によって運営されます。したがって、あなたが納める会費は、あなたが活動される種目だけでなく、クラブ全体を支

え、育てます」と強調することによって、「受益者負担」意識を育てている。

　また、地元のスポンサーをできるだけ多く集める努力を高く評価したい。「佐治っ子クラブ」の会報には、活動ニュースだけでなく、月間活動予定表が記されているが、「佐治っ子クラブを応援しています」とのタイトルの下には、地元の13団体の広告が掲載されている。ラーメン店、美容院、喫茶店、自動車代理店、コンビニ、和菓子店などから、「広告スポンサー」として、1団体年間6000円のスポンサー料を得ている。さらに、会員証を見せれば、「消費税分割引」や「自動車修理代20％割引」、「ポイント追加」、そして「50円割引券進呈」などの付加価値サービスを受けることができる。毎月の活動予定表は、コンビニやお好み焼屋など6店に掲示されている。

図4-3　町民センター内にあるクラブハウス（右端が伊賀会長、中央が大田副会長）

　ユニークなのは、会費の口座引き落としである。これは、地元の信用金庫を活用し、会計担当役員は、信用金庫勤務の会員があたっている。また、各種目の指導者には毎回謝金を出している。その額は、1回250円という低額で、1月1000円が多い。謝金というよりは、交通費の実費と考えたほうがいいだろう。しかし、「指導謝金」と呼ぶことにより、指導者の意識にも影響が出る。

　第3点は、小規模クラブながら、多彩な定期活動と年間行事を開催していることである。前述したように、学校部活にない種目（フットサル）や、郡部では機会の少ないエアロビクスやジャズダンスなどを開設している。また、クラブ行事として、バスでハイキング、ボウリング大会、そして日帰りスキーツアーも実施している。ボウリング大会の参加費は、会員2000円、会員外2500円と差別化することにより、会員であるメリットを強調している。

まちおこしの味

　「佐治っ子クラブ」（スポーツクラブ21佐治）は、郡部の小規模クラブながら、機能的な役員構成、リーダーシップ、マーケティング戦略を活用し、クラブの活動は充実している。

　ヒアリング調査の際、昼食に道の駅あおがき「おいでな青垣食堂」で、ヒット商品「おいでな定食」をいただいた。この食堂は、地域のお母さんたちが集まった村おこしグループが運営する農事組合法人である。打ちたてのそば、野菜てんぷら、手作りこんにゃく、炊き込みごはんなど、すべて青垣の新鮮な食材を使い、都会では味わえない美味しさだった。神戸への帰路には、もちろん自然のなかの天然温泉に立ち寄り、癒されたことを付け加えたい。

日高町（現豊岡市日高町）―― スポーツクラブ21日高

町と一体となったクラブ運営

2004年の明暗

　2004年は、記憶に残る年だった。猛暑におけるアテネ五輪では、深夜に「やったー」と何度も拳を握り叫んだ。日本チームは、金メダル16個、総メダル数37個と、総メダル数では史上最多という素晴らしい成績を収めた。

　国民の誰もが「みるスポーツ」に感動し、スポーツのもつ魅力と価値をあらためて知った。選手がトップレベルを維持するには、「根性と頑張り」だけではとうてい及ばない。コーチやトレーナー、栄養士などのスタッフ支援、企業やスポーツ振興基金、totoによる資金援助、競技団体や国立スポーツ科学センター[*1]（Japan Institute of Sports Sciences）による練習環境支援など、総合的な支援体制が不可欠である。

　アテネ五輪で注目すべきは、選手の家族や友人、そして地域住民、同僚たちが選手を「応援し、支えた」ことだ。応援する誰もが、選手と競技の場を共有した。

　もうひとつの明るいニュースは、イチローが大リーグにおける262安打という「シーズン最多安打」記録を更新したことである。80年ぶりという258本の最多安打記録の偉業を達成した瞬間は、みている我々も感動で身体が震えた。イチローは、日本では7年連続首位打者、年間210安打（歴代1位）等、数々の記録をつくり、大リーグへ挑戦した。そして、4シーズン連続200安打や日米通算2000安打という素晴らしい記録を打ち立てた。

　イチローは「天才バッター」といわれることを嫌う。イチローがブルーウェーブ在籍中のある日、筆者はわが家から車で10分の距離にあるサブグラウンドで練習を観察した。合同練習の後、グラウンドに最後まで残ったのはイチローだった。外野でひとりダッシュを繰り返した後、トレーナーとメディシンボールでウエイトトレーニングに汗を流す。最後に芝生に寝て、トレーナーからマッサージを受ける頃は、真っ暗であった。

　スポーツ界で明るいニュースが続いたあと、秋には異常気象ともいえる自然災害が日本を襲った。10月23日には、震度7の新潟中越地震が発生し、9万8000人が避難生活を余儀なくされた。死者は40人に上り、自動車生活者の3割においてエコノミークラス症候群が見つかった。下肢の運動不足と水分摂取の少なさに起因する血栓が原因だ。

　新潟中越地震の3日前、10月20日未明に襲来した台風23号は、日本列島を縦断し各地に大きな被害をもたらした。全国で90人、兵庫県内だけで21人の死者・行方不明者を出した。豊岡市や

出石町は、円山川と出石川の決壊により、泥の海と化した。台風23号の被害により、多くの秋のスポーツイベントが中止や延期に追い込まれた。

ここでは、台風23号による住宅の浸水が1000軒以上にも上り、復旧作業を続けながらも、町をあげて地域スポーツクラブの育成に取り組んでいる「スポーツクラブ21日高」を取り上げたい。

* 1 国立スポーツ科学センター——わが国の国際競技力の向上を目的に、2001年に設立されたスポーツ医・科学、情報の中枢機関。スポーツ科学研究部、スポーツ医学研究部、スポーツ情報研究部、運営部の4部で構成され、さまざまな事業に取り組んでいる。

スポーツ・レクリエーションリゾート日高町

日高町（現豊岡市日高町）は、兵庫県の北部、但馬地域のほぼ中央に位置し、人口は約1万8000人である。西側には氷ノ山後山那岐山国定公園、東側には円山川が流れ、その流域に良好な農地である国府平野が広がっている。

日高町には火山によって形づくられた神鍋高原があり、周囲は1000m級の山々に囲まれ、自然に恵まれたリゾート地である。神鍋高原は西日本でも有数のスキー場で、名色、万場、奥神鍋など5つのスキー場がある。著者が小学生のとき、初めてスキーをしたのが神鍋高原で、民宿で初めて食べたカニすきの味が忘れられない。ウインタースポーツだけでなく、テニス、ゴルフ、パラグライダー、オートキャンプ場、温泉など、兵庫県におけるスポーツ・レクリエーションリゾートである。四季を通じて、年間91万人が日高町を訪れる。

スポーツ・レクリエーションリゾートにおいて、集客の重要なポイントのひとつは、「イベントの開催と常に新しい何かを発信すること」にある。日高町の主な年間行事をみると、1月は宵田十日えびす、奥神鍋スキー場花火大会、3月はスキー感謝祭、4月は十戸温泉清水まつり（虹ます川釣り大会）、松岡の御柱祭、神鍋山山焼き、ひだかフラワーフェスティバル、清流溶岩祭り、5月はひだかオープンガーデンショー、但馬国際運動会、6月はほたるの夕べ、神鍋高原新緑ウォーク、7月は日高夏祭り、8月は神鍋火山まつり、神鍋高原マラソン全国大会、鶴岡の八朔祭り（子ども相撲）、9月には町制50周年ひだかまつり、10月は秋祭り、ひだか福祉祭り、11月は神鍋高原ツーデーマーチ、かんなべカニまつり、阿瀬渓谷紅葉まつり、日高の自然俳句短歌祭などが開催されている。

「スポーツクラブ21ひょうご」は、法人県民税の超過課税を財源としたCSR（文化・スポーツ・レクリエーション）事業である。日高町には、1998年にCSR事業により建設された但馬ドームがある。但馬ドームは、野球、サッカー、テニス、陸上競技、ゲートボールなどのスポーツ、そして音楽イベントや展示会、ショーなどに利用できる開閉式多目的ドームである。

ドーム内にはグラウンドに加え、インラインスケートパーク、トレーニング室、レストラン、ジャグジー、会議室、また、ドーム敷地内には、芝生グラウンドや環境発見遊具、緑の広場、ジョギングコースなどが設置されている。年間行事をみると、全日本身体障害

図4-4 開閉式の多目的ドーム「但馬ドーム」

者野球選手権大会、但馬ドーム杯シニア野球大会などの定例行事のほか、全日本少年サッカー大会但馬地区予選、ジュニアユース選手権兵庫大会、神鍋ジュニアサッカーサマーカーニバルなど、少年サッカー大会の拠点になっている。

テニスクリニック、ソフトボールクリニック、インラインスケート教室、健康づくり教室などのスクールも開かれている。また、夏に開催される神鍋高原マラソン全国大会の拠点会場になっており、年間約28万人が但馬ドームを利用している。

日高町は、冒険家の植村直己のふるさとでもある。植村直己は、1941（昭和16）年日高町上郷に7人兄弟の末っ子として生まれた。19歳のとき、明治大学の山岳部への入部をきっかけに冒険の世界へ入った。その後、エベレストをはじめとする五大陸最高峰の登頂、犬ぞりによる北極点単独到達、北極圏1万2000km犬ぞり単独走破など、世界の冒険史上に残る数々の偉業を成し遂げた。

1984年2月12日、世界初のマッキンリー冬季単独登頂に成功し、翌13日の飛行機との交信を最後に消息を絶ち、帰らぬ人となってしまった。同年に国民栄誉賞、日高町名誉町民賞が贈られた。

今回のフィールドワークにおける楽しみのひとつは、「植村直己冒険館」を訪ねることだ。冒険館に入ると、クレバスのような長い通路は200mに及び、通路を軸に、映像ホール、展示室、体験コーナー、ライブラリー、展示ギャラリー、小ホールなどが置かれている。順路の最初は映像ホールで、植村直己の生い立ち、冒険行の記録、そして人柄がわかりやすく描かれていた。

驚いたのは展示されている内容である。冒険に使った装備品、犬ぞり、登頂した山頂の石、世界各地からふるさとへ綴った絵葉書、世界で集めた民芸品、愛読書など、価値ある品々が展示され興味深い。冒険館は町営で、植村直己記念スポーツ公園に置かれ、野球場、多目的グラウンド、テニスコート、ちびっこ広場など、町内のスポーツ愛好者のメッカになっている。

1996年には、「植村直己冒険賞」が創設された。2003年受賞者は、厳冬期のシベリアを自転車で単独横断した安東浩正さんだった。受賞者は、日高町文化会館において記念講演を行う。

地元の中学生は、安東さんの厳しい冒険行のようすをスライドの上映とともに聞き、ふだんの授業では味わえない感動を受けた。「植村直己冒険館だより」は、植村さんに関する情報だけでなく、受賞者や授賞式のようすを情報発信している。

将来を見越して全町クラブを選択

フィールドワークでは、植村直己冒険館を訪ねたあと、但馬ドームの仕名野利昭館長と日高町教育委員会の山田義明さんにヒアリングを行った。

スポーツクラブ21日高（以下、SC21日高と略す）の設立のきっかけは、2000年7月にさかのぼる。日高町には7小学校区があるが、町の社会教育課の担当者が各小学校区において「スポーツクラブ21ひょうご」の事業説明を行った。その後、「設立委員会」と「推進委員会」が結成された。推進委員会の構成は、町長や地区区長会長、商工会長などの各団体代表16名、SC21日高運営委員会代表8名である。

2000年12月には、町内第1号クラブの「スポーツクラブ21やしろ」、そして「スポーツクラブ21みかた」が設立された。2001年3月には、7クラブを統括する「スポーツクラブ21日高」運営委員会が結成された。運営委員長には、町体育協会会長でもある綿貫祥一さんが就任した。

この運営委員会において議論が進むうちに、7小学校区に7クラブを設立することになるが、「全町クラブ」が望ましいということになった。この議論は、将来の運営を見越した先見性に富んだもの

である。少子化が進み、郡部では小学校区のクラブだと児童数が減少し、クラブの維持が困難になる可能性が高い。クラブの子どもの数が減少すると、クラブの活動は停滞し、やがてクラブの消滅につながる。

図4-5は、SC21日高の組織図を示している。会員の募集は、全町民を対象にパンフレットが全戸に配布され、一括して行われる。会員は各地区クラブに所属するが、SC21の会員であるため、他の地区クラブの活動にも参加することができる。また、体育協会や体育指導委員会などのスポーツ団体による指導者支援を受けることができる。

会員は、個人会員と家族会員の2つがある。2000年度から2003年度までの会費は、個人会員年間1000円、家族会員年間2000円だった。2004（平成16）

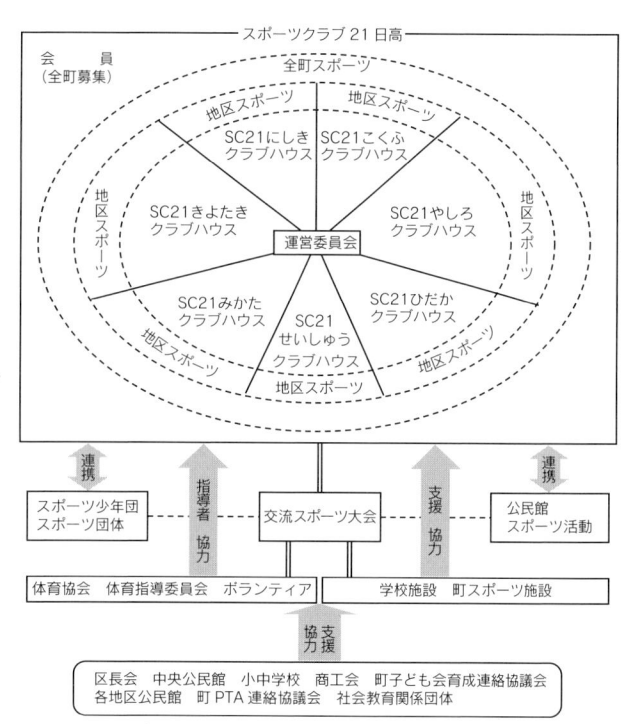

図4-5 クラブの組織図

年度からは、補助金終了後の運営を考慮し、個人会員3000円、家族会員6000円にした。会員は現在、約900名である。

表4-4は、種目別クラブと練習日程・会場を示している。SC21こくふでは、ソフトバレー、ピンポン、健康体操、バウンドテニス、軟式野球・ソフトボールとグラウンド・ゴルフが行われている。SC21やしろは、7クラブのなかでもっとも活発である。この地区にはスポーツ少年団がないことから、子どもたちはフットサルやさまざまな種目に参加している。SC21ひだかには、グラウンド・ゴルフ、ソフトバレー、卓球、SC21せいしゅうには、グラウンド・ゴルフとファミリーバドミントン、卓球がある。

SC21みかたは、サッカーやテニスなど6種目が開設されている。会場は小学校体育館だけでなく、植村直己スポーツ公園のグラウンド、テニスコートを使用している。SC21きよたきは、小学校体育館において剣道、ソフトバレー、バドミントン、そして地域の清滝会館で「楽しいピンポン」も活動している。SC21にしきは、小学校体育館でソフトバレーとバドミントンが活動している。

シニア中心のグラウンド・ゴルフは午前中の活動が多い。土曜日は、ジュニアスポーツや子どもたちのサッカーなどが中心である。全体的に、体育館やグラウンドの夜間照明を利用して、夜間のプログラムが多いのが特徴である。各クラブの運営は、体育指導委員が中心になり、各種目の代表が集まって行っている。

日高町では、秋季体育週間を設定し、地域のスポーツ活動を奨励している。2004年度は、各クラブにおけるスポーツ種目教室だけでなく、スポーツ指導者講習会「からだほぐし運動実技講習会」を開催した。

残念だったのは、2004年11月23日に計画されていた第1回「スポーツクラブ21日高」スポーツまつりが、台風23号の被害により中止されたことだ。このイベントは、全クラブ員と町民による初めての交流イベントで、各種目交流大会やニュースポーツ体験コーナー、うどん・そば打ち体験、

表4-4　種目別クラブと練習日程・会場

SC21こくふ	ソフトバレーボール ピンポン 健康体操 バウンドテニス 軟式野球・ソフトボール グラウンド・ゴルフ	第2・4土曜夜 第2・4金曜夜 第2・4金曜夜 第2・4土曜夜 第1・3土曜午後 毎週土曜午前	府中小体育館 府中小体育館 府中小体育館 府中小体育館 府中小グラウンド 国府ふれあい公園
SC21やしろ	卓球 バドミントン フットサル 健康体操 ジュニアスポーツ	第2・4金曜夜 水曜夜 第1・3木曜夜 第1・3木曜夜 第4土曜午前	八代小体育館 八代小体育館 八代小体育館 八代小体育館 八代小体育館
SC21ひだか	グラウンド・ゴルフ ソフトバレー 卓球	第1・3月曜夜 火曜夜 火曜夜	日高小グラウンド 日高町文化体育館 日高町体育館
SC21せいしゅう	グラウンド・ゴルフ ファミリーバドミントン 卓球	土曜午前 第1・3金曜夜 第1・3金曜夜	静修小グラウンド 静修小体育館 静修小体育館
SC21みかた	サッカー ナイターサッカー テニス ナイターテニス スポンジテニス ジョギング・ウォーキング	土曜午前 金曜夜 土曜午前 金曜夜 木曜夜 土曜午前	スポーツ公園グラウンド スポーツ公園グラウンド スポーツ公園テニスコート スポーツ公園テニスコート 三方小体育館 スポーツ公園
SC21きよたき	楽しいピンポン 剣道 ソフトバレー バドミントン	土曜夜 第2・4金曜夜 第1・3土曜夜 第1・3土曜午前 第2・5土曜夜	清滝会館 清滝小体育館 清滝小体育館 清滝小体育館 清滝小体育館
SC21にしき	ソフトバレー バドミントン	第1・3金曜夜 第2・4土曜午前	西気小体育館 西気小体育館

町内名人コーナー、お楽しみ抽選会などが企画されていた。

全町クラブのメリット

　SC21日高の特徴は、全町クラブであることと、地域の既存団体との連携が密接であることだ。全町クラブの中心は、運営委員会である。運営委員会の構成は、各地区SCから2～3名、体育指導委員12名、体育協会正副会長3名の計27名である。そして、事務局は教育委員会とスポーツクラブ事務員が担当している。運営委員会は、全町SCの企画、運営、スポーツ施設の調整、指導者の養成と確保、総会の開催などをしている。

　全町クラブによるメリットは大きい。毎月、クラブの会報「ジョイナス　JOIN US！～いっしょにやろう～」が発行され、活動カレンダーと活動時間・場所などの情報が掲載されている。会員は、町内のすべての活動と日程がわかり、興味ある活動に参加できる。また、町内のスポーツ施設の利用調整を行っている。

　地域スポーツの現場では、この利用者間の調整が難しい。体育館やグラウンドの学校施設開放では、決まった団体が決まった時間に利用することが権益化している。しかし、実際に体育館をのぞくと、広い体育館に6～7名しか活動していない。このようなケースでは、調整により2団体の合同練習にし、空いた時間に新しい種目を入れることが可能になる。すなわち、スポーツ施設の有効利用が推進される。

日高町にはサッカーなどの少年団もある。少年団で活動し、SC21日高で活動する子どもも多い。活動時間が調整されることから、両方での参加が可能である。

総合型クラブのなかに、少年団が入っているケースは少ない。多くの子どもたちは、少年団の1種目だけでなく、他の種目も経験したいと考えている。しかし、現実にはなかなか実現しない。スポーツ・パラダイスであるニュージーランドでは、スポーツ振興において、「チルドレン・ファースト」[*2]が定着している。子どもたちのニーズを優先し、まず子どもたちのスポーツ活動をサポートしている。

図4-6　ニュースポーツ大会

SC21日高は、町体協との連携が密接である。各クラブの指導者の多くは、町体協から派遣され、指導者不足を補っている。指導謝金は、1回1000円に設定されている。1000円というのは、交通費を考えるとほとんどボランティアである。しかし、一応謝金を受け取っていることから、指導者としての自覚と責任をもつことになる。クラブの運営にとっても、適切な出費といえよう。

日高町には、スキー場のある神鍋高原に温泉がある。最近、会員証を見せれば、利用料が3割引という特典を打ち出した。スポーツをした後、温泉に浸かりゆったりすれば、疲労回復も図れる。

*2　チルドレン・ファースト——ニュージーランドのスポーツ振興において、最も重要なターゲット・グループ（重点集団）は子どもたちであるという理念のこと。子どもたちの健全育成においては、スポーツが重要な役割をもっているとの認識に立ち、地域スポーツの振興におけるスローガンになっている。

マスタープランづくり

日高町は、2005年4月、豊岡市と合併した。現在の組織を維持し、将来の変化への対応が必要になってくる。また、運営委員会を主体にした事務局体制の確立が課題である。

行政主導から、会員・運営委員会主導へのシフトが求められる。しかし、これまでの行政支援は機能しており、今後も行政によるクラブ支援が必要であろう。新しい「豊岡市」は、豊岡市、城崎郡日高町・城崎町・竹野町、出石郡出石町・但東町の1市5町により、9万9000人の人口をもつようになった。これからの新市のスポーツ・マスタープランづくりが重要である。そのためには、スポーツ振興審議会の設置がまず必要である。

神鍋高原を中心とした但馬地域は豊かな自然に恵まれたスポーツ・レクリエーションリゾートである。かつては、年間入り込み客は100万人を超えていた。しかし、スキー客の減少により、現在では年間91万人になっている。夏季の利用客は、少年サッカーやスポーツ合宿により増えている。豊かな資源をさらに活かすために、今後は市町や行政の管轄、民間団体、施設を横断した、広域的なネットワークとビジョンづくりが求められる。

| 三原町（現南あわじ市三原町）――スポーツクラブ21 くましろ |

学校の施設を活用し
教員とも協力してイベントを開催

スポーツ環境の地域格差

　スポーツ環境の地域格差が広がっている。「生涯スポーツ都市宣言」をしている島根県・出雲市では、木造ドームで世界一の高さを誇る"出雲ドーム"が、雨や雪が多く、風が強いという山陰地方特有の気候の中で、さまざまなスポーツの場として人気を集めている。公共の温水プールを持たない地方自治体も少なくないが、「ウエルネス都市宣言」をしている兵庫県加古川市は、加古川ウエルネスパークと加古川スポーツ交流館の2ヶ所の温水プールがあり、市民の健康づくりの拠点として賑わっている。

　スポーツ施設やスポーツ環境の地域格差が広がっているものの、その違いを住民はあまり気づいていない。スポーツ振興予算に関しても、大きな地域格差がある。第3章で紹介した「自治体スポーツ環境調査」（山口、2000年）によれば、年間スポーツ関係予算が1億円以下の市が40％であるのに対して、7億円以上の市が約12％存在する。また、スポーツ担当の社会教育主事や派遣社会教育主事を置いている市は3分の1（34％）しかなく、残りの3分の2（66％）は配置していない。

　地域におけるスポーツ環境の違いは、市町村長や知事といった首長によるところが大きい。首長がスポーツの意義や社会的機能を理解し、重視するか否かは、スポーツ政策へ大きな影響をもたらすことになる。スポーツに理解を示す首長は学生時代において、スポーツとよい出会いをし、部活動やサークルにおいて、よい指導者や仲間に恵まれていたことが多い。それゆえ、われわれは首長選挙においても、スポーツ政策をどのように進めるのかにもっと注視する必要があるだろう。

　もうひとつ、地域のスポーツ環境に影響を及ぼしているのは、スポーツや健康に関する自治体宣言[*1]の有無である。著者らの調査（文部省科学研究費、1996年）では、全国で351市町村がスポーツ・健康都市宣言を行っており、当時の全市町村のなかで10.7％に上っていた。どういった自治体宣言をするかは、やはり首長の政策に影響される。兵庫県が進めている「スポーツクラブ21ひょうご」政策は、「地域において、子どもたちをスポーツクラブで育てること」に対して、前貝原兵庫県知事が大きな期待をかけたからに他ならない。

　*1　自治体宣言――地方自治体が議会での議決によって、市町村の特徴を示す宣言をすること。スポーツ都市や生涯スポーツ都市、健康づくり都市、スキーの町、駅伝の町など、さまざまなスポーツ・健康都市宣言が発表されている。

淡路島の魅力

　淡路島は592km²の面積をもち、シンガポールとほぼ同じ広さである。温暖な気候や豊かな自然に恵まれ、農業や畜産業、また海面漁業や海面養殖業においても、大きな収穫がある。昭和60年代には、総合保養地域整備法*2（リゾート法）を受け、「淡路島リゾート構想」で島中が沸いた時期があった。高級ホテルを中心に長期滞在型のリゾートをつくるという、国民のレジャーライフからかけ離れた幻想に振り回された自治体も少なくない。バブル経済の崩壊とともに、多くのリゾート構想が破綻し、大企業が構想から撤退したことにより、淡路島リゾート構想も見直しに追い込まれた。

　その後、同構想は「淡路公園島構想」へと引き継がれ、現在に至っている。1998年の明石海峡大橋の開通により、関西からのアクセスが改善され、淡路島の持つ豊かな自然やグルメ料理、そして観光資源に対して、新たなスポットライトが当たるようになっている。

　三原郡三原町（現南あわじ市三原町）はそのひとつで、淡路島の中南部に位置し、人口1万6724人（2003年4月）の農業の盛んなまちである。島の中にあって海に面していない内陸の町で、年平均気温が15度という温暖なところに、田園風景が広がっている。特産品は、やわらかく甘いたまねぎ、野菜、淡路島牛乳、清酒・都美人、そして淡路ビーフなどがある。神戸ビーフや松阪牛の子牛は、淡路島がそのルーツであることはあまり知られていない。

　また、淡路島は「古事記」や「日本書紀」にも記されている国生み神話の「おのころ島」が存在し、歴史・文化的遺跡も多い。三原町は淡路人形浄瑠璃の発祥の地でもあり、8月の「三原町人形まつり」や11月の「文化芸能祭」などの祭りが開催されている。三原町で驚くのが、祭りの多さである。5月は「三原町春まつり」に町内の"だんじり"が勢ぞろいし、9月の「農業まつり」、10月の「ふれあいカーニバル」と、町内のさまざまな文化サークルや青少年の"ハレ舞台"が用意されている。

　スポーツ・レクリエーション施設も充実している。"健康広場"には体育館とグラウンド、"ゆづるは憩いの広場"には体育館とテニスコート、中央公民館ではトレーニング室に加え、スポーツ教室が開設され、"サンプール"という温水プールではスイミングスクールも開設されている。サイクリング協会の補助で建設された「三原町サイクリングターミナル」には、体育館やテニスコート、屋外トリム施設やレンタサイクルが宿泊施設とともに用意されている。

　淡路島のもうひとつの魅力は、島内1市10町（現在は3市）のほとんどに、立ち寄り温泉施設があることだ。三原町にも、「さんゆ〜館」があり、水着着用のバーデゾーンと裸湯ゾーンが600円で利用でき、町民や観光客の人気を集めている。筆者は、淡路文化会館での仕事や趣味のテニス大会に出場するため淡路島へ行くことが多いが、その後の温泉とグルメがその誘因になっている。

*2　総合保養地域整備法──1987年、滞在しながら行うスポーツ・レクリエーション・教養文化活動のための総合的な整備をするための、民間事業者の活用に重点をおいたリゾート整備の法律で、通称「リゾート法」と呼ばれる。都道府県が基本構想を作成し、指定された特定地域は国土面積の17%にも上ったが、バブル経済が崩壊し、多くの民間企業が撤退し、実際に開発されたのは一部である。

スポーツ好きの区長が設立に名乗り

　スポーツクラブ21くましろは、神代小学校区に2001年3月に設立された。きっかけは、2000年9月に三原町スポーツクラブ推進委員会（各種団体代表で構成）が設立され、2000年度に町内の2校区に設立することが決定されたことにある。当時の神代小学校区長の鳥井俊広さんがスポーツや

表 4-5　クラブの役員組織

本部役員	会長（1名）、副会長（2名）、会計（1名）、幹事（3名）、事務局長（1名）
理事会役員	区長会長、老人会長、婦人会長、公民館長、教育委員、社会教育推進委員、小学校長、体育指導委員、男子保体委員長、女子保体委員長、小学校PTA会長、保育園保護者会会長、子ども会会長
専門部役員	ソフトバレーの部、バドミントンの部

お祭り好きで、「よっしゃ、うちでやってみる」ということで、手を挙げたことによる。2001年1月に神代小学校区の「地域スポーツクラブ支援事業神代地区発起人会」が開催され、さらに公民館運営推進委員の中から企画推進委員が選出された。そのとき、婦人会会長をしていたのが木田薫さん、保体委員長だったのが奥野隆史さんで、2人が企画推進委員の中心になり、その後クラブの役員に就任した。現在、木田さんはクラブの事務局長、そして奥野さんがクラブの会長となってクラブ運営を引っ張っている。

　表4-5は、スポーツクラブ21くましろの役員組織を示している。本部役員は、会長、副会長、会計、幹事、事務局長から構成されている。理事会役員は、小学校区の区長会長、老人会長、婦人会長、公民館長、教育委員、社会教育推進委員、小学校長、体育指導委員、男子保体委員長、女子保体委員長、小学校PTA会長、保育園保護者会会長、子ども会会長といった各種団体の代表である。専門部役員は、ソフトバレーの部、バドミントンの部の各部長・副部長が就任している。

　表4-6は、スポーツクラブ21くましろの活動を示している。主催事業としては、「くましろスポーツの広場」としてソフトバレーの部（月2回）とバドミントンの部（月2回）を開催している。学校週5日制が始まったのをきっかけに、親子を対象にした「くましろげんキッズくらぶ」を第2・第4土曜日に開いている。「くましろボウリング大会」は年2回行い、「くましろふれあいキャンプ」を7月に実施している。「くましろグラウンド・ゴルフ大会」を、老人会の協力で11月に開催し、広報「スポーツクラブ21くましろ通信　いちばん元気」も発行している。

　スポーツクラブ21くましろの活動方針は下記のとおりである。
①日常生活のなかで自発的にスポーツを楽しむ。
②各自の健康・体力を保持増進する。
③相互の親睦を図り、地域社会の連帯と明るく豊かな生活の実現に貢献する。

　スポーツクラブ21くましろでは、とくに子どもたちをスポーツを通して育てることに力を注いでおり、次のような目標を立てている。
①地域ぐるみの子育てと青少年の健全育成を図る。
②子どもたちにルールを守る大切さや社会のルールやマナーを体得させる。

図4-7　左から会長の奥野さん、事務局長の木田さん、校長の中谷先生

表4-6　活動内容

■主催事業

くましろスポーツの広場　　ソフトバレーの部	月2回
バドミントンの部	月2回
くましろげんキッズくらぶ（親子対象）	第2・4土曜日
みんなおいでよ！　あそびの広場（昔の遊びの体験教室）	
くましろボウリング大会	年2回
くましろふれあいキャンプ	7月
くましろグラウンド・ゴルフ大会	11月
広報「スポーツクラブ21くましろ通信　いちばん元気」発行	

■支援事業

神代地区住民体育大会	10月
スポーツ用具貸し出し事業	随時

やわらかい発想によるクラブマネジメント

　スポーツクラブの活動を調べるために明石海峡大橋を愛車で渡り、神代小学校を訪ねた。木田さんに電話で取材場所をたずねると、職員室を訪ねてくださいとのこと。会長の奥野さんと事務局長の木田さんに、校長室でお話を伺った。

　スポーツクラブ21くましろの特徴としては、3点を挙げることができる。ひとつは、木田さんの「リーダーシップによる活動の広がり」である。木田さんは、子どもの頃はスポーツが苦手で身体が弱く、体育会系というよりは、芸術系の女の子だった。お隣の洲本市から三原町に嫁いでくると、近所の人たちからバレーボールに誘われた。三原町は「スポーツ王国三原町」といわれ、陸上競技やバレーボール、野球やサッカー、バスケットボールなどが非常に盛んで、また、競技レベルも高い。当時は婦人会だけでなく、隣保（近隣の住民による互助組合）対抗のバレーボール大会もあり、まちぐるみの地域スポーツ活動へ、自然と溶け込んでいったという。

　木田さんはスポーツクラブ事務局長だけでなく、人形劇団「わややん」代表、町社会教育委員、PTA役員、絵本の読み聞かせ、老人ホームのレクリエーション指導者、元親子劇場役員、元婦人会長など、地域における活動範囲が広い。そして、町内だけでなく島内、県内に多くの知人・友人がいて、強力なヒューマンネットワークをもっている。

　「ふれあいキャンプ」はバスを借り上げ、島内のキャンプ場でお泊りコースと日帰りコースを設けて、夏休みに実施された。テント張り、トーチづくり、班旗づくり、カレーづくり、バーベキューなど、活動が盛りだくさんだが、最初にするのは班の名前をつくること。そのなかには、「黒毛和牛」という、三原町らしい名前もみられる。

　キャンプで最も記憶に残ったのが、キャンプファイアーである。キャンプファイアーの企画と運営は専門技術を要するものの、指導者は木田さんの友人で、島内の小学校の先生が"助っ人"で参加してくれている。

　2番目の特徴は、「ユニークなイベント開催」である。「みんなおいでよ！　あそびの広場」は、昔の遊びの体験教室である。老人会やPTA、保育所保護者会、子ども会の協力を得て、竹馬づくり、かんぽっくりづくり、竹水鉄砲づくり、そしてビー玉などの伝承あそびを100人以上の参加者が楽しんだ。その際、手作りの『スポーツクラブ21くましろ流　あそびのルールbook』が子どもたちに配られた。

図4-8　くましろふれあいキャンプのパンフレット

　「げんキッズくらぶ」は、親子を対象にしたスポーツあそび教室で、第2・4土曜日に体育館で開かれる。ドッジボールやソフトバレー、バドミントン、卓球などが、自由な雰囲気のなかで展開される。町内には、少女バレーや少年野球、ミニバスケットボール、サッカー少年団など、大会で好

図4-9　キャンプのようす

図 4-10 イベントへの参加を呼びかけるチラシ

成績を上げることを目標にした少年・少女スポーツ団体もある。しかし、子どもたちは激しい練習から離れ、自由に伸び伸びと「げんキッズくらぶ」で、仲間やお母さんたちとスポーツ遊びを楽しんでいる。

「くましろボウリング大会」は、小学4年生以上を対象に1人2ゲーム行う。小学3年生以下の子どもが参加するときには、親子で1ゲームという柔軟な発想が生きている。参加費は500円で、入賞者には賞状と商品を用意している。この商品提供を可能にしたのは、兵庫県が行っている「兵庫県子どもの居場所づくり推進事業」の一環であるからだ。

「ソフトバレー大会」は、半年間にわたって、リーグ戦方式で開催されている。わが国の学校スポーツ大会や地域スポーツ大会は、ほとんどがトーナメント方式を採用している。トーナメント方式は、欧米では別名"ノックアウト"方式といわれ、1回戦で負ければまさにノックアウトで、勝者のみが試合を重ねることができる。くましろのソフトバレー大会は、15点3セットマッチで、シーズン中、各チームと2試合対戦する。リーグ戦の長所は、「今週は仕事で出られないが、次回は出場できる」という関わり方ができることだ。チーム名をみると、"アタックNo1"や"ピチレモン""とりあえず塩タン"といったユニークなネーミングが光っている。また、最近では、ソフトバレーだけでなく、バドミントン、卓球、ペタンクにおいても年間を通して、前期と後期に分けリーグ戦を展開している。ソフトバレーは4人以上10人までを1チーム、バドミントンと卓球は2人以上5人までを1チーム、ペタンクは2人以上3人までを1チームとして募集している。参加費も徴収しており、ソフトバレーは1チーム5000円、バドミントンと卓球は1チーム2000円、ペタンクは1チーム1000

図 4-11 「みんなおいでよ！ あそびの広場」で配られる『あそびのルールbook』

円である。半期の期間中リーグ戦を展開し、上位3チームまでを表彰している。

3番目の特徴は、「クラブと小学校の密接な関係」である。ヒアリング調査は土曜日であったとはいえ、職員室を訪ねると、木田さんが職員室のパソコンでクラブ広報を作成中だった。しばらく、その横で話をしていたところ、校長先生がみえて、「どうぞ校長室を使ってください」とのこと。これまでのヒアリング調査は、ほとんどが土曜日だったが、校長室を使わせてもらうのは初体験だ。その日は、6年生の卒業を祝う「もちつき大会」が体育館で地域主催により行われており、つきたてのおもちが入ったぜんざいをご馳走になった。職員室では5～6名の先生が仕事中だったが、木田さんや奥野さんは職員室に同化していた。

この理由は、これまでの校長先生が「開かれた学校づくり」に取り組んできたことによる。県の事業のクラブ交流会において、木田さんがクラブの活動をモデル事例として発表した。その際、パソコンによるプレゼン用の資料を、神代小学校長の中谷直樹先生がパワーポイントで作成し、操作法を指導されている。音声や写真、そしてだんじりの動画が挿入されたみごとな資料で、事例発表は大成功だった。

総合型クラブへの学校のサポート

わが国では時限立法の「合併特例法」と2005年4月からの「新合併特例法」により、市町村の合併が進められている。この市町村合併は、地域のスポーツ振興やスポーツ環境づくりに大きな影響を及ぼしている。

淡路島の1市10町は、紆余曲折を経て、2005年1月11日に、3市に合併されることが決まり、三原郡の4町は「南あわじ市」、津名郡の5町は「淡路市」、洲本市と五色町は「洲本市」となった。南あわじ市は、合併により人口は5万4400人になった。「食がはぐくむ　ふれあい共生の都市（まち）」を将来像とし、多世代が共生するコミュニティ育成を進めている。南あわじ市内には、旧4町の合計20クラブが設立されている。各町にあった推進委員会は、南あわじ市推進委員会に一本化された。

前述したように、スポーツ振興や文化政策に関して、首長の影響力は甚大である。三原町は、スポーツ・レクリエーション施設が充実しており、地域スポーツや祭り・文化などのイベントも盛んである。今後の新市長選挙において、文化・スポーツ政策が争点のひとつになっていくだろう。

また、「のじぎく兵庫国体」（2006年）に向けて、淡路島では、大型スポーツ施設の建設が計画されているが、ハードだけでなく、国体以後の施設利用を含めたソフト面のヴィジョンと、それをマネジメントする人的資源の養成・確保が大きな課題であろう。

スポーツクラブ21くましろは、「地域に根ざしたリーダーシップと学校のサポートにより、発展してきた」といえるだろう。スポーツクラブの役員は、学校のパソコンや印刷機を使用させてもらい、ソフトウェアの操作も教員から学んでいる。リーグ戦方式のソフトバレー大会には、神代小学校職員チームも参加している。地域スポーツクラブの育成において、学校や教員の影響力は大きい。

五色町（現洲本市五色町） ──スポーツクラブ21さかい

新旧住民の交流を促進する
クラブ活動

健康と福祉のまち・五色町

　毎年、菜の花が満開を迎える3月下旬の日曜日、淡路島五色町（現洲本市五色町）にある"ウェルネスパーク五色"において「菜の花まつり」が開催される。地元で獲れた新鮮な魚や淡路ビーフの試食、地酒の試飲、淡路の特産品を集めた青空市、フリーマーケットやキャラクターショーなどが催され、子どもからお年寄りまで菜の花に囲まれた健康増進公園で1日をゆったりと過ごすことができる。

　菜の花は、五色町出身の"高田屋嘉兵衛"が好んだ花である。司馬遼太郎著の『菜の花の沖』に、高田屋嘉兵衛の波乱に富んだ生涯が描かれている。嘉兵衛は江戸時代に北前船で活躍した人物であり、日露民間外交の先駆者である。1796（寛政8）年、28歳の若さで「辰悦丸」を新造した嘉兵衛は、北前船の廻船問屋として乗り出し、瀬戸内から日本海、北海道各地へ航路を拡大し、各地の特産品や海産物を海上輸送する。それまで、藩内でしか消費されなかった特産品が、日本各地へ流通するようになり、流通産業のいわば先駆けとなった。

　嘉兵衛は函館を拠点にし、千島方面の航路を開き、北洋漁業の先駆となり巨万の富を一代で築いた。しかし、嘉兵衛は富を独占することなく、道路の改修や港内の養殖など積極的に地元に還元した。ロシアの南下政策が進められた1811（文化8）年、ゴローニン事件をきっかけとし、日露の対立が深まった際、捕らえられた嘉兵衛は、獄中から両国を説得し、折衝役として日ロ関係の悪化を防いだ。

　五色町は、地元のヒーローである嘉兵衛の好んだ菜の花を、町内の主要道路沿いの休耕田で栽培する「菜の花街道事業」に取り組んだ。菜の花からできる"なたね油"を学校給食や地元の家庭で使い、なたね油の廃油を回収し石けん製造にも取り組んでいる。

　五色町はまた、「健康と福祉のまち」としても全国的に知られている。ここでは、まちを挙げて健康増進を進めている五色町において、小規模クラブながらファミリークラブを目指したクラブづくりに取り組んでいる「スポーツクラブ21さかい」を紹介したい。

五色町の健康・スポーツ環境

　五色町は淡路島の西海岸にある人口1万1500人の農漁村である。1980年、五色町は「健康の町」の自治体宣言を行った。高齢化が進行した町民の健康と福祉の施策を一体化として進め、町内ケ

ーブルテレビ網を利用して町独自の医療福祉システムを構築している。若者定住対策と第二の人生をここ五色町で暮らしたいという高齢者を対象にして、分譲地や町営団地を整備してきた。

五色町のこうした健康と福祉のまちづくり、定住と交流のまちづくりは、NHKの番組で介護と福祉の先進的取り組みとして取り上げられた。この放送をきっかけにして、五色町は「介護移住のまち」として、全国的な注目を集めるようになった。町保健センターにはホストコンピュータが置か

図4-12 ウェルネスパーク五色にある「瀬戸内少年野球団」にちなんだ像

れ、町内の医療機関には、すべてICカードの入力・出力処理を行えるコンピュータを配備している。住民はICカードを提示することにより、個人の受診情報がわかるシステムである。

さらに、重症患者で在宅療養を希望する患者のために、「五色町在宅保険医療福祉システム」が整備されている。ケーブルテレビ網を活用し、診療所と患者宅を接続している。映像と音声を双方向にやりとりし、センサーにより患者の血圧や心電図等のデータを病院などに送ることにより、医師と患者や家族の相談に応じながら、適切な介護の指導が行われる在宅支援システムである。また、独り暮らしをしている高齢者が息苦しくなった、そんな緊急時に胸のペンダントを押せば通報が総合福祉センターに届き、医療機関や近隣協力員宅へ情報が伝達され、介護者が派遣されることになる。

五色町は、スポーツ施設においても1万1500人の町とは思えないような立派な施設をもっている。町内には3つの大型施設がある。「五色町健康村」には、体育館・トレーニングセンター、運動場、テニスコートが置かれている。また、兵庫県と五色町の共同事業として開設された"五色健康村・健康道場"がある。この健康道場は絶食療法（ファースティング）・低カロリー療法のための全国で唯一の公的専門施設である。1982年に開設されて以来、利用者は2万人に上っている。

「ウェルネスパーク五色」には、テニスコート6面、芝生広場のほかに、全天候型多目的広場（GO-GO DOME）がある。テニス好きの筆者は、ここで開催されるテニス大会に何回か参加した。テニスの後には、公園内の泉質のいい温泉に入るのが楽しみだ。ドーム施設では、フットサル2面、ゲートボール6面、テニスコート2面の利用が可能で、インドアテニス大会やゲートボール大会が人気を集めている。

さらに2002年に完成した「アスパ五色」は、地域住民だけでなく、スポーツ合宿や大会に参加する多くの町外利用者を集客している。アスパ五色とは、公募され選ばれた名前で、淡路スポーツパークを意味している。施設は、天然芝グラウンド（90m×120m）が2面、多目的グラウンド（クレー、200m×126m）、屋内イベント広場（体育館）、雨天練習場、クラブハウス、管理棟から構成されている。

アスパ五色の特徴は、天然芝のグラウンドが2面もあることだ。さらに多目的グラウンドでも、サッカー場を2面とれることから、合計4面となり、サッカー大会の運営が容易である。2003年度に開催された主なイベントは、下記のとおりである。

　　　JFL大会　　Lリーグ　　インターナショナル・ユースサッカーフェスティバル
　　　日本クラブユース選手権U-15関西大会　　JFAプリンスリーグU-18関西大会

中日本スーパーリーグU-17大会　　　全国シニアサッカー大会
　　　全国クラブチームサッカー選手権関西大会　　西日本医師サッカー神戸大会
　　　兵庫県サッカー選手権大会　　　兵庫県ジュニアユース大会　　　淡路サッカー選手権
　　　淡路カップ少年サッカー大会　　　五色町長杯少年サッカー大会

　上記以外にも、県体協の指導者講習会や淡路島のサッカークラブの対抗戦など数多く利用されている。月別では11月が6大会と最も多く入っており、ほとんどの月で2回くらいの大会が開催されている。Lリーグの田崎ペルーレは、2年連続3回目の優勝を遂げたが、同クラブからはアテネ五輪代表に5選手が選出され活躍している。田崎ペルーレの本拠地の神戸からは、明石海峡大橋を経由して、約1時間というアクセスのよさから、アスパ五色を定期的に練習会場として使用している。2006年に兵庫県で開催される"のじぎく兵庫国体"において、ここアスパ五色が少年男子サッカー（高校生）会場のひとつになっている。

　利用料金の安さも魅力である。天然芝グラウンドの1時間の使用料は、わずか4000円である。また、使用料は、町内利用者も町外利用者も同一料金に設定してある。多目的広場（クレー）のサッカー場使用は1時間わずか500円で、中学生以下の団体なら200円である。

　体育館の利用者も増えている。メインアリーナは、バレーボール、バスケットボール、フットサル、ハンドボール、テニス、バドミントン等に利用できる。バドミントンは12面とれることから、学生クラブの合宿にも利用されている。体育館内にはトレーニングルームも置かれ、使用料が190円と都会では考えられない価格だ。

　全国的にスポーツ施設を充実させ、プロスポーツや学生スポーツの合宿・キャンプを誘致し、スポーツのまちづくりに取り組む自治体が増えている。これは、長野県の上田市が先駆モデルで、同市は1979年に「スポーツ都市宣言」をしている。ほかには、高知県の安芸市、南国市、春野町、愛媛県の久万町、生名町、兵庫県日高町などがあるが、沖縄県と宮崎県は県ぐるみだ。とくに、宮崎県は「みやざき旬ナビ　スポーツランドみやざき」（http://www.kanko-miyazaki.jp/sports/）というウェブサイトを開設し、プロスポーツのキャンプを「みる」情報だけでなく、自分たちが「する」スポーツ施設情報も提供している。こうしたスポーツキャンプにおいては、専用施設だけでなく、「室内練習場」「トレーニング室」「温水プール」という3点セットが必須条件である。幸い五色町では、あるリゾートホテルが温水プールをもっており、スポーツ・キャンプのまちとしての条件を備えている。

　アスパ五色の2003年度の利用者は、合計9万2229人にも上っている。大学生以上は3万7909人、高校生4892人、中学生以下が4万9428である。注目すべきは町民利用者で、屋外グラウンド6万6000人の中で8000人、体育館では1万6000人の中で9000人、残りは町外利用者である。利用者の中で宿泊者数は6109人で、町内の旅館・民宿だけでは足りず、周辺市町の宿泊施設を利用している。スポーツ・ツーリスト[*1]による経済効果

図4-13　アスパ五色

は、五色町だけでなく周辺市町へも及んでいる。

* 1　スポーツ・ツーリスト——スポーツイベントやスポーツプログラムの参加や観戦を目的に、観光行動をする旅行者のこと。イベント参加者やイベント観戦者、旅行中にスポーツ活動をするスポーツ愛好者などのタイプがある。生涯スポーツへの関心の高まりや、オリンピックやワールドカップなどのトップスポーツに対する注目が集まったことにより、大きなマーケットに成長している。

統合で単一種目クラブを活性化

「スポーツクラブ21さかい」は、2001年2月に設立された。五色町のスポーツクラブ21としては、オープン第1号である。堺地区は、約250世帯からなる農村地帯である。少子高齢化と若者の流出の影響を受け、堺小学校の児童は昭和30年代の213人をピークに、減少の一途を辿った。1991年には、地区内の各種団体が集まり、「堺活性化委員会」が結成された。その結果、町営住宅や分譲住宅の建設が実現され、さびれていた秋祭りが多彩で華やかなイベントとして企画され、新旧住民の融和を図る活動が展開されている。現在の児童数は84人を保持している。

図4-14　クラブ役員と五色町社会体育課長の太田さん（右端）

堺地区は教育に対する意識が高く、PTA活動も活発である。堺小学校では教育目標として、「命（人権）を大切にし、自ら考え、進んで活動する子どもの育成」を掲げている。

表4-7は、スポーツクラブ21さかいの運営理事会の役職とそれぞれの役割を示している。顧問は設立時の会長・副会長が就任している。現会長は前理事長の守井正夫さん、副会長は前副理事長の塔下数一さんである。かつての理事長・副理事長職は廃止し、より機能的な組織構造にリストラしている。会員数は256名で、50家族会員と46名の個人会員から構成されている。

表4-7　クラブの運営理事会

顧　問	2名
会　長	1名
副会長	1名
総　務	校区内関係団体との調整、クラブ行事（3名）
会　計	運営予算、出納管理、助成申請（2名）
広　報	会員募集、会報、クラブPR（2名）
監　査	予算・執行の審査（2名）
運営委員会	プログラム、交流会、教室の企画・運営
委員長、副委員長	活動プログラム、指導等
クラブ委員	種目クラブ代表（8名）
運営委員	地区団体・種目クラブから（9名）

表4-8　種目別クラブと練習会場

堺少年野球クラブ	小　学　生	水・木・土・日曜	堺小グラウンド
少女バレー	小　学　生	火・木・金・土・日曜	堺小体育館
ソフトボールクラブ	成　　人	毎　週　水　曜	五色中・アスパ
ペタンク	成　　人	不　定　期	堺小グラウンド他
ママさんバレー	成　　人	金　　曜	堺小体育館
ソフトバレー	子ども・成人	火・木　曜	堺小体育館
ゲートボール	成　　人	毎　　日	専用グラウンド
グラウンド・ゴルフ	成　　人	第1・3土曜	堺小グラウンド

表 4-9 年間行事一覧

理事会・事務局会	クラブハウス（年間 4 回）
運営委員会	クラブハウス（年間 8 回）
クラブ総会	堺小学校和室（4 月）
さかいソフトバレーボールフェスティバル	アスパ五色体育館
少女バレー講習会	アスパ五色体育館
少女バレー交流会（堺シニアとの交流会）	堺小学校体育館
町スポーツ交流会（ペタンク、ソフトボール等）	アスパ五色他
全淡スポーツクラブ交流会（ペタンク、GG）	三原町
基礎体力測定会	堺小学校体育館
奉仕作業（各種目クラブから 2 名）	堺小学校体育館
史跡巡りウォーク	地区内史跡

　表 4-8 は、種目別クラブと練習日・練習会場を示している。「堺少年野球クラブ」は、小学生 12 名と少数精鋭で、郡内でも強豪チームである。「少女バレーボールクラブ」は、小学生 18 名がメンバーで、町内大会ではＡ・Ｂチームが学年別でダブル優勝した。「ソフトボールクラブ」は、毎週水曜日の夜 8 時から、中学校グラウンドかアスパ五色でナイター練習をしている。五色町杯争奪ナイターリーグ戦において優勝した。

　「ママさんバレー」は、地区内にあった 2 つのチームが合併し、よりパワフルに変身、毎週金曜夜 8 時から活動している。総合型クラブ設立のメリットのひとつは、こういった統合化が進み、消滅寸前の単一種目クラブが活性化することだ。「ソフトバレー」は、男女問わず、子どもから大人まで幅広い年齢層で、約 30 名の会員が活動している。全淡スポーツ大会ファミリーの部優勝、兵庫県春季ブロンズ交流の部優勝などの成績を収めている。「ゲートボール」は、福祉センターの専用グラウンドで、毎日活動している。「グラウンド・ゴルフ」は、小学校グラウンドで夏場は第 1・3 土曜日の朝 8 時から、約 20 名がプレイを楽しんでいる。

　クラブ設立以来、好評を博しているのが「史跡巡りウォーク」だ。これは、桜の花が咲き誇る 3 月の最終日曜日、地区内の史跡を巡り、地域の歴史を学ぶイベントである。コースは、「水引トンネル、焼沢地蔵、築穴古墳、角床窪跡、奥谷あみだ堂、西海寺跡、旧小学校跡」を巡り、小学校に戻ってくる。案内役は、教育委員で、スポーツクラブ 21 さかいの会員でもある坂本隆志さんである。

　表 4-9 は年間行事一覧を示している。最大のイベントは、秋に開催される「さかいソフトバレーボールフェスティバル」である。昨年は、複合イベントとして、体力測定も実施している。体力測定は、文科省の新体力テストが適用され、「一般の部」と「シニアの部」の 2 つが行われた。この新体力テストの開発委員会には、著者も委員として関わった。スポーツクラブの行事に取り入れられていることを知ると、5 年間、新幹線で日帰りで往復した苦労も飛んでしまう。

子どもやファミリーを大切にするクラブ

　ヒアリング調査のために明石海峡大橋を渡り、久しぶりに五色町を訪ねた。この日は、兵庫県の「スポーツクラブ 21 ひょうご」事業の淡路地区のスポーツリーダー講習会が五色町で開催された。この講習会は、著者らが 2002 年に実施した「地域スポーツクラブ市町担当者調査」の結果、スポーツクラブの中心となるべき人材が不足していることが明らかになったために開かれるようになったものである。以前から実施している「クラブマネジャー養成講習会」[*2]に加えて、2003 年度から「スポーツリーダー養成講習会」が県下 10 ヶ所において、開催されている。2 日間に分けての講習会は、1 日目は「生涯スポーツ論、トレーニング論、運動障害実習（テーピング）」、2 日目は地域ごとに異

なる2種目の実技講習会である。地域ごとに希望種目のアンケート調査を行った結果、淡路地区では午前中はソフトバレーとファミリーバドミントン、午後はグラウンド・ゴルフとターゲットバードゴルフが行われた。

著者は午前中に生涯スポーツ論の講義をすませ、大学院生を連れて堺小学校のクラブハウスを訪ねた。クラブハウスにおいて、会長の守井さん、塔下さん、そして会計の船越さんからお話を聞くことができた。

クラブハウスはグラウンドの北側隅に位置している。クラブハウスの1階は小学校の体育器具庫になっており、建物はある程度の年輪が感じられる。クラブハウスの建物は前からあり、2階部分を県からのクラブハウス補助金を使って改修したということを聞き、頭にひらめいた。「文科省のクラブハウス補助金に違いない」。あまり知られていないが、かなり前から文科省はクラブハウス補助金を出してきた。しかし、クラブハウスの中身は、ほとんどが器具庫である。

図4-15 参加を呼びかけるチラシ

クラブハウスには、パソコンやコピー機、ダーツまで置かれている。地域スポーツクラブの調査をしていて感じるのは、補助金がパソコンやデジカメ購入に活用され、情報化への対応が進んできたことだ。クラブの活動風景を示すような写真が欲しいといえば、塔下さんがファイルを開き、好きなものを選んでくださいとのこと。その場で携帯用フラッシュメモリー（記憶装置）にファイルをコピーさせてもらった。デジカメで撮影した写真は会報やイベント案内のチラシにもカラーで掲載され、印刷会社に依頼することなく、広報担当理事がみごとに作成している。

スポーツクラブ21さかいの特徴は、設立時の組織母体にある。五色町で第1号クラブとして声がかかったのは、堺小学校区に「堺体育振興会」という組織が存在したことが影響している。堺体育振興会は23年前に設立されたが、そのきっかけは地区内のスポーツ団体が資金不足でサポートが求められていたことだ。町体協のOB有志が集まり、年間2000円の会費を集めることを決め、堺体育振興会が誕生した。現在の会員は103名で、地区内のスポーツ団体へ資金援助が行われている。

スポーツクラブ21さかいの主要役員は、堺体育振興会の役員も務めている。淡路島のなかでも、地域のスポーツ団体を地域の有志が資金援助しているのは稀である。こういった長年の支援活動が認められ、堺体育振興会は2年前、兵庫県体育協会功労賞を受賞した。クラブの役員は小さな集落で中心となって活動していたリーダーが集まったことから、チームワークがよく、クラブの運営もスムーズである。

スポーツクラブ21さかいの最大の特徴は、「クラブや地域で、子どもやファミリーを大切にしよう」という理念が浸透していることだ。最大のイベントであるソフトバレーボールフェスティバルでは、子どもやファミリーが参加しやすいように、ジュニアクラス（子ども男女4名）、ゴールドクラス（40～59歳の男女3名、60歳以上1名）、シニアクラス（60歳以上の男女2名）、フリークラス（男女混合で2名は女性）の4種類のクラスが用意されている。大会では老若男女が同じコートに立ち、応援にも熱が入り大変な盛り上がりを見せる。

＊2　クラブマネジャー——総合型地域スポーツクラブの設立と運営の中心となる専門家。組織の運営に求められる総務や財務、

人事などの経営的要請に応えるための専門知識を有し、指導者や運営スタッフとともに、クラブのマネジメントの中心的存在となる。スポーツ団体やスポーツ行政により、クラブマネジャー養成事業が展開されている。

大きな声で挨拶する子どもたち

　少子化による堺小学校の複式学級の導入を避けるために、町営住宅と分譲住宅を実現させたのは堺活性化委員会であった。その結果、堺地区には旧住民と新住民が混在する軋轢の生じやすい構造ができた。しかし、新旧住民、とくに子どもたちの交流を促進させたのが、秋祭り宵宮であった。世帯主の名前を記した提灯を掲げたことにより、過去最高の人出につながった。さらに、この祭りには、中学3年生と新婚カップルが「幸せ餅」を神社から投げたり、小学生の和太鼓グループが出演したり、新しい企画が続々と生まれ、新しいコミュニティ形成につながった。

　さらに、地域の子どもたちやファミリーの交流を深めているのがスポーツクラブ21さかいである。子どもたちは、都会の子どもとは比べものにならないほど、素直で大きな声で挨拶をする。「瀬戸内少年野球団」のモデルになったのは、阿久悠氏の出身地である淡路島だ。女優夏目雅子が演じた駒子先生と野球に情熱を燃やした素直な子どもたちは、今も淡路島に地域スポーツクラブとともに生き続けている。

◆イベント参加者の継続要因を探る◆

　イベントには、2つの特徴がある。ひとつは、魅力的なイベントを開催すれば集客力が高まる。もうひとつは、イベントは一過性であることだ。それゆえ、イベント開催により集客力を高め、イベント終了後のインパクトを強くするためには、ノウハウやアイデアが必要になる。

　誰もが参加できるウォーキングや市民マラソン、また手軽に参加できるグラウンド・ゴルフなどの生涯スポーツのイベントは、ほとんどの自治体において開催されるようになった。それゆえ、競合が激しくなり、市場が成熟化すると、人気のないイベントは参加者が減少し、やがて消滅するという運命が待っている。

　スポーツイベントや運動教室の継続開催にとって重要なのは、いかにリピーター（継続参加者）を確保するかである。言い換えれば、いかに"馴染み客"や"常連さん"をつくるかがポイントになってくる。1983年に開園し、993万人を集客した東京ディズニーランド（現在は東京ディズニーリゾート）は、現在では年間入園者が2500万人に上り、アジアの観光名所に成長した。この秘密は、2回以上の入園者、すなわちリピーターが95％にも達することである。

　これまで、市民マラソンやウォーキング、トライアスロン、ニュースポーツなどのフィールドワークに取り組んできた成果をまとめたのが、表である。

表　スポーツイベント参加者の継続要因

マイナス要因	スタッフの横柄な態度 不便な時間スケジュール 長過ぎるセレモニー 変化のない退屈な内容 不便で少ないトイレ 事前・事後の不十分な広報・PR 宿泊休憩施設の不足とサービス 観光に関する情報不足
プラス要因	会場への良好なアクセス さまざまなインセンティブとグッズ 安全／快適 個人指導とフィードバック ボランティアの暖かい対応 社交プログラム 付き添い者に対する配慮／プログラム 飲食サービス

（山口泰雄、2004）

　ウォーキングイベントには、運動・スポーツ潜在者がかなり参加している。イベント会場において、運動・スポーツ教室の案内や健康行動の啓発パンフレットを配ることは、新たな運動・スポーツ潜在者を集める契機になるだろう。

市川町──スポーツクラブ21かわなべ

多様な表彰制度と活動記録手帳で
クラブ運営を活性化

アクティブ・シニアの出現

「元気で活動的な高齢者」が増えている。また、元気な高齢者のスポーツ機会も増加している。"ねんりんピック[*1]"や"ウォーキング"といった「楽しみ志向」のイベントだけでなく、"日本スポーツマスターズ[*2]"や陸上、水泳、テニスなどの種目では、「競技志向」の高い全国大会の参加者も増えている。

「体力・スポーツに関する世論調査」や「国民栄養調査」の時系列変化をみても、高齢者のスポーツ実施者は増加している。60歳代では5割が週1回以上の定期的実施者で、成人の平均37％をはるかに上回っている。しかし、60歳代では35％、70歳代では53％もの高齢者は、1年間に1回も運動・スポーツ活動とは縁のない「非実施者」である。このように、高齢者のスポーツ参加においては、「定期的実施者」と「非実施者」の"二極分化"が顕著になっている。

2002年の平均寿命（厚生労働省、2002年簡易生命表）は、男性78.32歳、女性85.23歳と、前年度よりさらに長寿になった。諸外国と平均寿命を比較すると（厳密な比較は作成年度が異なるのでできないが）、男性は1位香港78.4歳、日本は2位、3位はアイスランドの78.1歳と続き、女性は日本が1位で、2位香港84.6歳、3位スイス82.6歳になっている。男女を平均すれば、日本は世界一の長寿国になる。国際的に評価の高い英国科学誌「ネイチャー」において、アメリカのマウンテンビュー・リサーチ社は、「日本人の平均寿命は2050年には90.91歳」と予測した。これまでの日本の公式予測は82.95歳であり、とくに女性においては、いずれ「人生90年時代」がやってきそうである。

一方、WHO（世界保健機関）が2000年に発表した「健康寿命」という指標でみてみると、世界191ヶ国の中で日本は第1位の74.5歳で、2位のオーストラリアを1歳以上離している。しかし、喜んでばかりはいられない。なぜなら健康寿命が74.5歳ということは、約6年間は介護や医療機関の世話になるということだからだ。

また、高齢者人口の増加とともに、国民医療費[*3]は上昇し続けている。2001年の国民医療費は31兆円にも上り、65歳以上の老人医療費は11兆円、全体の3割を占めている。2003年の国民医療費は31兆円だが、老人医療費は15兆円に増え、全体の5割に達した。

そこで求められるのが、「アクティブ・シニア」である。アクティブ・シニアとは、「高齢者の主体的、活動的、健康的な生き方」のことである。質の高い長寿生活を楽しむためには、誰もが運動・ス

ポーツを定期的に楽しむことにより、生きがいに満ちたアクティブ・シニアになることが期待される。総合型クラブは、子どもから若者、中年層、高齢者と多世代型を特徴としていることから、総合型クラブにおいて、アクティブ・シニアが増える可能性が高い。

ここでは、小さな町において多様な顕彰制度やプログラムが充実している「スポーツクラブ21かわなべ」をリポートしたい。

*1　ねんりんピック──60歳以上の高齢者が参加する健康・スポーツの全国大会で、正式名称は「全国健康福祉祭」。主催は、厚生労働省や開催都道府県などで、スポーツ種目は、ラージボール卓球、テニス、ペタンク、ソフトボール、ソフトテニス、ゲートボールなどで、高齢者が参加しやすい種目が選ばれている。

*2　日本スポーツマスターズ──競技志向の高い中高齢者を対象にした全国スポーツ大会で、生涯スポーツのよりいっそうの普及・振興を図るための総合競技大会として、2001年から開催されている。主催は、日本体育協会、開催県、開催県の体育協会で、陸上競技、水泳、サッカー、テニス、バレーボール、バスケットボールなどの13競技が行われている。

*3　国民医療費──国民全体がけがや病気のため医療機関に支払った医療費総額の推計で、診療報酬、薬剤支払額、健康保険で支払われる看護費などが含まれる。正常な分娩、健康診断、予防接種、市販薬の購入費用などは含まれない。2003年度の国民医療費は、31兆5375億円に上り、国民1人当たり24万円になる。

少子高齢化が進む市川町

市川町は、兵庫県中央の南西部に位置し、人口1万5000人の豊かな自然に恵まれた里山というべきまちである。全4666世帯の3分の1は農家で、米や野菜を栽培している。市川町といえば、町営の「リフレッシュパーク市川」が有名で、これは、都市と農山村の交流と地域の活性化を図るための体験型野外活動施設で、「かぶとむしドーム」や「かぶと・くわがたわくわく館」、「市川どんぐりの森」など、子どもたちが熱中しそうな施設がコテージやキャンプ場とともにつくられている。

年少人口（14歳以下）2200人に対して、高齢者人口は3200人で、高齢化率は22.1％に達している。町内には5小学校、3中学校があり、児童数は813人、生徒数は460人である。小畑小学校の児童数はわずか48人で、川辺小学校との統合が検討されている。このように少子化がますます進み、少子高齢化が明らかである。

スポーツ振興は、町教育委員会の生涯学習課が担当している。年間行事をみると、町民運動会や各種のスポーツ大会、スポーツ教室、そして町独自にスポーツクラブ指導者を目指す者を対象に、スポーツリーダー養成講習会も開催している。また、町体協と協力して、「いちかわスポーツ広場きらら」という広報誌を年に2回発行している。

広報誌には、町内スポーツ団体の成績や教室・イベント案内、またクラブ紹介や町内のスポーツヒーロー・ヒロインが写真入りで紹介されていて、読んでいてスポーツがしたくなるような紙面構成がなされている。

さまざまなアイデアでクラブを活性化

市川町内には5小学校区があり、総合型クラブがすべての小学校区に設立されている。表4-10は、年代別に集計した5クラブの会員数を示している。町内のクラブ員の合計は1268名で、人口の約8％となっている。

「スポーツクラブ21かわなべ」（以下SC21かわなべ）は、2001年12月に設立された。住民に対して事前アンケートをとり、指導者がいる7種目が開設されている。表4-11は、開設種目を示している。種目名をみると、"ファミリー""リフレッシュ""お楽しみ"など、親しみやすく、楽しそ

表 4-10　市川町の 5 クラブの年代別会員数

年　代	かわなべ	おばた	せか	あまじ	つるい	合　計
小 学 生 未 満	11	7	10	8	33	260
小　学　生	36	36	37	82		
中　学　生	21	12	29	27	6	95
高　校　生	7	10	26	18	3	64
大　学　生	0	7	0	21	117	667
成　　　人 (20～50歳代)	152	77	133	160		
高　齢　者 (60 歳 以 上)	32	30	17	29	74	182
合　計	259	179	252	345	233	1,268

表 4-11　活動種目

種　目	日　時
ファミリー卓球	毎週日曜 9：00～10：00
みんなでエンジョイバドミントン	毎週土曜 10：00～12：00
ほがらかウォーキング	第 1・3 金曜 19：30～20：30
リフレッシュ健康体操	第 1・3 金曜 20：00～21：00
お楽しみニュースポーツ	第 2・4 土曜 10：00～12：00
にこにこソフトバレーボール	第 2・4 火曜 19：30～21：00
ふれあいソフトボール	毎週日曜 10：00～12：00
ふれあい交流イベント	不定期

うなキャッチコピーが効果的だ。

　会費は、ファミリー会員が年間 5000 円、個人会員が一般 3000 円、中学生以下が 2000 円である。クラブ運営委員は 19 人で、会長の松尾宗春さんは地区のスポーツ推進委員を兼任している。運営委員会は、クラブ全体の庶務に関わる「総務部」、事業計画や種目活動の運営に関わる「事業部」、会員募集や広報に関わる「広報部」から構成されている。また、7 種目の各部には 2～4 名の運営委員が配置されている。「運営委員会」は毎月第 3 金曜日に会議を開催し、「四役会議」は会長、副会長、事務局長、会計の 4 名が毎月第 2 土曜日に集まっている。

　クラブハウスは川辺小学校体育館の 2 階にあり、2 階フロアを改築したものである。窓には、大きな文字で「スポーツクラブ 21 かわなべ」と記され、PR 効果も十分である。会長と副会長の多田正人さん、伊藤包子さん、会計の蜂谷愛子さんから、クラブ運営に関するヒアリング調査を行った。

　年間収支や運営基金のことをたずねると、年間支出が 100 万円として、2014 年までの収支のシミュレーション表が提示された。県内のクラブの中には、5 年間の補助金をすべて補助期間に使い果たすような計画のクラブも存在する。十分な会費を徴収せずに、補助金を使い果たしてしまえば、補助金終了後にクラブ運営がいき詰まってしまうことは明らかだ。文科省の総合型クラブ補助事業で、消滅しているクラブがその前例である。

　クラブ行事表には、各種目の活動予定日や運営委員会の日程が記されている。注目すべきは、一覧表の下に、「私たちは、"スポーツクラブ 21 かわなべ"を支援しています！」と記され、スポーツ店や花屋、印刷会社、お好み焼き屋、自動車販売店、家具店、電気工事店などの広告が掲載されていることだ。1 社 5000 円で、9 社から年間 4 万 5000 円の広告収入を得ている。補助金は兵庫県では 5 年間で終了する。会費収入だけでなく、広告収入や事業収入、さらに toto の補助金などを得ることがクラブマネジメントの課題になってくる。

第4章　ユニークなプログラムを展開する地域スポーツクラブ

図4-16　会員募集の横断幕

図4-17　会員募集のチラシ

　SC21かわなべでは、卓球、バドミントン、ニュースポーツ、ヨガ、ウォーキング、ソフトボール、トランポビクスなどの活動が展開されている。かつては、日常的な練習だけだったが、2003年には町内の他クラブとのバドミントン合同練習会が開催された。著者がヒアリングに訪ねた際、「日常的な練習だけでなく、試合や他のクラブとの交流試合をしたらクラブが活性化しますよ」とアドバイスしたこともあり、翌2004年にバドミントン交流大会を開催したところ好評で、約70名が参加した。2005年も交流大会が開催された。

　卓球は子どもと大人がともに活動している。子どもたちや初心者の技術が向上しているという。市川町卓球協会主催の大会に、多数参加し、「スポーツクラブ21」の部で、SC21かわなべの会員が優勝した。ソフトバレーは、運営委員の熱心な指導により、子どもも大人も活動を楽しんでいる。ニュースポーツは多様な活動を展開している。種目は、トランポビクス、3B体操、グラウンド・ゴルフ、ペタンク、ソフトボール、ウォーキングが、週1回活動している。グラウンド・ゴルフやペタンクでは、シニア会員が地域大会や県大会に出場し、好成績を収めている。

　地域には青少年育成団体が存在するが、川辺地区青少年育成推進連絡協議会との共催で、JAの協力を得て、「金魚すくい大会」を開催し、約100人の子どもたちが金魚すくいを楽しんだ。これは他団体との共催や協力することにより、資金や商品の提供、スタッフの広がりという成果を生んだ。

　SC21かわなべには、会員証とユニークな活動記録手帳を統合した「会員証兼活動記録手帳」がある。この会員証兼活動記録手帳には、①記録記入と活動表彰、②活動記録用紙、③安全な活動のためのセルフチェック、④ストレッチング体操、⑤ウォーキング（フォーム、強度の目安、カロリー換算表、小学校

図4-18　カード型の会員証と活動記録手帳

区ウォーキングマップ、記録表、距離換算表）、⑥体力測定用紙、⑦応急手当が記載されている。内容が充実し、イラストなどを使い、コンパクトで使いやすい。「誰がこの手帳を作ったのですか？」と尋ねると、生涯学習課にこの春まで勤務していた高橋幸子さんとのこと。高橋さんは1996年に、神戸大学で開催された社会教育主事講習会生涯スポーツ班の修了生である。現在の生涯学習課スポーツ担当者である繁内奈奈さんも女性で、市川町では女性専門職が頑張っている。

活動記録は活動回数に応じて、表彰制度が設けられている。活動回数が30回以上で銅賞、50回以上で銀賞、100回以上で金賞、そして、ウォーキングで400kmを達成すると個人賞が与えられる。2003年度の総会では、金賞8名、銀賞5名、銅賞7名、個人賞1名が授与された。さらに、活動実績をみて、"ベストファミリー賞"や"ベスト親子賞"、"ベスト夫婦賞"、"バドミントンキング賞"、"卓球クイーン賞"などが出され、総会を盛り上げた。こういった多様な賞を出すことは、「外発的動機づけ」のアイデアで、会員の継続意欲によい影響を与えるだろう。

2005年度の会員募集チラシをみると、新しいネーミングの工夫がみつかった。種目の欄には、「ファミリー卓球」「元気いっぱいバドミントン」「にこにこソフトボール」「ふれあい交流イベント」と種目の前にやわらかい表現が生きている。ニュースポーツにおいては、「お楽しみニュースポーツ」「ふわふわニュースポーツ」「ふれあいソフトボール」「リフレッシュヨガ」「ほがらかウォーキング」と変わり、それぞれの内容と活動日時が紹介されている。また、校区内の運営委員の名前が記されているだけでなく、「運営委員を募集しています。クラブ運営に協力できる方、参加してください。お待ちしています!!」と運営ボランティアを募集している。

市川町のクラブ・ネットワーク

市川町には、5小学校区に5つのクラブが設立されている。しかし、郡部の少子高齢化により、子どもの数が減少し、会員数も年々、減少傾向にある。町内5クラブの会員数合計は、2002年1575名、2003年1131名、2004年868名、2005年725名と、ほぼ半減している。2005年度の各クラブの会員数は、SC21かわなべ200名、SC21せか190名、SC21つるい146名、SC21おばた111名、SC21あまじ92名と少人数クラブである。県からの補助金は2006年度で、町内すべてのクラブで終わる。それゆえ、このままでは徐々に会員数が減少し、クラブの存続が危惧される。

そこで、「スポーツクラブ21市川町連絡協議会」は、生涯学習課の支援により、リニューアルに取り組んでいる。第1点は、保険料の契約を町内のクラブで一本化したことだ。個人でスポーツ安全保険に加入すると年間1500円で、県内のクラブのほとんどが会員の保険料を負担しているが、これがクラブ財政上の大きな支出になっている。そこで、市川町では2002年、町内の全クラブが出揃ったことにより、スポーツクラブ21市川町連絡協議会で1日行事保険に一括加入することにした。一括して保険を契約することにより、各クラブの事務量の軽減と経費削減、そして連絡協議会事務局として各クラブの活動状況を把握することができるようになった。SC21かわなべにおいては、2001年度の保険料は23万2400円であったが、2005年度には4万8000円に削減できた。

また、2005年度から、5つあるどこのクラブに加入しても、①町内のすべてのクラブ活動に参加できる、②スポーツ教室に無料で参加できる、というようにシステムの変更を行った。この変更により、参加できるスポーツ種目が広がり、また複数種目の参加も可能になった。

図4-19　クラブ運営委員と繁内さん

2005年11月には、町制施行50周年を記念し、スポーツクラブ21市川町連絡協議会の主催、市川町・市川町教育委員会の後援により、「第1回スポーツクラブ21市川町交流大会」を開催した。大会の種目は、ペタンクとグラウンド・ゴルフで、ペタンクはトリプルス（3人）とダブルス（2人）、グラウンド・ゴルフは5人1チームで実施した。参加費は、スポーツクラブの会員は無料で、会員以外の参加者は200円と差別化している。

町内のスポーツクラブの発展に向けて

　SC21かわなべは、設立から5年目を迎えた。会長の松尾さんは、兵庫県地域スポーツ活動室が主催する「平成17年度地域スポーツクラブマネジャー養成講習会」において、モデルクラブとして実践活動発表を行った。その発表の際、これまでの成果を次のように報告した。
　①子どもから高齢者まで、対話の輪が広がった。
　②子どもたちと良好な関係づくりができた。
　③子どもたちの挨拶がよくなり、ルールを遵守しようという気持ちが高まった。
　④新しいスポーツを体験できた。
　⑤町内の他クラブとの交流が深まり、世間が広くなった。
　⑥スポーツを通じて親子のつながりが深まった。
　⑦新たな人のつながりができた。
　⑧自主運営に自信がついた。
　2005年度からは、町内のクラブのネットワーク化が進んだ。将来的には、ネットワーク化をさらに進め、クラブの統合化を検討する時期にきている。それぞれのクラブの基盤は残しながら、"スポーツクラブ21いちかわ"や"いちかわ総合スポーツクラブ"といった名称により、事務局機能を一元化することもできる。
　また、補助金終了後には、財源が不足することから、NPO法人格を取得すれば、totoの助成事業に応募することもできる。さらに、町体協と一体化し、"いちかわスポーツ協会"をNPO法人化し、体協事業部（町体育協会の名前を残し）とスポーツクラブ事業部に分けるという大胆な改革案も検討の余地があるだろう。
　これまでのモデルクラブの事例から明らかなように、活性化しているクラブには、市町自治体のなかに、優れたスポーツ行政担当者が存在している。前例のない総合型クラブの育成には、専門知識と熱意が必要である。ただ問題は、行政担当者には異動がある。その結果、事業の継続性や団体との連携がスムーズに進まない。わが国のスポーツ振興には、今後、地方自治体において、スポーツ主事が専門職として採用され、プロモーション体制が整備されることが不可欠であろう。

竹野町（現豊岡市竹野町）——中竹スマイル

幼児のリズム遊びから
高齢者のリハビリまで

生きる力

　子どもたちの生きる力が問われている。現代社会はストレス社会ともいわれているが、子どもたちも、学校、塾や習い事などで日常生活を忙しいと感じている。かつては、「○○君、遊ぼう！」と声をかけていたが、今は「○○君、遊べる？」に変化している。

　さらに、近年多発する児童誘拐事件や児童殺傷事件など、われわれが子どもの頃とは比較にならないほど、子どもたちも大変なストレス社会に生きている。それゆえ、"たくましさ"や"精神的な強靭さ"が求められるが、社会生活環境の変化により、現実はむしろ逆行している。少子化の進行により、1人の子どもに4人のスポンサー（おじいさん・おばあさん）がつき、経済的に裕福な状況をつくっている。また、都市化の進行は、屋外における身近な遊び場を奪ってしまった。

　神戸市の小学・中学生に対する行動調査（2002年）によれば、過去1年間に「海や川で貝をとったり、魚をつったこと」が「あまりない・まったくない」小学生は47％、中学生は79％も存在する。「高い木に登ったこと」が「あまりない・まったくない」小学生は61％、中学生は91％、また、「キャンプをしたこと」が「あまりない・まったくない」小学生は74％、中学生は87％にも上っている。まさに、子どもたちの生きる力をつける場である、自然体験や社会体験が不足している。

　兵庫県では1988年から、子どもたちの自然体験の機会を増やすために、小学校5年生を対象にして、5泊6日の自然学校を実施している。1泊や2泊の夏季キャンプや林間学校は珍しくないが、6日間にわたって自然学校を展開している例は少ない。その趣旨は、次のように掲げられている。

　「学習の場を教室から豊かな自然の中へ移し、児童が人や自然、地域社会とのふれあい、理解を深めるなど、さまざまな体験活動を通して、自分で考え、主体的に判断し、行動し、よりよく問題を解決する力や、生命に対する畏敬の念、感動する心、共に生きる心を育むなど、"生きる力"を育成することを目的にする」

　1988年に始まった自然学校は、1991年から兵庫県内のすべての公立小学校に広がった。2002年度は、県内836小学校の児童5万2478人が滞在型の自然生活を体験した。その活動内容は、自然観察、登山・ハイキング、オリエンテーリング、ナイトハイク、天体観察、クラフト、川遊び、野外炊飯、キャンプ、カヌー・カッターなど、多様である。これまで、86万4570人の児童が県立但馬南自然学校や県内のさまざまな野外活動施設において、自然体験をしている。

　ここでは、兵庫県北部の日本海に面し、自然あふれる竹野町において、ユニークなイベントによっ

てクラブづくりをすすめている「中竹スマイル」(スポーツクラブ21中竹野) を紹介したい。

*1 自然学校──兵庫県が1988年に、子どもたちの自然体験の機会を増やすために、小学校5年生を対象にして始めた5泊6日の体験学習。豊かな自然の中で、さまざまな体験活動を通して、生きる力をつけることを目的にしている。兵庫県内の全828小学校で実施され、受け入れのための拠点施設も整備されている。

自然に恵まれた竹野町

　兵庫県は北が日本海、南は瀬戸内海に面しており、県内で海洋性レクリエーションと山岳性レクリエーションの両方を楽しむことができる。城崎郡竹野町(現豊岡市竹野町)は、山陰海岸国立公園内の但馬地方にあり、竹野浜海岸は白い砂浜と松林が美しく、海水浴のメッカである。竹野町の周辺には、城崎温泉や城下町の出石町、冒険家植村直己さんのふるさとで記念館がある日高町、神鍋高原スキー場など、豊かな自然やおいしい食べものがたくさんある。

　竹野町の人口は5829人(2003年4月)で、3つの小学校区がある。竹野町は、恵まれたスポーツ・野外活動施設をもっている。町内には4ヶ所のキャンプ場があり、夏は関西からの家族連れのキャンパーが集まる。「たけのこ村キャンプ場」は、3月から10月末まで開村しており、コテージやテントで、川遊びや野外炊飯を楽しむことができる。兵庫県下の自然学校児童も、たけのこ村に数多く滞在し、竹野町B&G海洋センターなど、周辺の野外活動施設を利用している。

　海岸線は白砂と入り組んだ洞窟が多く、水質もよい。ユニークなのは、「竹野スノーケルセンター」である。同センターは環境省が建設・管理しており、年間を通して、スノーケル教室、磯観察、ネイチャークラフトなどの活動が展開されている。兵庫県の自然学校で利用する児童も多く、2002年度は、1万8000人が利用している。スノーケル教室では、ライフジャケットを着用しているので、泳げない子どもでもすぐに慣れ、珍しい魚や海草をみて歓声をあげることになる。

　但馬地方は豊かな食材にも恵まれている。但馬牛は子牛として育てられた後、セリに出され、神戸牛や松阪牛に変わっていく。出石町は、皿そばにより"まちおこし"に成功している。冬は何といっても松葉ガニのメッカで、旅館・ホテルや民宿でカニのフルコースを味わいに観光客が訪れる。夏季は海水浴客やキャンパー、冬はカニコース、そして自然学校児童を合わせ、竹野町の年間観光客数は、79万8000人(2002年度)に上っている。

少人数ながら所属率の高いクラブ

　中竹スマイル(スポーツクラブ21中竹野)は、2002年1月に設立された。きっかけは、竹野町スポーツクラブ21推進委員会であった。町内の体育協会、体育指導委員、PTA、3小学校、コミュニティ協議会などの代表が立ち上げに向けて集まった。中竹野小学校PTA会長であった田畑隆昌さんは、推進委員会の委員であった。中竹野小学校区は、町内の3小学校区でも住民数が最も少なかったが、体育協会会長で推進委員会委員長の木瀬堯后さんが同小学校区在住であったことから、PTA会長の田畑さんに白羽の矢が立った。

　表4-12は、中竹スマイルの年代別会員数と対住民比を示している。会員数は242人と少人数だが、対住民比では31%に上っている。10歳代では66%、40歳代では62%を占めている。これは、小学生の親子が会員の中心であることを反映している。高齢者の会員がやや少ないものの、老人クラブでのスポーツ活動が定着しており、今後は中高年層のクラブ参加が課題になってくる。

表4-13は、定期的活動を示している。ソフトエアロビ、健康教室（太極拳）、卓球、バドミントンなど9教室を開催している。2003年9月、中竹野ふるさと館（町立中竹野小学校体育館）が完成し、活動の幅が広がった。旧体育館は手狭で各教室の開講回数は月に数回だったが、10月からはフットサル、ソフトバレーボールが新設され、毎週開講できる種目が増えた。

クラブの活動における基本理念は、下記のとおりである。

①会員全員でクラブを運営しよう。
②だれもが最低週1回のスポーツ活動をしよう。
③会員が健康に関心を持ち、スポーツを始めるきっかけづくりになるような活動をしよう。
④「スポーツ」をキーワードにして、親子・地域でふれあいや交流ができる活動をしよう。
⑤町内外の各種スポーツ行事へ積極的に参加しよう。
⑥スポーツを競技スポーツだけでなく、幼児のリズム遊びから高齢者のリハビリまで広く捉えよう。

表4-12　クラブの年代別会員数と対住民比

	住民（人数）	会員（人数）	会員の対住民比
10歳未満	66人	37人	56%
10歳代	85人	56人	66%
20歳代	73人	8人	11%
30歳代	71人	34人	48%
40歳代	92人	57人	62%
50歳代	102人	15人	15%
60歳代	103人	26人	25%
70歳代以上	182人	9人	5%
合計	774人	242人	31%

表4-13　クラブの定期活動

ソフトエアロビ	月1回	外部講師
キッズランド	月1回	小学生と親や地域との交流
健康教室	月1回	太極拳（外部講師）
ゴルフ教室	月1回	練習場（上級者会員が指導）
バドミントン	週1回	中竹野ふるさと館
ソフトバレーボール	週1回	中竹野ふるさと館
卓球	月2回	一般向け、小学生向け
フットサル	月1回	一般向け、小学生向け
チャレンジマラソン	月1回	5キロ走

ユニークなイベントの開催とクラブ参加

中竹スマイルの特徴は、何といってもユニークなイベントの開催と参加である。表4-14は、これまでに開催されたイベント一覧である。わくわくハイキングは、近郊の里山へでかけるが、途中にビンゴゲームを入れるなど、楽しさを演出しようという工夫がみられる。「お手玉の会」は、ふるさと文化センターで開催され、お年寄りから子どもまで、お手玉をつくり、歌いながら多世代コミュニケーションが図られている。

町内で開催されている輪投げ大会、ディスクターゲット、大なわとび大会、盆踊り、町民駅伝大会、町民球技大会（春・秋）、ソフトバレーボール、キューピットマラソン大会など、町民大会や地区大会へも積極的に参加している。これは、活動方針にも掲げられており、クラブ代表として参加することにより、クラブへの帰属意識を高めることにつながっている。

ユニークなイベント参加としては、日本海に面した竹野町の海岸で開催される「北前まつり」がある。北海道の"ばんばレース"は有名だが、竹野町では砂浜

表4-14　開催・参加イベント一覧

わくわくハイキング	8キロ、ビンゴゲームなど
水中ウォーキング教室	B&G海洋センター
中コミふれあいまつり	輪投げ大会、ディスクターゲット
中地区総合体育大会	大なわとび大会、盆踊り
お手玉の会	お手玉をつくる、体験する
町民駅伝大会	5区間
町民球技大会（春・秋）	ソフトバレーボール
キューピットマラソン大会	5キロ、3キロ、ジョギング
スキー・スノーボード教室	神鍋スキー場
北前まつり	砂浜綱引き、人間ばんばレース
プロ野球観戦バスツアー	大阪ドーム・近鉄戦
会長杯ボウリング大会	小学生の部、一般の部（2回開催）
会長杯ゴルフ大会	3回開催
篠山ABCマラソン大会	3月に開催
Jリーグ観戦	神戸ウイングスタジアム

第4章 ユニークなプログラムを展開する地域スポーツクラブ

図4-20 北前まつりの人間ばんばレース

において、馬ではなく人間4人が引っ張り、競争している。5月3日の大会へは、「人間ばんばレース」に小学生1チーム、大人2チーム、「砂浜綱引き大会」へは3チームが出場した。「ばんばレース」ではAチームがジャンケンに負け決勝に進めなかったが、期待されていなかったBチームが優勝。綱引きはばんばレースの後に開催されたため、へろへろ状態だったとはいえ、みごと優勝と準優勝を収めている。

2月に開かれた「スキー・スノーボード教室」へは、ファミリーを中心に75人が参加した。会員の上級者が初心者や子どもたちを指導し、雪遊びやビンゴゲームも開かれ、たいへん盛り上がってウインタースポーツを堪能した。

8月には、バスで大阪ドームへプロ野球観戦に出かけた。但馬地方ではプロ野球の試合がみられないことから、33人の会員がプロのスピードとパワーを体感した。外野席で大声の応援やジェット風船を飛ばしたり、都会のドーム球場において、あこがれのスター選手を目の当たりにし、記憶に残る1日になったに違いない。最近は、Jリーグ観戦にも出かけ、天然芝が美しい神戸ウイングスタジアムでヴィッセル神戸を応援した。

町内に設立されたクラブとの交流大会も開催されている。「交流バドミントン大会」や「交流卓球大会」においては、小学校4年生以下（男子・女子）、小学校5・6年生（男子・女子）、中学生男子、中学生女子、一般男子、一般女子など、年齢層を細分化してクラブ間の交流が図られている。2005年には、兵庫県地域スポーツ活動室が主催した「スポーツクラブ21ひょうごブロック別交流会」も開催されており、会員がグラウンド・ゴルフの部で準優勝した。

クラブ員の対住民比率は31％に上っており、これはドイツのクラブ会員の対国民比率とほぼ同じである。この高い所属率は、毎月発行される会報「スマイル通信」によるところが大きいだろう。A4判裏表2頁の会報は、写真やイラストが多く、読んでいておもしろい。さまざまな大会参加の後には、必ず成績報告があり、デジカメで撮影した写真が掲載されている。町内マラソン大会であるキューピットマラソン大会では、入賞者の名前と順位が記され、小学生女子の部で2位に入った福丸美穂さんのゴールシーンが写っている。会報は、大会成績を掲載することによって、地域のヒーロー、ヒロインを誕生させることができる。また、「スマイル通信」という会報名の横には、「できることからはじめよう！」というクラブのスローガンがいつも記されている。会報は会員だけでなく、小学校区の全戸に配布されている。

総合型クラブの活動は、ふだんの定期的な練習や教室だけでは、どうしてもマンネリ状態になってしまう。それゆえ、イベント開催は日常とは異なる種目や活動に参加できるという魅力がある。これまでのスポーツ少年団や地域スポーツクラブのほとんどは単一種目型である。ひとつの種目を年間通して、黙々と継続することが美徳であった。しかし、野球だけでなくサッカーもやってみたい、バレーボールだけでなく、テニスにもチャレンジしたいと考えている子どもが少なくない。北米では、子どもからプロスポーツ選手にいたるまで、シーズン型スポーツ（seasonal sports）が定着している。年間3シーズン制が一般的で、シーズンごとに参加者が集められ、シーズンが終われば解散。そして、次のシーズンには別の種目に参加することによって、年間を通して多種目を楽しむことができる。大学生が卒業時に、プロバスケットボール（NBA）と大リーグ（MLB）の2チームから、ドラフトさ

れるという例もある。

中竹スマイルの子どもたちは、年間を通して、さまざまなイベントに参加することによって、シーズン型スポーツを享受している。2006年に開催される「のじぎく兵庫国体」では、竹野町で「デモンストレーションとしてのスポーツ競技」として、キューピットマラソンコースを利用して"健康マラソン"が開催される。スマイル通信には、「"健康マラソン"はタイムを競うのではなく、各自がからだに無理のないペースで完走を目指す、そんな大会です。予選や基準タイムはありません。あなたも、国体に出場してみませんか？」と競技への参加を呼びかけている。

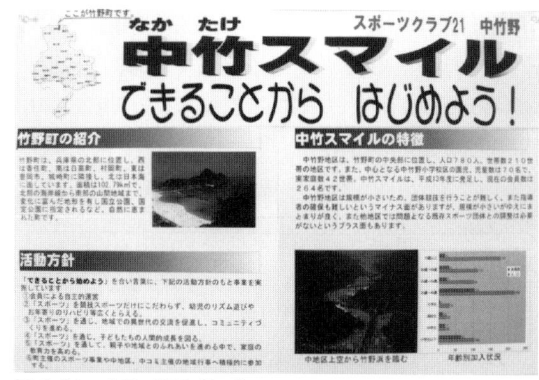

図4-21　クラブ紹介ポスター

近くの総合型クラブとの交流も始まっている。隣の小学校区に設立された"竹野南スポーツクラブ21"との間で、「スポーツクラブ卓球交流大会」が3月に開催された。試合は、①一般男子（中学生以上）、②一般女子（中学生以上）、③小学校5・6年生男子、④小学校5・6年生女子、⑤小学校4年生以下男子、⑥小学校4年生以下女子の6部門が設けられた。

このように部門が多くなれば、それだけ表彰を受けられる確率も高くなる。また、各部門の1回戦では同じクラブの人との対戦にならないよう配慮されている。

会員によるクラブ運営が活動の基本理念

中竹スマイルはクラブ員の数は少ないが、多様なイベント開催により、充実した活動を展開している。12月に開催された第2回会長杯ボウリング大会を見学したおり、子どもたちとお父さん、お母さんの嬉しそうな表情が印象に残った。スポーツの楽しさを本当に満喫しているようすがうかがえる。

中竹スマイルの活動が軌道に乗ったのは、古くからのコミュニティ活動の歴史があったことが大きな要因になっている。かつて、1970年代終わりに、コミュニティセンターがつくられ、地区の全戸が加入し、さまざまな文化・スポーツ活動が展開された時期があった。現在でも、地区運動会や盆踊り、バーベキュー大会などの行事が続いており、地域における社会関係がうまくいっている。また、小学校児童数は56人で、小規模であることが小回りの効いた活動を可能にしている。さらに、これまでスポーツ少年団などが組織されておらず、調整を要するスポーツ団体がなかったことが、中竹スマイルの活動を盛り上げることに影響した。

活動の基本理念にもあるように、積極的に町内や地区の活動に参加しようという姿勢を評価したい。総合型クラブの育成は、たんなるスポーツ振興だけでなく、その活動がまちづくりにつながったとき、地域住民の理解が深まり、支援が大きくなっていくだろう。

クラブの魅力を高める最大の要因はリーダーシップである。中竹スマイルでは、会長の田畑隆昌さんと副会長の木下和彦さん、そして橋本忠明さんの3人が運営の中心である。田畑さんと木下さんは幼なじみ、橋本さんは町のスポーツ振興を担当していることから、抜群のチームワークを発揮している。会報の発行も3人が交代で担当し、クラブのロゴ入りのウインドブレーカー、Tシャツ、ポロシャツの製作など、次々とヒット商品も生み出している。田畑さんは、「会員の対住民比率[*2]をいずれ100%に近づけたい」と意欲的だ。

最後に、クラブハウスがまだ建設されていない。公共施設に会員だけの専有使用は許されないという理由だが、更衣室を会員だけでなく、昼間は生徒が使うなど、工夫は可能であろう。「柔軟な発想」によって、せっかくのクラブハウス補助金を活用してほしい。クラブハウスが完成すれば、地域の拠点として、クラブの魅力も高まり、会員の増加にもつながっていくだろう。また、竹野町は2005年4月、城崎郡日高町・城崎町、出石郡出石町・但東町とともに豊岡市に合併され、人口8万9000人の新しい豊岡市が発足した。市のホームページを開いてみると、スポーツ関係は「豊岡市国体情報のページ」のみで、スポーツ振興に関する情報は得られない。今後は、豊岡市において、合併した新たな地区を含めたスポーツ振興のマスタープランづくりが重要だろう。

*2 会員の対住民比率──地域スポーツクラブの会員数が、市区町村や対象クラブエリアの住民数に占める割合のこと。地域スポーツクラブは小学校区や中学校区、また全市町にまたがるなど、組織基盤は多様であるが、対住民比率が高いほど、強固な組織基盤をもっているといえる。

◆総合型クラブによる学校・地域との連携◆

〈学校との連携〉

○子どもたちのフラッグフットボールの活動を関西学院大学のアメリカンフットボール部学生や学校教員、生徒が指導者として多数参加している。(宝塚市・スポーツクラブ21長尾南クラブ)

○クラブにおいて、教員が指導者として参画し、高校生・大学生がボランティアコーチとして協力してくれる。(明石市・スポーツクラブ21花園)

○中学校部活にないバドミントンを毎週土曜日に自主練習し、月1回は指導者の下活動している。(宝塚市・スポーツクラブ21山手台)

○レクリエーションクラブと英語クラブにおいて、神戸女子大学の学生が毎回企画を立て、歌ったり、お手玉やフラフープをしたり、子どもと一緒にからだを動かしながら指導していただいている。(神戸市・北須磨スポーツクラブ)

○中学バレー部の練習場所がなく、保護者の要請で小学校体育館を使用できるようにした。また、スポーツクラブのコーチがバレー部を指導している。(川西市・かわきたクラブ)

○小学校教員がクラブの指導者として関わり、また学校行事としてスポーツクラブ21活動展を学校で開催している。(芦屋市・岩園スポーツクラブ)

〈地域との連携〉

○スポーツクラブ役員の過半数は地区社会福祉協議会のメンバーで構成されている。小学校で開催される「ふれあいまつり」などのイベントでは、地区社協と常に密接に連携している。NPO法人伊丹アスリートクラブとも連携し、プロ選手の派遣や指導者養成とのタイアップを図っている。(伊丹市・スポーツクラブ21みづほ)

○地域と連携して、七夕祭りを開催している。笹飾りと焼きそばなど4店を出店している。また、地域団体と連携し、みこし祭りを実施した。(神戸市・芦の台シーズスポーツクラブ)

○スポーツクラブが中心になり、区長会や公民館と共催し、住民体育大会を実施している。(南あわじ市・スポーツクラブ21えびす)

○地区の町内会事業に合わせて、スポーツクラブのクラブ紹介とデモンストレーションを行っている。また、地域住民を対象にしたスポーツフェスタを実施している。(南あわじ市・朝見台スポーツクラブ21)

○周辺の11自治会で組織されている中山台コミュニティへ、健康スポーツ部会として参画し、地域全体としての健康づくり推進を担っている。(宝塚市・スポーツクラブ21中山台)

○自治会、コミュニティ推進協議会などの団体と合同で、ホタル鑑賞会、3世代交流もちつき大会、救命士講習会、防災の取り組みなどを行っている。(明石市・スポーツクラブ21高岡西)

○クラブが主催し、地域の夏祭りを実施したり、PTAとの連携によりスポーツイベントを開催している。夏休みにプール開放も行っている。(西宮市・スポーツクラブ21うえがはら)

(兵庫県教育委員会地域スポーツ活動室「総合型地域スポーツクラブ活動状況調査」2005)

福崎町──スポーツネットワークUS

若いリーダーが活躍し、
障害者のプログラムも展開

縮み志向の青少年

　「青年よ、大志を抱け！」（W. S. クラーク）。かつて、札幌農学校教頭であったクラークは、札幌を去るとき、馬上から別れを惜しむ青年たちに向かってこう叫んだ。青年期は、人間の発育・発達において最も充実する時期であるにもかかわらず、若者のこころとからだの現状は、さまざまな問題を示している。

　文部省の調査によると、1999年度に発生した学校における暴力行為は、小学校で1509件、中学校で2万4246件、高校で5300件であり、小学校では前年度より19件減少しているものの、中学・高校ではそれぞれ前年度より1255件および148件増加している。1999年度の校内暴力件数を1985年度と比較すると、中学では約10倍、高校で約8倍にも増えていることがわかる。また、「イライラ状態」を訴える中学生が26％、高校生では29％にも上っており、不安定な心理状態と暴力衝動をコントロールできない状況が明らかになっている。

　最近の少年非行における凶悪犯の特徴は、一見おとなしく目立たない「普通の子」が内面に不満やストレスを抱え、なんらかの要因によってそれが爆発して起こる「いきなり型」の非行が新たに生じていることである。その特徴は、①自己中心的な価値観をもち、被害者に対する罪悪感や規範意識が低い、②コミュニケーションや自己表現能力が低く、対人関係がうまく結べない、ことにある（文科省・青少年の問題行動等に関する調査研究協力者会議）。

　また、最近は非行少年が高年齢化しているという。刑法犯少年の検挙人員数を年齢別にみると、かつては15歳付近をピークとして20歳に近づくと減少するという日本独特の分布であった。しかし、最近では、20歳の大人に近い犯罪少年が増えている。

　わが国の若者の文化は、「お部屋文化」という社会学者がいる。若者の生活を観察すると、料理や家具に懲り、レンタルビデオやマンガで休日を過ごし、デートまでが「お部屋」でという。ちなみに、ヨーロッパでは経済圏だけでなくグローバリゼーション[*1]が進み、さまざまな分野でボーダレス化（国境の消失）が進んでいる。ドイツの若者が英国の大学に、フランスの若者がアメリカにインターネット留学をし、ますます国境がなくなっている。「お部屋文化」は、わが国の青少年の「縮み志向」をますます強めており、21世紀のグローバル社会に暗い影を投げかけている。

　総合型クラブは、子どもから若者、中年層、高齢者と多世代型であることが、これまでの地域スポーツクラブにない特徴である。ここでは、若いリーダーたちが活躍している「スポーツネットワーク

US」をリポートしたい。

　＊１　グローバリゼーション——グローバリゼーション（globalization）とは、地球規模での複数の社会とその構成要素の間での結びつきが強くなることに伴う社会における変化のこと。「地球規模化」と訳されることもある。世界経済の融合と連携深化、異文化交流の機会増加、政治主体の多様化、社会問題の世界化などのグローバリゼーションがみられる。

福崎町のスポーツ情報サイト

　福崎町は兵庫県の中西部に位置し、人口２万人足らずの田園都市である。中国自動車道と播但自動車道が交差する交通の要所で、３つの工業団地ができている。

　町内のスポーツ施設は恵まれている。野球やサッカーができる多目的グラウンドが３ヶ所、町営体育館が２ヶ所、さらに夜間照明つきのソフトボール場、ゲートボール場、テニスコート、クラブハウスからなる福崎町スポーツ公園が整備されている。また、第１・第２グラウンドも夜間照明が設置され、日曜日の夜に、少年団の野球チームが練習している。

　福崎町教育委員会のホームページを開くと、スポーツ施設のコーナーがある（http://www.sports.town.fukusaki.hyogo.jp/）。施設情報だけでなく、"トピックス"のコーナーがあり、さまざまなスポーツ教室の紹介がなされている。また、スポーツ団体紹介や"スポーツ質問箱"のページがある。スポーツ質問箱を開くと、「ソフトボール審判講習会を開催してほしい」という要望や町内の山の会のホームページのPRなど、いろいろな書き込みがある。質問に対する答えもあり、情報化への対応がみられる。このような情報サービスは、体育館勤務の２名の専門職である橋本繁樹さんと万波伸年さんのアイデアによるものだ。２人は、神戸大学で開催された社会教育主事講習会の修了生で、生涯スポーツに関する最新知識とノウハウを身につけ、町民のスポーツ振興の企画と運営を行っている。

　総合型クラブの育成にとって、重要なのは広報PRである。町の広報誌である『広報ふくさき』のある号では、表紙に「あなたの地域でスポーツクラブ！」とあり、活動の写真が満載である。地域スポーツの振興において、重要なメディアは広報誌と口コミで、特集として取り上げられれば総合型クラブの認知度が高まることは間違いない。

　＊２　社会教育主事——都道府県および市区町村の教育委員会に配置されている有資格の専門職員。「派遣社会教育主事（スポーツ担当）」は、1975年から都道府県から市区町村に派遣され、自治体のスポーツ振興を担当してきた。この制度は1997年で国からの補助が打ち切られ、以降は都道府県の判断により、自主財源により派遣制度が維持されている。

私たちのクラブ「スポーツネットワークUS」

　"スポーツネットワークUS"（スポーツクラブ21福崎）は、福崎小学校区に2001年度に設立された。ユニークな名前には、「健康あふれる街と人の"明日"のため、"私たち"のクラブを、小学校区内にネットワークしたい」という思いがこもっている。

　総合型クラブの設立に際して大切なことのひとつに、クラブの理念をつくることがある。スポーツネットワークUSは、以下の基本理念を掲げている。

■「いつでも、だれでも、すきなだけ、楽しめるスポーツクラブ」
　①子どもから高齢者までが、運動したいときに手軽に参加できるメニューを提供します。
　②活動は毎週ありますが、参加の強要はありません。

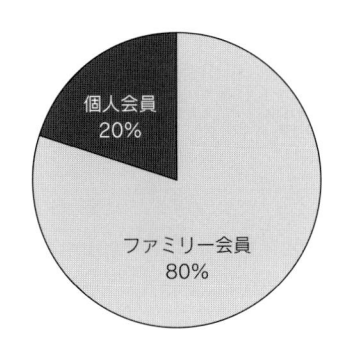

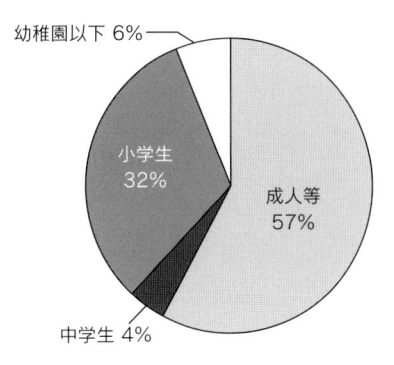

図 4-22　会員の種別割合と年代分布

　③会員は、クラブが提供するどの種目にも自由に参加できます。
　④会員のレベルに応じた適切な指導が受けられます。
　⑤会費を徴収し、自分たちの目指すクラブ運営を民主的に行います。

　会員は「家族全員で楽しく参加する」ために、ファミリー単位での登録が原則になっている。ファミリー会員は年間1万円を徴収している。また、小学校区外を対象にして、個人会員（年間6000円）も置いている。ファミリー会員を原則にしているものには、愛知県のNPO法人ソシオ成岩スポーツクラブなどがあるが、運動不足の父親がスポーツ教室参加の機会ができ、ファミリーでイベントや教室に参加できるなどの効果をもたらしている。個人会員の会費は6000円で、個人で会員になったり、福崎小学校区以外の住民も会員になることができる。
　図4-22は、会員の種別割合と年代分布を示している。ファミリー会員は434名、個人会員は110名、合計544名が総会員数である。年代層をみると、成人が312名、小学生176名で、中学生は部活参加者の多いことからクラブ会員は22名と少ない。最年長者は大正9生まれの81歳で、太極拳に元気に参加している。
　2002年度の収支決算書をみると、収入の部では県からの運営補助金100万円のほかに、会費収入が216万1000円あり、合計316万1000円である。その結果、クラブハウスの管理のためのパート職の賃金39万円の支出が可能になっている。また、収入のすべてを使い切るのではなく、48万円を基金積み立てとして残し、5年間の補助金終了後の運営に備えていることは注目すべきだろう。
　図4-23は、専門部（種目）別の登録者と年代分布を示している。専門部は14種目に上っているが、登録者数が多い順に、バドミントン、野球、テ

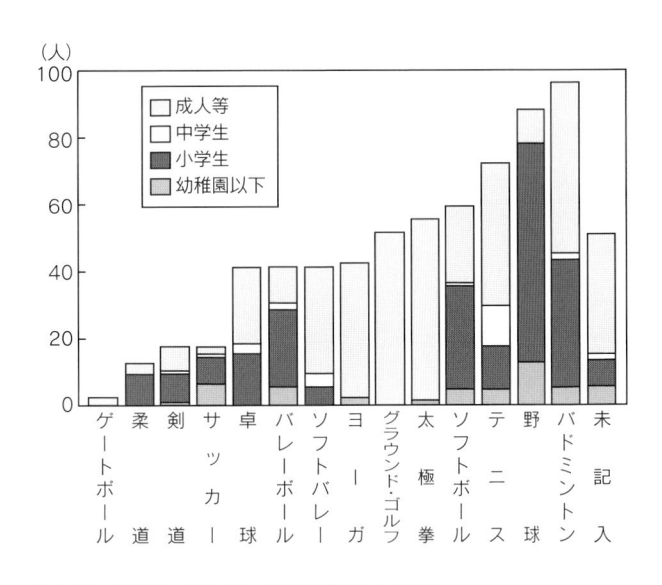

図 4-23　専門部（種目別）の登録者数と年代分布

第4章 ユニークなプログラムを展開する地域スポーツクラブ

図4-24　クラブハウスと運営スタッフ　　　　図4-25　ちびっ子サッカー教室

ニス、ソフトボール、太極拳、グラウンド・ゴルフ、ヨーガ、ソフトバレー、バレーボール、卓球、サッカー、剣道、柔道、ゲートボールである。小学生が多いのは、野球、バドミントン、ソフトボール、バレーボール、成人会員が多いのは、太極拳、ヨーガ、グラウンド・ゴルフ、バドミントン、テニスなどである。

　ソフトバレーは小学生、初心者、経験者と3つのグループに分かれて、毎週金曜日の夜に小学校体育館で活動している。剣道部も初心者の部、中級者の部、有段者の部の3つのグループ別練習をしている。バレーボールは初心者コース、中級者コース、上級者コースに別れ、中級者・上級者コースは町・郡・県大会などに参加している。テニスは初心者・ジュニアコース、経験者コースに分かれて練習し、毎週日曜日に福崎町スポーツ公園テニスコートで活動している。

　少年軟式野球と少年ソフトボールについては、より技術の向上を求める会員のために、町内外すべてから入会が可能なチームになっている。ただし、町内のいずれかの総合型クラブの会員であることを条件としている。また、少年軟式野球は小学3年生以下コースと小学生6年生以上コースの2グループ、ソフトボール部は初級者、中級者、上級者の3つのグループに分かれ、子どもから女性、成人まで老若男女がプレイを楽しんでいる。

　単一種目クラブを統合して総合型クラブと呼んでいるケースも少なくない。そこでは、会員は各単一種目クラブの活動だけで、総合型クラブという看板を掲げているだけである。複数種目があることにより、会員が他の種目に関心をもっても、その受け皿がない。顔なじみの単一種目クラブがいつもの活動を展開しているだけである。それゆえ、総合型クラブにおいては、新たな会員がさまざまな種目に参加しやすいしかけが必要である。スポーツネットワークUSの多くの種目には、初心者クラスが置かれ、新たな種目にチャレンジできる機会が用意されている。

　総合型クラブの特徴のひとつは、多種目型であることだ。これまでの単一種目型だとライフステージが変わることによって、適切な種目を選択することができないという弱点がある。それゆえ、会員数が減少し、クラブの存続が難しい。スポーツネットワークUSでは、多種目に参加することを奨励している。入会時に14種目の中から選択し、登録できるようになっている。1種目登録者は492名であるが、2種目登録者は111名、3種目は27名、4種目以上は4名である。

　スポーツ少年団に登録すると、多くはひとつの種目で1年中、活動する。しかし、子どもたちは1種目だけでなく、ほかのスポーツ種目もしたいと望んでいる。このクラブでは、野球とサッカーや、バドミントンと卓球を楽しんでいる子どもたちもいる。また、ファミリー会員の母親と娘さんが、太極拳とヨーガ教室に仲よく参加しているといった姿も珍しくない。

　スポーツクラブUSを訪ねた。小学校体育館に入ると、スポーツネットワークUSの看板を掲げた

クラブハウスが目に入る。体育館の一室を改築し、フロント窓口もつくられた。クラブハウスに入ると、兵庫県教育委員会が実施しているクラブマネジャー講習会修了証や公認スポーツ指導者の資格証書が額に入り、並んでいる。クラブでは、有資格指導者を増やすことを大きな目標に掲げており、資格取得のための研修派遣に対して財務支援を行っている。

クラブハウスのフロント窓口にはパソコンや電話、コピーが置かれている。また、キッチンには電子レンジや冷蔵庫も置かれ、交流機能を高めるハードも充分である。テレビやビデオ、デジカメなどもあり、これらの備品は県からの補助金が活用されている。もちろんエアコンも設置されており、同時に2団体が利用できるよう間仕切ることも可能である。

ヒアリング調査のために、副会長の水谷正美さん、事務局長の祖父元恒明さん、事務局の前田勉さんに集まってもらった。このクラブの特徴は、事務局スタッフが若いことである。祖父元さんは42歳、前田さんは38歳である。クラブ理念にあるように、「自分たちの目指すクラブ運営を民主的に行う」ことが実践されている。役員会と運営委員会は、それぞれ月1回開かれている。

補助金により設立された総合型クラブの運営委員をみると、さまざまな地域団体の長を集めた"当て職"役員が少なくない。そういったクラブでは、クラブ設立以後、活動が停滞し、会員数が伸びないなどの問題が出てきている。運営役員は、若手・中堅・長老のバランスが大切だ。会長の志水良晴さんは、スポーツ少年団本部長の職にあり、信望が厚い。スポーツネットワークUSでは、クラブ運営のリーダーシップが、年齢バランスのよい役員によって発揮されている。

スポーツネットワークUSでは、指導者も会員である。「会員が育ち、育てるクラブ」が実践されている。2002年にはクラブのシンボルマークがつくられ、クラブ旗も作成された。最近では、「障害者スポーツ教室 friendschool」が始まっている。月2回の教室で、会員や家族のボランティアがスポーツ教室を支えている。神戸にある地元放送局のサンテレビが、「スポーツクラブ21ひょうご」のモデルクラブとしてスポーツネットワークUSを取材し、サンテレビ系列の「健康家族」で放映された。また、「スポーツクラブ21ひょうご」全県推進委員会において、モデルクラブとして事務局長の祖父元さんが事例発表を行った。

総合型クラブの統合に向けて

福崎町には、16団体が加盟する福崎町体育協会、5団体が加盟するスポーツ少年団などがあり、町教育委員会と体育指導委員会が地域スポーツの振興を担っている。2000年度から、小学校単位での総合型クラブの設立が進み、2002年度には町内4小学校区すべてに総合型クラブが設立された。2003年度からは、4クラブ間の調整・情報交換の場として、福崎町スポーツクラブ連絡協議会が設立された。

福崎町の総合型クラブは、兵庫県内の他市町と異なり、すべて共通の特徴をもっている。まず、年会費はファミリー会員1万円、個人会員6000円であることだ。また、指導者資格の取得には経費の一部をクラブが負担している。指導者謝金制度を設け、有資格指導者と無資格指導者の謝金の額に差をつけている。定期活動以外のイベント等については参加料を徴収し、会員と非会員の差を設け、受益者負担の原則を打ち出している。

この町内のクラブ共通の特徴をもたせたことは、実に先見性に富んでいる。兵庫県による「スポーツクラブ21ひょうご」事業は、5年間の補助事業である。補助事業は、事業期間終了後がポイントである。いかに自立するかという大きな課題がある。町内のクラブの会費が統一されていることは、

補助金終了後に統合する際に、スムーズにいくひとつのポイントである。

　福崎町の連絡協議会では、現在、統合・連合に向けてのディスカッションが進められている。筆者は、福崎町スポーツクラブ連絡協議会の主催で、町教育委員会の共催によるセミナーで講演をした。そこで、補助金が終了すれば財源が少なくなり、10年後、20年後を見据えて、やがて少子化の進行と会員数が減少することが確実なことから、クラブの統合が重要であることを強調した。4つのクラブは、それぞれが地域において、何回もの話し合いを経て設立され、運営委員がアイデアを出し、ユニークな活動を展開してきた。それゆえ、クラブへの愛着心も生まれている。2004年において、スポーツネットワークUSの会員は549名、田原スポーツクラブは607名、たかおかスポーツクラブは311名、八千種スポーツクラブは266名である。しかし、2006年には、各クラブとも予想通り会員数が減少してきている。4クラブを統合すれば、1700名の会員を擁する大型クラブになる。

　大型クラブにはスケールメリットがある。会費収入が増えることにより、クラブの総収入が当然増加し、クラブ財政の健全化につながる。また、事務局員の雇用も可能になる。また、少人数で開催していた同じ種目の教室を統合すれば、講師料の削減や教室の活性化につながる。統合する際には、NPO法人化の取得が求められる。NPO法人になることにより、社会的信用が高まる。法人化により、スポーツ振興くじ（toto）の助成も、クラブで独自に申請することができる。また、町からスポーツ教室やスポーツ施設管理の委託も受けやすくなるだろう。

　福崎町の4クラブにおけるそれぞれのユニークな活動と各クラブハウスはブランチとして残し、統合すれば専任のクラブマネジャーの採用も可能になるかもしれない。

終章

地域スポーツクラブの育成と自立に向けて

スポーツ文化の可能性

文化とはみなされなかったスポーツ

　21世紀に入ってから、スポーツシーンが大きな変化をみせている。BS・CS放送では、北米メジャーリーグの試合がライブで放送されている。イチローや松井秀喜をはじめとする日本人メジャー選手の活躍は、連日スポーツニュースのトップ扱いで紹介され、日本のファンにも日本のプロ野球と北米のメジャーリーグ・ベースボールの違いが明らかになってきた。

　メジャーリーグでは観客席のフェンスが低く、球団と選手はファンサービスを非常に重視している。子どもたちは、小学校のカリキュラムのひとつとして地元のボールパークに招待されることもある。このように「みるスポーツ」を通して、ベースボールは、まさにアメリカ文化そのものであることが浮き彫りになってきた。

　他方、わが国ではスポーツは文化としてみなされてこなかった。スポーツは学校教育における身体活動として普及が進んだ。スポーツ活動は運動部で、文化部とは一線を画された。また、武士道の影響を受け、道イズムに支配された。武士道は成文化されない行動規範であり、"忠誠心"や"自己鍛錬""謙虚""勇気""質素""法と規範への厳格な服従"が特徴である。スポーツが人格形成や自己鍛錬としての教育的文脈において位置づけられてきたことから、本来の自発的行為（voluntary action）から遠ざかり、生活文化としてみなされない一因になった。

　スポーツは、世代から世代へと継承されてきた人類固有の文化である。ここでは文化としてのスポーツに焦点をあて、東京オリンピックから40年の間にスポーツ文化がどのように変容したのか、そしてスポーツ文化のもつ可能性と課題について考察したい。

東京オリンピックから40年間のスポーツ文化の変容

　1964年、新幹線と首都高速道路の開通というインフラ整備をベースにして、東京オリンピックが開催された。体格では見劣りする日本人選手が、屈強な外国人選手を次々と破り、メダルのラッシュに国民は熱狂した。最も視聴率が高かったのは、「東洋の魔女」といわれたと女子バレーの対ソ連戦だった。このときの66.8％という視聴率は、現在でもテレビ番組視聴率の歴代1位の記録として破られていない。東京オリンピックはテレビというメディアを通して、スポーツが『みるTVスポーツ』として、身近な生活文化になる契機となった。

スポーツ文化の可能性

　東京オリンピックでは、ひとつの象徴的な敗戦があった。それは、日本の国技と自負してきた柔道の無差別級決勝戦において、神永昭夫がアントン・ヘーシンクに敗れたことである。神永は179cm、99kgと日本人としては巨体であったが、オランダのヘーシンクは、196cm、120kgとさら巨漢であった。「体力とパワー」では、外国人選手には勝てないことが明らかだった。東京オリンピックの開催された1964年、スポーツテストによる「体力・運動能力調査」が文部省によって始められ、翌1965年には、「体力つくり国民会議」が発足し、「体力つくり政策」の時代へと進んでいった。

　体力つくり政策はその後も継承されるが、1970年代に入ると「するスポーツ」として、「社会体育」「コミュニティスポーツ」政策が始まる。東京都三鷹市で、バレーボール教室が開催され、教室終了後に受講生が中心になり、ひとつのクラブが結成された。「教室からクラブへ」という"三鷹方式"は、社会体育のモデルになり、単一種目クラブが全国で続々と誕生していく。1980年代に入ると、ヨーロッパにおけるスポーツの大衆化運動である「スポーツ・フォー・オール」[*1]ムーブメントの影響により、「みんなのスポーツ」という普及政策が推進される。

　1988年の文部省機構改革により、スポーツ課が「生涯スポーツ課」と「競技スポーツ課」に別れたことにより、「生涯スポーツ政策」と「競技力向上政策」が分離される。翌1989年には、日本体育協会からJOCが独立した。1993年にはJリーグが発足し、「観客としてみるスポーツ」がプロ野球とともに、身近な生活文化になる契機となった。2000年には、わが国で初めてのマスタープランである「スポーツ振興基本計画」が発表され、10年後の定期的スポーツ実施率とメダル獲得率の具体的な数値目標が設定された。そして、多種目、多世代、多目的、自主運営という特徴をもち、わが国では前例のない「総合型地域スポーツクラブ」の育成が地方自治体において本格的に始まった。

　「するスポーツ」に対する関心の高まりは、スポーツ人口の推移をみると明らかである。総理府（現内閣府）調査によれば、東京オリンピックが開催された翌年の1965年には、スポーツ人口は2800万人でしかなかったが、2000年には6800万人にも増加している。20歳以上の成人の3人に2人は何らかの運動・スポーツを実施する時代になってきた（総理府「体力・スポーツに関する世論調査」1964年、2000年）。

　図5-1は、東京オリンピックから40年間のスポーツ文化の変容を示している。ここでは詳細に説明する紙面の余裕はないが、「集団主義、エリート・青少年中心」から「自律性、幼児から高齢者まで」というスポーツ実施層の拡大、そして、スポーツ観は「根性、勝利至上主義」から「合理性、多様性」を認める方向への変容を読むことができる。また、2003年秋の地方自治法の改正によって「指定管理者制度」が発足し、公共スポーツ施設の運営は今、大きな変化を迫られている。これまでの、管理人がいて「使わせてやる」といった管理型公共施設の運営スタイルから、「サービス／クラブ型公共施設」へとの変貌が始まるであろう。また、「コートと倉庫」だけの公共施設において、総合型地域スポーツクラブの会員が「クラブライフ」を楽し

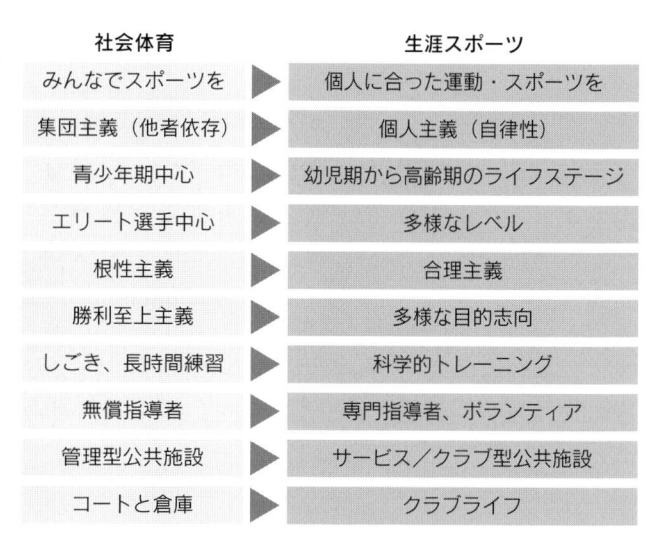

社会体育	生涯スポーツ
みんなでスポーツを	個人に合った運動・スポーツを
集団主義（他者依存）	個人主義（自律性）
青少年期中心	幼児期から高齢期のライフステージ
エリート選手中心	多様なレベル
根性主義	合理主義
勝利至上主義	多様な目的志向
しごき、長時間練習	科学的トレーニング
無償指導者	専門指導者、ボランティア
管理型公共施設	サービス／クラブ型公共施設
コートと倉庫	クラブライフ

図5-1　東京五輪から40年間のスポーツ文化の変容

むことのできるクラブハウスやノウハウと人材が求められるであろう。

> ＊1　スポーツ・フォー・オール──1960年代のヨーロッパで生まれ、その理念は、誰もがスポーツの機会とプログラムにアクセスできることを目指した、スポーツの大衆化、民主化という性格をもった社会的なムーブメントである。1975年の欧州スポーツ担当国務大臣会議において、8ヶ条からなる「スポーツ・フォー・オール憲章」が採択されてから世界へ広がった。

「する」「みる」「ささえる」──新しいスポーツ文化の出現

　21世紀に入り、スポーツは、運動能力の優れたアスリートや若者だけの活動ではなく、ライフステージを通して一人ひとりが楽しむことのできる、"生涯スポーツ"として認知されるようになった。

　スポーツに対する関心の高まりは、「するスポーツ」や「みるスポーツ」だけにとどまらない。スポーツ活動の多様化とスポーツ人口の拡大にともない、「スポーツをささえる活動」としてスポーツにおけるボランティア活動が、新たにその意義と価値を認められるようになってきた。スポーツ文化の享受形態として、「するスポーツ」や「みるスポーツ」とともに、「ささえるスポーツ」が注目されているのである。

　図5-2は、スポーツ文化の多様性を示している（山口、2004）。「するスポーツ」においては、アスリートやスポーツ愛好者が成文化された"競技規則"や"ルール"にもとづき、地域における"スポーツクラブ"や公共・民間"スポーツ施設"において、さまざまな"現代スポーツ"や"伝統スポーツ"を享受している。「みるスポーツ」においては、国際競技連盟やスポーツ協会、Jリーグや日本リーグといった"スポーツ統括団体"がイベントを組織し、スタジアムやアリーナなどのスポーツ施設において"観客"が観戦したり、テレビや映像などの"スポーツ・メディア"を通して、ダイナミックなスポーツシーンを享受する。「ささえるスポーツ」においては、ボランティア指導者やスポーツイベントにおける"スポーツ・ボランティア"が、「するスポーツ」において"リーダーシップ"を発揮し支援している。また、オリンピックを代表とするビッグスポーツイベントやプロスポーツイベントといった「みるスポーツ」においても、その運営をボランティアが支援し、ボランティアの存在なしにビッグイベントのコーディネートは、もはや不可能になってきたといえよう。

　スポーツ文化は、時代の変化とともに変容してきた。「ささえるスポーツ」はたんに補助的な役割にとどまらず、これまでになかった新しい「するスポーツ」や「みるスポーツ」をつくるという、創

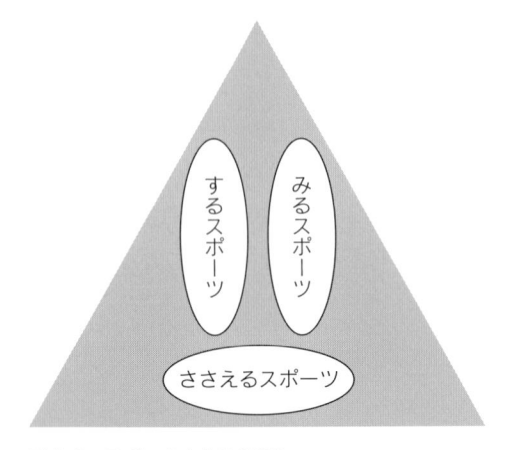

図5-2　スポーツ文化の多様性

図5-3　高齢者に人気の高い社交ダンス

```
   スポーツ振興              地域活性化

  ┌─────────────┐       ┌─────────────┐
  │ ハードウェア │       │ 社会的効果    │
  │  施  設     │       │ コミュニティの再生│
  │  機  器     │       │ 地域文化の創造  │
  │  組  織     │       │ 人材育成・青少年育成│
  │  クラブ     │       │              │
  └─────────────┘       └─────────────┘

  ┌─────────────┐       ┌─────────────┐
  │ ソフトウェア │       │ 経済的効果    │
  │  教  室     │  ▶   │ 観光産業へのインパクト│
  │  イベント   │       │ 医療費の削減   │
  │  プログラム │       │ 施設建設に伴う直接効果│
  │  情  報     │       │              │
  └─────────────┘       └─────────────┘

  ┌─────────────┐       ┌─────────────┐
  │ ヒューマンウェア│     │ 個人的効果    │
  │  指 導 者   │       │ QOLの向上    │
  │  リーダー   │       │ 健康増進      │
  │  ボランティア│       │ 自己実現・生きがいの発見│
  │       など  │       │              │
  └─────────────┘       └─────────────┘
```

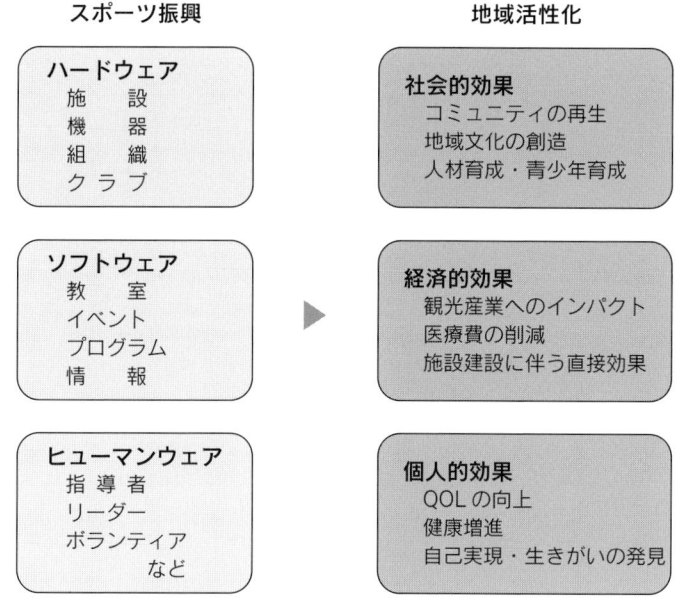

図5-4　スポーツ振興の地域活性化への影響

造的な役割が求められる。このように、21世紀においてはスポーツという文化に対する人々の関わり方が多様化するとともに、新たな発展が期待されている。

　また、スポーツの振興はたんに競技力の向上といった側面だけでなく、少子高齢化、高度情報化、グローバリゼーションという変化の顕著な社会において、地域活性化という側面への期待が高まるのは必至である。スポーツ振興による地域活性化への影響は、社会的効果、経済的効果、個人的効果の3つの効果が期待される（図5-4）。

　社会的効果としては、都市化や情報化により崩壊したコミュニティの再生、スポーツの発展に伴う新たな地域文化やスポーツ文化の創造、そしてスポーツ団体やスポーツイベントの開催による人材育成、さらに社会体験が不足している青少年に対して、スポーツクラブにおける社会体験や異年齢集団とのかかわりによる青少年育成があげられる。経済的効果としては、スポーツイベント開催に伴うスポーツ・ツーリストの集客による観光産業へのインパクト、スポーツ施設の建設に伴う直接的経済効果、運動・スポーツの規則的実施者の増加による医療費の削減があげられる。個人的効果としては、QOL（生活の質）の向上、健康増進、そしてスポーツ実施に伴う自己実現や生きがいの発見をあげることができる。

＊2　スポーツ・ボランティア──スポーツ・ボランティアとは、報酬を目的としないで自分の労力、技術、時間を提供して、地域社会や個人・団体のスポーツ推進のために行う活動を指す。①地域のスポーツクラブやスポーツ団体におけるクラブ・団体ボランティア、②イベントにおけるイベントボランティア、そして③プロスポーツ選手やトップアスリートによるアスリート・ボランティアの3つのタイプがある。

スポーツ文化の発展に向けて

　近代スポーツは18世紀から19世紀にかけて、英国で生まれているが、本来は自由時間における「自発的行為」によって生まれた人類固有の文化である。わが国でも、スポーツ・ボランティアの出現により、スポーツのもつ可能性が広がってきた。地域では、住民主導による総合型地域スポーツクラブの創設に関心が高まり、各地でクラブづくりの新しい実験が始まった。

終章　地域スポーツクラブの育成と自立に向けて

図5-5　1996年に発足したNPO法人ソシオ成岩スポーツクラブ
　文部省の「総合型地域スポーツクラブ育成モデル事業」として1996年に発足し、2002年12月にNPO法人格を取得（愛知県半田市）

　他方、わが国のスポーツ界においては、専門職（professional）としてのアスレティック・トレーナーやコーチ、クラブマネジャーの地位確立が大きな課題になっている。その解決の糸口は、スポーツ専門職とスポーツ・ボランティアの明確な区分と制度化である。それが達成されたとき、スポーツの価値が広く認知され、スポーツは自ずと人類固有の、世代から世代へと継承されてきた文化として認知されるだろう。

　また、「する」「みる」「ささえる」スポーツを楽しむことにより、地域社会が変わることが予想される。とくに、プロスポーツ選手や一流選手による「アスリート・ボランティア」の活動が期待される。スター選手が社会貢献活動によって身近な存在になるとともに、地道な活動が紹介されることによりスポーツ選手が尊敬され、スポーツの価値が高まる。地域スポーツクラブにおけるボランティア指導者や運営ボランティアの活動、そしてスポーツイベントにおけるボランティアの活動は、地域との接点を強め、まちづくりにつながっていくだろう。

地域スポーツクラブの阻害要因と促進要因

総合型クラブの設立プロセス

　総合型クラブの育成事業が1995年にスタートしてから、10年がたち、設立中のクラブも含め全国で2100を超すクラブが誕生している。しかし、文科省や自治体の育成補助事業で設立された総合型クラブの中には、すでに消滅してしまったクラブや設立されたものの活動の実態がないクラブも少なくない。

　総合型クラブの育成は、地域における定期的スポーツ実施者を増やし、豊かな生涯スポーツ社会を実現することにつながらなければならない。体力低下が著しい子どもたちが、総合型クラブを拠点にして、地域で安全に生き生きと育つことを目指すべきである。また、総合型クラブの活動がスポーツ活動だけにとどまらず、まちづくりの拠点に発展することにより、地域のコンセンサスと賛同を得ることができるだろう。ここでは、総合型クラブの設立・発展プロセスを考えることで、総合型クラブの具体的な阻害要因と促進要因を探ることにする。

　図5-6は、総合型クラブの設立のプロセスを示している（南木、2005）。第1ステップは「現状把握」である。地域におけるスポーツ団体やスポーツ人口、スポーツ施設がどのような現状にあるのかを把握することから始まる。具体的には、小学校の児童数とスポーツ少年団員数の推移、中学・高校の生徒数と運動部員数の推移、一般のクラブ・サークル数の推移、体協加盟の団体数と登録者の推移、既存スポーツ施設の利用状況、地域のスポーツ振興の課題などを調べる。こういった情報は、市町村の教育委員会などに協力を依頼すれば集めることができる。地域において、どのようなスポーツが盛んなのか、またどのようなスポーツ指導者がどの程度いるのか、といった情報も必要である。少子高齢化の影響で、市町村の体育協会加盟の会員は高齢化が進んでいる。また、スポーツ少年団の団員も減少したり、中学の部活の種目数が減少していたりすることがわかれば、10年、20年後のスポーツ振興が大きな課題に直面することがわかるだろう。こういった現状把握の段階においては、

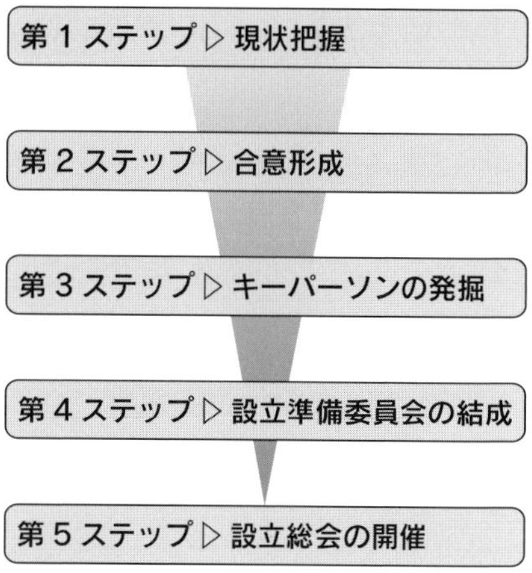

第1ステップ ▷ 現状把握

第2ステップ ▷ 合意形成

第3ステップ ▷ キーパーソンの発掘

第4ステップ ▷ 設立準備委員会の結成

第5ステップ ▷ 設立総会の開催

（総合型地域スポーツクラブ育成協議会編著『総合型地域スポーツクラブ　マネジャー養成テキスト』ぎょうせい、第2章を参考に作図）

図5-6　総合型クラブの設立ステップ

協力者や賛同者が増えていくことも期待される。

　第2ステップは「合意形成」である。総合型クラブは、まったく新しい組織である。それゆえ、地域における教育委員会や体育協会、少年団、学校関係者、子ども会などの団体と同じテーブルにつき、総合型クラブ設立の必要性を議論し、コンセンサスを得ることが重要である。ここでは、総合型クラブの基本理念の確立が求められる。クラブの「ミッション[*1]」（使命）と「基本理念」をしっかり確認したい。

　第3ステップは、キーパーソンの発掘である。総合型クラブの運営においては、多様な人材が役割を担うことが求められるが、まずその中心となるキーパーソンの選定が重要である。キーパーソンには、何より総合型クラブの設立に意欲的で、人的ネットワークが広く、周囲からの信望が厚いことが求められる。キーパーソンを中心にして、できれば3～4人の賛同者がいれば総合型クラブ設立のコア（核）となるだろう。

　第4ステップは、設立準備委員会の結成である。準備委員会委員の選定に当たっては、キーパーソンを中心にして、実際に活動できる委員を選ぶべきであろう。地域団体の長を集めた、いわゆる"当て職"ばかりだと、委員会が機能しない。委員会では、設立趣意書や規約、事務局体制の確定、指導者・スタッフの募集と組織化、会員募集、年間予算案、活動拠点の確保、スポンサー探しなどをする必要がある。

　第5ステップは、設立総会の開催である。事務局の役員、スタッフ、会員を中心に、首長をはじめ、地域のスポーツ団体やボランティア団体、商工会や青年会議所（JC）、青年団やさまざまな地域団体の代表を招待しよう。もちろん、事前に市役所や役場の記者クラブで記者発表（クラブの趣旨や概要などの詳細な情報）を行おう。また、設立総会はゴールではなく、出発点である。設立総会はまた、会員やスタッフ募集のチャンスでもある。クラブ概要やちらしを準備し、クラブの魅力をアピールしよう。

　＊1　ミッション——語源は、宗教の伝道という意味であるが、団体や機関の使命という意味で用いられる。スポーツ団体や地域スポーツクラブにおいては、団体やクラブが果たすべき役割や達成すべき目標という意味で使われている。ミッションを掲げ、さまざまな機会や印刷物において提示されることにより、団体やクラブの存在意義や会員のロイヤリティが高まると考えられる。

総合型クラブの阻害要因

　総合型クラブの設立に際しての問題点は、「指導者・スタッフの確保」、「スポーツ団体との連携・協力」、「受益者負担意識」の3点である（地域スポーツクラブ調査研究委員会、2003）。また、設立されたクラブの運営が衰退する状況を分析すると、「設立自体が目的」、「行政主導による運営」、「当て職による運営」、「低額会費・高額謝金」という要因が浮かび上がってくる。

(1)指導者・スタッフの確保

　総合型クラブのフィールドワークをすると、一様に「指導者やスタッフの不足」を耳にする。指導者資格を持っている人は、一般的に人口の多い都市部や市に集中している。また、指導者だけでなく、クラブの運営スタッフやボランティアも必要である。

　総合型クラブは、多種目型ゆえにそれだけ多くの指導者が必要であるため、地域におけるさまざまなスポーツ団体やサークルからの人材の発掘が求められる。人材の発掘方法に関しては、総合型クラブの促進要因で詳しく取り上げたい。

(2)スポーツ団体との連携・協力

　総合型クラブの育成は、始まってからまだ10年余である。地域の既存団体にとっては、その意義が理解できず、「自分たちの活動を奪うのではないか」、「自分たちの団体・組織が消滅するのではないか」という不安もある。それゆえ、「スポーツクラブ21ひょうご」事業によるクラブの設立状況をみると、市町体協や少年団と密接な関係を持っているクラブはむしろ少ない。しかし、「スポーツクラブ21はりま」や「スポーツネットワークUS」は町体協との良好な関係を保っている。また、神戸市内の総合型クラブと市教育委員会、市体育協会、スポーツNPOは、相互に連携・協力体制を確立することで、総合型クラブの魅力づくりに貢献している。

　地域においては、競技団体を統括する「市町体協」や非常勤公務員で地域スポーツ振興を担っている「体育指導委員協議会」、「中学校体育連盟」などが存在する。スポーツ振興審議会を設置している自治体ではそれらの団体が協議する場があるものの、スポーツ振興審議会が設置されていない自治体のほうが多い。総合型クラブ設立に際しては、上記のようなさまざまな団体が会合を行う場をつくり、「縦割りスポーツ振興」の弊害を解消し、市町全体のスポーツ振興の課題や発展を話し合う場を設けるようにしたい。

(3)受益者負担意識

　これまでわが国では、「"水"と"安全"と"スポーツ"はただ」というように捉えられてきた。とくに、フィットネスクラブやテニスクラブが設立されている都市部以外の農村部などにおいては、その傾向が顕著であった。地域の公共スポーツ施設において、スポーツ施設を建設し、指導者を雇用するためには税金の投入が必要であることがあまり理解されていない。

　「スポーツクラブ21ひょうご」事業は、県内827小学校区に総額1300万円もの巨費が補助金として投入されているが、その財源が法人県民税であることを理解している人は少ない。筆者は2005年度から、県教委地域スポーツ活動室による巡回指導に参画して、県内のクラブと市町担当者と直接話し合う機会があった。話し合ってみると、クラブ代表者だけでなく、市町担当者にも財源が法人県民税であることを知らない人がいることに驚いた。

　受益者意識を啓発するためには、つねに「スポーツを楽しむためにはコストがかかりますよ」ということを説明しなければならない。施設利用料や指導謝金、光熱費、電話・印刷費、消耗品費、用具代など、スポーツ教室やイベント開催には経費がかかることを言葉で説明し、資料を提示すべきである。年度末の総会には、クラブ年間予算の収支説明をし、必ず会員に配布するようにしたい。そして、ボランティア指導者やクラブの運営ボランティアの存在や活動も報告し、もし時給に換算すれば、これくらいの節約ができたと説明することも、受益者負担意識を啓発するだろう。

(4)クラブ運営の衰退要因

　衰退する総合型クラブには、2つの特徴がある。ひとつは、総合型クラブの設立自体を目的にしているケースだ。このケースでは、総合型クラブが立ち上がるまでは奔走するが、設立された後、活動がスタートしない。この要因は、クラブの運営委員会や理事会が、地域や学校関係の"当て職"になっていることである。団体の長や年配者ばかりでは、会議は盛り上がっても、実際の活動にはなかなかつながらない。

　もうひとつは、補助金終了後に消滅し、活動の実態がなくなるケースである。国や自治体、あるい

は民間団体からの補助金により設立されたものの、補助金が切れると、クラブ運営が行き詰まり、消滅してしまう。この要因としては次の3点があげられる。

　第一に、行政主導による運営がなされているクラブは、長続きしない傾向にある。総合型クラブの設立・発展にとって、行政が重要な役割を担ってはいるが、クラブ運営の主体はクラブ会員であり、行政は側面からのサポート役に徹することである。行政主導でなく、行政支援という形が望ましい。行政主導の弊害は、残念ながら行政担当者には異動があり、担当者が変わると事業の継続性が確保されなかったり、新しい担当者が総合型クラブに関する知識や経験に乏しいことも少なくない。

　第二に、補助金終了後に消滅するクラブには、「高額謝金・低額会費」という特徴がある。補助金の費目には指導謝金があるが、補助金を受けている間、スポーツ教室の指導者に1回7000～8000円も支払っているクラブがあった。補助金が交付されている2～3年はそれでもやっていけるが、終了後は途端に財源不足で指導謝金は払えなくなってしまう。結局、高額謝金を払うことが、ボランティア指導者の芽を摘んでしまうことになる。

　また、補助金を受けている間は充分な財源があることから、年間100～200円といった低額会費や無料にしているクラブもあった。補助金を受けている2～3年間の活動は、スポーツ教室やイベントを開催したり、会員の保険代を負担したりできるが、補助金終了後には、会費だけではとうていそれまでの活動継続が困難で、クラブ運営が看板だけで、開店休業状態に陥ってしまう。

総合型クラブの促進要因

　総合型クラブの成功要因は、「人的資源」(ヒト)、「物的資源」(モノ)、「財務」(カネ)、「情報」の4点にあるといえるだろう。表5-1は、促進要因の内容を示している。「クラブづくりは人なり」であり、人材の確保と財源基盤の確立はとくに重要である。ここでは、総合型クラブの人材の確保と教育、そして財務基盤の確立に焦点を当てよう。

(1) 総合型クラブにおける人材と役割

　総合型クラブの運営において、人材のマネジメントは鍵である。成功しているクラブをみると、優れたリーダーがいて、さらにリーダーのまわりに4～6名のサブリーダーが存在する。クラブの運営は、ワンマン体制では決して長続きしない。

　総合型クラブはひとつの組織体であり、そのマネジメントにはさまざまな人材が必要になる。表5-2は、総合型クラブにおける人材の役割と雇用形態を示している。総合型クラブには、クラブマネジャーのほかに、スポーツ指導者や運営スタッフが必要である。クラブマネジャーは、クラブの会員数と財務規模によって雇用形態が決まってくる。大型クラブで、会費収入だけでなく、事業収入や寄付、補助金、事業委託などの収入があるクラブにおいては、専任マネジャーの採用が可能である。わが国では、まだ専任マネジャーは多く

表5-1　総合型クラブの促進要因

人的資源	指導者、スタッフの充実（募集・研修） 専任スタッフ、有給指導者、ボランティア
物的資源	施設の充実、公共・民間施設の利用 クラブハウス
財　源	財務基盤の確立（会費収入、事業収入、 寄付・協賛金、助成・補助金、受託収入）
情　報	会報の発行、会員・スタッフの募集 ホームページ、クラブ連絡協議会 スポーツ団体との連携・情報交換

表5-2　総合型クラブにおける人材の役割と雇用形態

役　割	雇用形態
クラブマネジャー	専任・パート・ボランティア
スポーツ指導者	有給・無給：外部・内部
運営スタッフ （理事会・運営委員会）	ボランティア・パート
顧問・アドバイザー	ボランティア・パート
スポンサー	契　　約

はないが、兵庫県や富山県、滋賀県などを中心に採用が増えてきている。

クラブマネジャーのなかには、若干のパート収入を得ているクラブも存在する。わが国の総合型クラブでは、クラブマネジャーはボランティアが多い。最近では、NPO法人格の取得により社会的信頼を得て、地方自治体のスポーツ関連の事業委託を受ける総合型クラブも生まれている。

総合型クラブには、理事会や運営委員会といった運営組織が不可欠である。理事会や運営委員会のスタッフは、ほとんどが無給のボランティアである。明治3年に設立された外国人中心の神戸レガッタ＆アスレチッククラブ（KR & AC）においては、理事は会員による選挙で選出される。選出された理事は、無給でクラブの運営を支える。そこでは、「クラブが会員に何をしてくれる」ではなく、「会員がクラブに対して何ができるか」という考え方が定着している。また、理事会とは別にビジネス組織があり、クラブ事務局やレストラン・バーなどには専任の有給スタッフが雇用されている。わが国の一般的な総合型クラブにおいては、レストランやバーなどの運営は難しいが、運営はボランティアが中心になり、財務規模や会員規模が大きくなれば、専任スタッフやパートスタッフの採用を検討することが求められるだろう。

クラブの顧問は、地域におけるスポーツ団体や地域団体において、クラブの趣旨を理解し、サポートしてもらえる人が望ましい。クラブのアドバイザーを置いているクラブもある。スポンサーは、クラブの財源として重要であり、寄付だけでなく、会報やプログラムにおける広告スポンサーを地元の企業や商店・団体等からできるだけ多く集めたい。

スポーツ指導者は、これまでひとくくりで「指導者」といわれてきたが、これからは明確な類型化が必要になってくる。そして、タイプに応じた役割と雇用形態が考えられる。「専門指導者」は、専門教育を受け、職業としている指導者で、フィットネスクラブのインストラクター、プロスポーツ球団や実業団のプロコーチ、アスレティック・トレーナー、そして体育教員も専門指導者である。「有給指導者」は、講習会などを受講した有資格指導者で、職業とはしていない者で、市町村や民間団体によるスポーツ教室の指導者、自治体において登録しているリーダーバンク指導者、中学や高校において学外コーチ（外部指導者）として採用されている指導者が、これに属する。フィットネスクラブなどにおいては、会員がエアロビクスに熱中し、講習会を受講し、有給指導者になり、やがてプロのインストラクターとして採用されるケースもみられる。

「ボランティア指導者」は、地域スポーツクラブやスポーツ少年団、職場のクラブ・サークルにおける指導者で、無給のボランティアである。全国のスポーツ少年団指導者を調査した結果、約9割はボランティア指導者であった（山口、2004）。総合型クラブにおいては、ほとんどがボランティア指導者である。しかし、クラブ会員に適当な指導者が不在のときは、有給指導者としてスポーツ教室や種目別クラブの指導者として採用することも少なくない。また、総合型クラブのなかには、民間のフィットネスクラブと契約して、プロの専門指導者を派遣してもらっている例もみられる。

表5-3は、スポーツ・ボランティアの種類とその役割を示している（山口、2004）。スポーツ・ボランティアとは、「地域におけるスポーツクラブやスポーツ団体において、報酬を目的としないで、クラブ・団体の運営や指導活動を日常的に支えたり、また、国際競技大会や地域スポーツ大会などにおいて、専門能力や時間などを進んで提供し、大会の運営をささえる人のこと」（文部省『スポーツにおけるボランティア活動の実態等に関する調査研究協力者会議』2000年、P.9）である。

総合型クラブにおけるボランティアは、スポーツ種目の指導にあたる「ボランティア指導者」とクラブの運営に関わる「運営ボランティア」の2つに大別できる。ボランティア指導者は、種目別チームの監督や指導者で、クラブの会員や子ども会員の親たちが担っている。「運営ボランティア」は、

終章　地域スポーツクラブの育成と自立に向けて

表 5-3　スポーツ・ボランティアの種類とその役割

クラブ・団体ボランティア （クラブ・スポーツ団体）	ボランティア指導者	監督・コーチ 指導アシスタント
	運営ボランティア	クラブ役員・幹事 世話係 運搬・運転 広報・データ処理 競技団体役員　等
イベント・ボランティア （地域スポーツ大会、 　国際・全国スポーツ大会）	専門ボランティア	審判員 通訳 医療救護 大会役員 データ処理　等
	一般ボランティア	給水・給食 案内・受付 記録・掲示 交通整理 運搬・運転 ホストファミリー　等
アスリート・ボランティア	プロスポーツ選手、 トップアスリート	福祉施設・スポーツクラブ訪問 イベント参加　等

クラブの理事会や運営委員会の役員で、広報や会計、事業や行事の担当などの役割がある。理事会や運営委員会は規約にもとづき運営され、1～2年の任期を定め、さまざまな会員が役割を担うことが、クラブ運営の活性化につながる。

(2) 人材の発掘

　総合型クラブの運営においては、多様な人材が役割を担うことが求められる。そのためには、地域における人材の発掘が大きな課題になる。人材の確保は容易ではないことから、さまざまな方法を取り入れることが大切である。

①情報メディアによる募集

　クラブの指導者や運営ボランティアを発掘する方法として、さまざまな情報メディアの活用が第一歩である。印刷メディアとしては、会報やチラシ、ポスター、そして市町村の広報誌などがあげられる。会員から指導スタッフや運営ボランティアを募集する際は、クラブ内にポスターを掲示したり、会報に取り上げることが効果的である。

　また、市町村の広報誌は、地域住民がスポーツ情報を入手する媒体として、広く利用されている。市町村の広報誌や地方新聞を活用するためには、積極的な働きかけが必要である。クラブの活動やニュースを印刷媒体としてまとめたり、会報や写真等を持参し、ニュースソース（資料）を多くつくることがポイントである。

　最近増えているのが、インターネットのウェブサイト（ホームページ）による人材募集である。クラブ主催の行事やイベントにおいて、ボランティアが必要なときは、ふだん接触がなくても、ウェブサイトにより関心を持っている人が集まる可能性がある。

②各種団体からの発掘

　クラブ内に適当な指導者がいないときは、外部団体へ積極的に働きかけよう。スポーツ指導者としては、各種競技では市町村（都道府県）体育協会、ニュースポーツやゲーム指導、ウォークラリーなどのイベントでは市町村（都道府県）レクリエーション協会、また、ニュースポーツなど地域スポー

ツ全体のコーディネーターである体育指導委員がいる。保健所などにおいては、個人の運動プログラムを作成する健康運動指導士などがいる。

市町村や都道府県の教育委員会には、「スポーツリーダーバンク」や「スポーツ・ボランティアバンク」を開設しているところがある。これは種目別の指導者の登録制度であるが、意外に活用されていない。都道府県には、総合型クラブの設立と運営を支援する「広域スポーツセンター」も開設されている（2004年3月現在28ヶ所）。指導者の派遣や紹介は、まず広域スポーツセンターや市町村教育委員会へ相談してみよう。

③地域コミュニティからの発掘

人材の発掘において、成功している総合型クラブを訪ね、「どのようにして人材を発掘しましたか？」という質問をすると、多くが地域における指導者などへ、直接「声かけ」をしたり、「一本釣り」をしたという答えが返ってくる。どのような人材に声かけをしたかというと、いくつかのパターンがみられる。

まずは、地域におけるスポーツサークルや少年団の指導者である。これまですでにサークルや団体において、指導経験がある人に入会してもらうものである。指導経験や団体の運営経験もあり、総合型クラブの中心的なリーダーになれる可能性がある。また、地区体協やスポーツ団体の長は、スポーツ団体のなかで信望があり、影響力も大きいことから、クラブの顧問といった形で支援してもらっているクラブもある。

次に、PTAや子ども会、自治会、青少年育成団体、JC（青年会議所）、青年団などの地域団体で活動している人材である。これらの人たちは、それぞれの地域団体において活動基盤をもっており、いわば地域におけるリーダー層である。まちづくりや子どもたちの育成に対して関心があることから、総合型クラブの意義を理解してもらえれば、強力な支援者となる。総合型クラブの活動範囲が週末だけでなく、平日へと広がってくると、とくに女性のリーダーの存在が不可欠になってくる。

第三には、現職の教員や元教員である。現職の教員は勤務が多岐にわたって多忙であるが、リーダーシップがあり、行事や会議の進行や運営にも慣れている。夏休み期間中の野外活動プログラムなどにおいては、教員の存在が大きなパワーとなる。現職の教員や元教員が活躍しているクラブは活性化しているケースが多い。

第四には、学生や青年層である。総合型クラブでは、子どもや成人、中高年は多いが、青年や若年層の参加が少ない。彼らは同じ世代で行動することが多く、人材の発掘は容易ではない。若者の人材発掘に成功しているクラブを調べると、小中学生の頃にクラブで活動していた人が、高校生や大学生になったときに、コーチやアシスタントコーチとして関わるようになるというケースが多い。また、最近では、大学において「インターンシップ」という就業体験・社会体験の機会を用意しているところが増えている。地元の大学にアプローチし、インターンシップの学生を受け入れたり、学生がクラブのスタッフに関わるようになると、子どもたちにとっては身近なお兄さん、お姉さんの存在がクラブの魅力につながることになるだろう。

(3)人材の教育

①役割分担

総合型クラブの運営は、スポーツ教室や日常練習だけでなく、財務管理やイベント開催、広報活動など多岐にわたることから、一人ですべての役割を遂行することは困難であり、それぞれの部門のリーダーが必要である。また、運営スタッフにスポーツ団体や体指、有資格指導者など多彩な人材が集

表 5-4 ディズニー式スポーツ・ボランティアの成功の鍵

	ポイント	内　容
1	目線を合わせ、そしてスマイル	世界でもっとも共通のことばは、スマイル！
2	仲間とゲストに挨拶を	単純な「こんにちは」が次のステップへ導く
3	ゲストの求めるものを探し出そう	個人的な関わりがゲストに感謝の気持ちを生む
4	できることをすぐに提供しよう	受身より、前向きに対処しよう
5	つねに、適切な身体表現を示しましょう	ゲストは親切そうな人にたずねる
6	ゲストの夢のような体験を大切にしましょう	イベントのスリルと興奮を分かち合おう
7	仲間とゲストのみんなに感謝しよう	「ありがとう」の気持ちを伝えよう
8	チームワークを大切にしよう	チームには「私」はありません
9	楽しもう！	なぜ、ボランティア活動をするかを思い出そう
10	安全・危機管理	①屋外で活動するときは、帽子や日除けを忘れずに ②水分補給を忘れずに ③貴重品は持ってこないで、個人的な持ち物は最小に

(山口編、2004)

まることによって、クラブ運営がスムーズに進むようになる。

一方、活動が停滞しているクラブの特徴として、地域のさまざまな団体の会長や代表が集まっていることが多い。いわゆる「当て職」だけでは、クラブは動かない。当て職を集め、設立した途端、活動停止状態に陥る。こういったクラブでは、「クラブの設立」が目的になってしまっている。しかし、地域団体の長は人望があり、大きな影響力をもっていることから、地域の有力者に会長や顧問になってもらえれば、地域内の連携や協力体制は得やすくなるだろう。

運営スタッフの年齢構成は、30〜40歳代や50歳代、そして60〜70歳代とバランスのよい構成が求められる。20歳代のスタッフが入れば、さらに活性化するだろう。役割分担のポイントは、「部門別のリーダー、年齢バランス、任期制、女性スタッフ」である。

②スタッフ教育

スタッフ教育の方法は、地区体協やスポーツ団体、そして地方自治体・広域スポーツセンターなどが開設している「指導者講習会」へ、クラブ員を派遣することである。有資格者が増えることにより、クラブの人的資源は豊かになる。講習会の修了証や資格証書は、クラブハウスに掲示することにより、有資格者や修了者に対する認知度が高まるだろう。

クラブマネジャーとして、クラブ内のスタッフに対しては、「クラブの目的、指導者としての理念、行動規範（適切な行動・服装）」を理解してもらうために、新しいスタッフ用の講習会や運営委員会において、繰り返し説明する必要がある。

表 5-4 は、アメリカのウォルト・ディズニーワールドのなかにある、総合スポーツ施設に登録されたスポーツ・ボランティアのトレーニング・マニュアルである。クラブのイベントにおけるスタッフ教育の参考になるだろう。

最後に、人材の教育において重要なことは、「人材のモチベーションを高めること」と「人材の継続意欲を高めること」である。そのためには、スタッフに問題が起きれば、耳を貸し、話し合う必要がある。また、スタッフの功績について認知し、さまざまな形により紹介し、表彰や褒賞の機会をつくり、行動意欲と継続意欲を高める配慮が重要である。

(4)財務基盤の確保

総合型クラブの安定した運営と存続においては、財務基盤の確保が重要である。クラブの収入源は、会費収入、事業収入、寄付・協賛金、助成・補助金、受託収入の5つに分けられる。

①会費収入

　成功しているクラブでは、さまざまな会員種別を設けたり、会費の徴収方法を工夫している。会費の徴収方法としては、年会費や月会費で徴収するケースと、総合会費と種目別会費とを別々に徴収しているケースの2つがある。会員種別は、成人、ファミリー、シニア、子ども、団体会員など、地域の状況に応じて設定することができる。補助金を受けている間は低額で運営できるが、補助金終了後のことも考慮し、補助金に頼らない適切な金額を設定すべきである。

②事業収入

　事業収入は、クラブにおけるプログラムやイベントなどの自主事業の収入である。教室やイベントを開催し、参加費を徴収する際には、会員と非会員の参加費を差別化すべきである。会員の参加費を低額に設定することにより、会員のメリットを強調でき、受益者負担の意識も啓発できる。スポーツや健康プログラムの事業収入の他に、クラブ主催のバザーや地域行事の参加による事業収入もある。地域のお祭りに、クラブとして物販や飲食店を出店し、事業収入をあげているクラブも少なくない。

③寄付・協賛金

　わが国では、寄付金は税制上の優遇措置が不十分で、個人や企業から寄付金を得ることはなかなか難しい。しかし、メリットを示せば地元の企業や団体からの協賛金の獲得が可能である。最近はCSR（corporate social responsibility）、企業の社会的責任ということに注目が集まり、地元に対して利益の一部を還元したり、社員がボランティア活動を行ったりする企業も増えている。たんに「寄付金をください」というスタンスではなく、クラブの協賛団体になってもらうこともひとつの方法である。協賛団体となってくれたときには、印刷物やホームページに企業名やロゴを掲載するのである。

　また、会報やイベントのプログラムに広告を掲載し、広告料を徴収するというやり方がだいぶ広がってきた。この広告掲載だと、地元の企業だけでなく、商店や飲食店、クリニックやガソリンスタンドなど、対象が広がる。神戸市では、運動具店組合と連携し、会員証の提示により5％割引やポイントカードの発行も導入している。

　岐阜県神戸町（人口約2万人）のNPO法人ごうどスポーツクラブは町体協やスポーツ少年団を取り込み、中学の部活は週末はクラブ会員として活動するなど、「全町クラブ」[*2]として注目を集めている。同クラブの会員は2700名、会員の対住民比率は11％、町内の全世帯の26％が会員になっている。

　表5-5は、ごうどスポーツクラブの「クラブサポーター」（スポンサー）の種別と寄付金額、メリットを示している。メリットとは、サポーターの種別（寄付金額）によって、プログラムやホームページに掲載される内容が差別化されている。2005年の協賛団体は201社で、協賛金合計は190万円を超えている。

表5-5　ごうどスポーツクラブのクラブサポーター

サポーター名称	寄付口数[*1]	期間	プログラム掲載内容	ホームページ掲載内容
サポーター（賛助）	2口	1年	企業名、所在地、電話	企業名、所在地、電話
サプライヤーA	2口	1年	広告（ロゴ等）	なし
サプライヤーB	4口	1年	なし	広告（ロゴ等）
サプライドショップ	1口以上	1年	企業名、会員証提示特典	企業名、会員証提示特典
オフィシャルスポンサー	20口[*2]	1年	プログラム表紙にロゴ	トップページにロゴ

*1　1口＝5000円
*2　10万円以上の寄付金または物品の寄贈

（「ごうどスポーツクラブ　平成17年度（後期）プログラム」より）

＊2 全町クラブ——総合型地域スポーツクラブの対象エリアは、小学校区や中学校区などさまざまである。全町クラブとは、ひとつの町内や市内でひとつの総合型クラブを組織しているもの。本書で取り上げている「加古川総合スポーツクラブ」や「スポーツクラブ21はりま」などがそれにあたり、岐阜県神戸町の「ごうどスポーツクラブ」も全町クラブである。会員数が多く、会費収入や市町からの支援を得やすいというスケールメリットがある。

④助成・補助金

　国からの補助金は、日本体育協会から都道府県体育協会へ総合型クラブ設立の交付金として助成されているので、都道府県協会へ問い合わせるといいだろう。また、地方自治体によっては、自治体独自の設立補助をしているところもある。民間団体としては、㈶日本スポーツ振興センターの「スポーツくじ助成」により、NPO法人や法人格を有する総合型クラブへの活動助成や市町村への活動助成が行われている（http://www.naash.go.jp）。また、笹川スポーツ財団は、「スポーツエイド」をスポーツ団体に対して助成している（http://www.ssf.or.jp）。

　健康づくり関連では、健康づくり補助金や高齢者の体力増進事業、また、まちづくり補助金など、政府や民間団体がさまざまな助成事業を展開しているので、情報を集めるとよいだろう。最近は情報公開の進展により、ほとんどの情報、申請書類はインターネットを通して手に入れることができる。

⑤受託収入

　総合型クラブが、これまで行政が実施してきたスポーツ・健康づくり事業の委託を受けることには大きな意義がある。そのためには、総合型クラブの公益性が証明されなければならない。また、前述したように、地方自治法の改正による「指定管理者」制度の発足で、総合型クラブが受託事業収入を増やすチャンスが広がってきた。

　兵庫県の「NPO法人加古川総合スポーツクラブ」や「NPO法人スポーツクラブ21はりま」は、加古川市や播磨町から公共スポーツ施設の運営管理を受託しており、これがクラブにとって大きな収入源になっている。総合型クラブの公益性が担保されるためには、法人格の取得が重要であり、それには基金が必要でないNPO法人の取得が適切だろう。

総合型クラブの魅力づくり

　総合型クラブはひとつの組織体であり、会員がクラブに対して会費を支払うためには、クラブの魅力づくりが重要である。民間のフィットネスクラブの会員になるには、会費として月額1万円くらいが必要になる。月1万円を払ってでも会員になるのは、トレーニングジム、温水プール、スタジオの3つの施設があり、選択できる多様なプログラムが展開され、サウナや温浴施設という魅力が

図5-7　国体マスコットとニュースポーツ教室

図5-8 交流のようすを知らせる会報
　クラブ内交流開催の告知、クラブ交流戦の結果を知らせる会報。下の方にはスポンサーの広告もみえる（ともに加古川総合スポーツクラブの「クラブ通信」）。

あるからである。

　総合型クラブで、温水プールをもっているところは少なく、学校や公共施設などを中心に展開しているところがほとんどである。総合型クラブにおける魅力づくりのアイデアや事例を紹介しよう。

(1) やわらかい発想によるマネジメント

　魅力づくりの基本は、「やわらかい発想である」。スポーツは競技規則があり、国際的にも統一されているが、地域スポーツにおいてはやわらかい発想による"ローカルルール"の適用が重要である。ローカルルールとは、「施設や人数、性別、競技レベル、年齢などに応じて、特別ルールをつくる」という発想である。野球やソフトボールで、人数が少ないときに"三角ベース"にするというようなやり方である。あるいは、競技レベルが異なるときや、男女混合でプレーするとき、"ハンディキャップ"をつけることも"やわらかい発想"のモデル事例である。年齢差があったり、レベル差が存在するときには、ハンディキャップをつけることにより、参加者の満足度が高まるだろう。

　クラブにおけるスポーツ教室やイベントの際にも、「親しみやすいネーミング」が効果的である。新たなスポーツ教室を開催する際に、"卓球教室"や"水泳教室"では経験者しか集まらない。重要なのは、これから始めようという初心者を集めることである。それゆえ、「今日から始める卓球教室」や「泳げない人のための水中運動教室」、「今日から始める効果的なウォーキング教室」といった親しみやすいネーミングが有効である。

(2) 大会形式の多様化

　大会運営においても、"やわらかい発想"が生きてくる。たとえば、よくあるトーナメント形式は、運営が容易だが、参加者の満足度は意外に低い。トーナメントは、別名「ノックアウト方式」と呼ばれる。KOされた敗者は除外され、初戦敗退チームは参加チームの半数に上る。

終章　地域スポーツクラブの育成と自立に向けて

亀の甲リーグ　　　　　　　　　　　　　ラダー方式

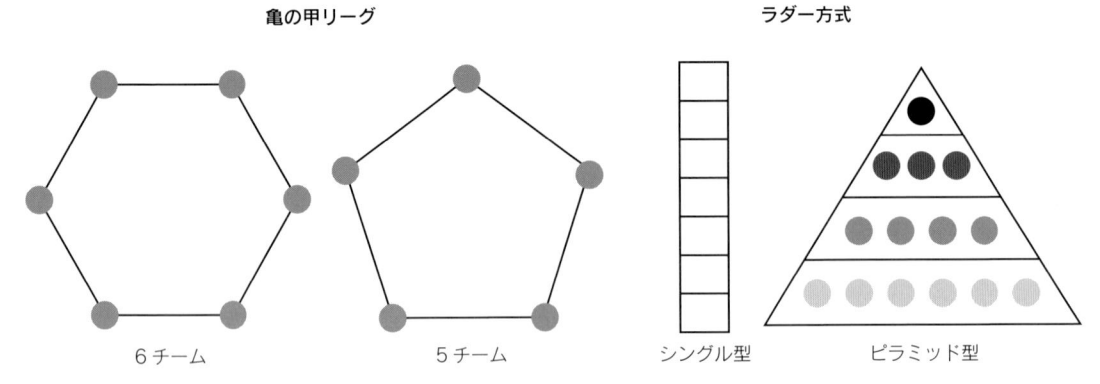

6チーム　　　　　5チーム　　　シングル型　　ピラミッド型

図5-9　多様な大会形式

　図5-9は、多様な大会形式を示している。「亀の甲リーグ」は、隣り合った2チーム（個人・ペア）と試合をするので、どのチームも2試合でき、しかも短時間で勝率や得失点差などで順位をつけることができる。6チームの場合は六角形、5チームでは五角形、12チームいれば、六角形を2つつくり（Aリーグ、Bリーグ）、各リーグの1位どうし、2位どうしを対戦させれば、すべてのチームが3試合でき、1日で12チームの順位づけが可能になる。
　そのほか、週末リーグや平日リーグを適用すれば、今週は参加できないが、来週は参加できるという参加形態も保障される。ラダー方式は、1ランク上の選手と対戦でき、勝てばランクが入れ替わるというものである。

(3)クラブ内交流大会、クラブ対抗戦

　クラブ内の個人スポーツにおいては、クラブチャンピオンを決める大会や、交流を深める目的の大会など、いろいろなイベントの開催がクラブ員の魅力を高める。毎月1回クラブ内大会を実施し、優勝者から高いポイントを得ることができる「ポイント制」を導入し、年間チャンピオンを決定するという方法もできる。
　総合型クラブが市内や広域エリアで設立されれば、クラブ対抗戦の開催がクラブ員であるという意識を高めるだろう。第1章で紹介した神戸レガッタ＆アスレチッククラブは、横浜カントリー＆アスレチッククラブとの対抗戦を毎年交互のクラブで開催し、クラブの中心イベントになっている。

(4)クラブフラッグ（旗）の作成

　クラブフラッグはクラブの顔である。クラブフラッグがクラブハウスに常時、掲揚され、対外試合の際に持っていくことにより、クラブ員であるというアイデンティティが高まる。プロ球団は、クラブフラッグをもっているが、クラブのロゴマークなどもあると、クラブへの愛着はさらに強くなるだろう。
　神戸市では設立された総合型クラブのクラブフラッグづくりが進められている。クラブハウスに掲揚するだけでなく、同じクラブフラッグが神戸ウイングスタジアムの壁面にも掲揚されており、会員はクラブだけでなく、スタジアムへの親近感も高まっている。

(5)多彩な賞や顕彰制度

　クラブの魅力づくりとして、すぐに導入できるのが「多彩な賞や顕彰制度」である。賞や表彰は、

会員のやる気を高めたり、目標を設定することに貢献する。"誉め殺し"という言葉があるが、これからのスポーツ指導においては"誉め育て"という発想が重要である。

やる気を高める"動機づけ"には、外発的動機づけと内発的動機づけがある。外発的動機づけは、「賞やモノ、カネ、地位を与えることによって、行動意欲を高める」という技法である。これは、「ポイントカード」によって、商品購入などの特典を提供するシステムで、さまざまなマーケティングにおいて導入されている。日本人はとくに、コツコツ貯めれば特典がもらえるというポイントカードが大好きである。クラブの活動回数が最多の会員や、競技成績にかかわらず、無欠席者への表彰など、さまざまなインセンティブをつくることができるだろう。

図5-10 ウォーキングイベントにおけるスポンサーと抽選会

顕彰制度の具体例としては、年間（シーズン）優秀選手賞、オール参加賞、ボランティア賞、コーチ感謝賞、支援感謝状（寄付団体・企業）などがある。とくに、クラブに対してスポンサーとして協賛してもらった企業や団体に対しては、年度末の総会に代表者を招待し、支援感謝状を渡すようにしたい。

前例がないからやってみる

これまで、兵庫県・神戸市において開設された総合型地域スポーツクラブのモデル事例（20クラブ）の特徴とリーダーたちの活躍を記し、地域スポーツクラブがまちを変え、子どもたちを地域で育てる環境づくりをすすめているプロセスを描いた。「スポーツクラブ21ひょうご」事業は、2000年にスタートし、2006年3月には兵庫県内の全827小学校区において総合型クラブが設立された。

各クラブへの運営補助金は5年間支給されるが、すでに5年間の補助期間が終わったクラブも出てきた。これからは、補助金終了後の自立が期待されるが、2005年8月の調査（712クラブ）の結果をみると、不安がある。それは、自己財源率の低さである。自己財源率とは自己財源（会費、事業費、受託費）が全体収入に占める割合を意味している。自己財源率が高いことは、補助金に依存しないで、クラブの運営が自立していることを意味している。兵庫県内の712クラブの自己財源率は10％が最も多く、5割を占めている。こういったクラブはまた、月会費はわずかに100円というところがほとんどである。これらのクラブでは、財政的には県からの補助金が9割を占めており、補助金が終了すれば、そのままではクラブの活動が停止状態になり、看板だけの開店休業状態になるのは確実である。

こういったクラブをもつ市町においては、序章で指摘したように、「クラブの統合や連合化により、クラブの大型化を進める」ことが重要である。全町クラブ（市町内の各町や校区クラブをひとつに統合したクラブ）や、合併した市町では「旧町クラブ」（合併前の旧町内でひとつのクラブ）という統合化の形もある。

終章　地域スポーツクラブの育成と自立に向けて

　「スポーツクラブ21ひょうご」事業は、法人県民税の超過課税を財源に進められ、1小学校区に5年間で合計1300万円が配分された。これほどの巨費が地域スポーツの振興ソフト事業に投入されたことは前例がない。今後は、市町独自のスポーツ振興マスタープランを作成し、市町による地域スポーツクラブへの財政的支援や側面からの支援が求められる。市町によるスポーツ事業の運営受託や指定管理者としての直接運営、専任マネジャーの採用を含め、さまざまな支援が住民の健康増進と地域活性化のために求められる。

　ここで取り上げた20のモデルクラブの成功要因をまとめれば、「人」「理念」「システム」の3点に集約される。「地域で子どもたちを育てよう」、「地域スポーツクラブでまちづくりをしよう」という理念をもった複数のリーダーたちが、クラブ内の組織や他団体との連携システムを構築し、地域スポーツクラブの活性化に成功している。

　総合型地域スポーツクラブの育成は、わが国では前例がない。「前例がない」の一言で、バブル経済[*3]以降、わが国では制度疲労の改革を「先送り」し、社会全体の構造改革が遅れてしまった。地域スポーツや学校スポーツの現状をみると、「スポーツ少年団の団員の減少」、「単一型地域スポーツクラブの会員の減少」、「公共スポーツ施設の指定管理者への移行」、「運動部活動の休廃部の増加」、「学校教員の高齢化」、「地方体協会員の高齢化」、「企業スポーツの弱体化」など、人口構造の変化や社会構造の変容により、戦後60年間のスポーツ制度の制度疲労が顕在化している。

　総合型クラブの育成は前例がないが、「前例がないからやってみる」という発想が、豊かなまちづくりにつながっていくだろう。

　　*3　バブル経済——実体以上に泡（バブル）のように膨らんだ状態の経済のこと。具体的には、株価、地価、さまざまな資産の価格が実体を大幅に上回っている状態を指し、1986年から1991年までがこれにあたる。バブル経済が崩壊してから、わが国の経済は約10年間にわたって低迷状態を続けた。

■参考文献

独立行政法人スポーツ振興センター「スポーツ振興くじ」パンフレット、2005
ごうどスポーツクラブ「ごうどスポーツクラブ 平成17年度後期プログラム」2005
兵庫県教育委員会地域スポーツ活動室「平成17年度"スポーツクラブ21ひょうご"活動状況調査結果 概要」2005
厚生労働省『2002年簡易生命表』2002
「神戸新聞」2002年8月18日朝刊
黒田勇「日韓ワールドカップとメディア」、『スポーツ社会学研究』11:22-32、2003
文部省『スポーツにおけるボランティア活動の実態等に関する調査研究報告書』2000
文部省『体力・運動能力調査報告書』2000
文部省「スポーツ振興基本計画」2000
文部科学省『青少年の問題行動等に関する調査研究協力者会議報告書』2002
文部科学省中央教育審議会「子どもの体力向上のための総合的な方策について（答申）」2002
総合型地域スポーツクラブ育成協議会編著『総合型地域スポーツクラブ マネジャー養成テキスト 普及版』ぎょうせい、2005
南木恵一「総合型クラブのつくり方」、『総合型地域スポーツクラブ マネジャー養成テキスト 普及版』P.9-17、ぎょうせい、2005
日本体育協会『地方・地域体育協会を中心にしたクラブ育成に関する調査研究事業―総合型地域スポーツクラブ育成―報告書』日本体育協会、1999
NPO法人クラブネッツ『My Town Club 2005 Vol. 2 第5回 総合型地域スポーツクラブ育成状況に関する調査報告書』2005
岡田知子、山口泰雄「子どもの"児童公園"に関する研究―神戸市渦が森地域におけるケーススタディ―」、『神戸大学発達科学部研究紀要』8（2）:415-428、2001
大崎企業スポーツ事業研究助成財団『企業スポーツの在り方および運営方法に関する調査研究』1997
笹川スポーツ財団『青少年のスポーツライフ・データ』2002
笹川スポーツ財団『クラブハウス・ガイドブック』2004
笹川スポーツ財団『スポーツ白書―スポーツの新たな価値創造―』2006
総理府『体力・スポーツに関する世論調査』1964、2000
竹内宏『2002年のフェアプレイ』共同通信社、2000
「丹波新聞」2003年9月14日朝刊
山口泰雄『生涯スポーツとイベントの社会学―スポーツによるまちづくり―』創文企画、2000
山口泰雄「スポーツ都市と地域振興に関する研究」、『文部省科学研究費（一般研究C）研究成果報告書』1996
山口泰雄「地域におけるスポーツ環境とモデルクラブの評価に関する研究」、『文部省科学研究費基盤研究（C2）研究成果報告書』2000
山口泰雄編『スポーツ・ボランティアへの招待―新しいスポーツ文化の可能性』世界思想社、2004
山口泰雄「文化としてのスポーツ―新しいスポーツ文化の可能性―」、『指導者のためのスポーツジャーナル』No. 261、P.22-25、2004
山脇啓造編『多文化共生の学校づくり―横浜市立いちょう小学校の挑戦』明石書店、2005

▶兵庫県の総合型地域スポーツクラブのウェブサイト◀

兵庫県		兵庫県教育委員会事務局地域スポーツ活動室	http://www.hyogo-c.ed.jp/~taiiku-bo/frame21.htm	兵庫県内のスポーツクラブ21の設立状況や活動内容、イベント情報など。
神戸地区	神戸市	神戸総合型地域スポーツクラブ	http://www.sportsclub-kobe.com/	神戸市内にある総合型クラブの紹介。クラブサポートサービス、イベント情報など、各種情報。
阪神南地区	西宮市	西宮市（スポーツネット西宮）	http://sportsnet.nishi.or.jp/club/index.html	設立されているクラブや会費、活動種目に関する情報。
		樋ノ口スポーツクラブ21	http://www2.e-port.jp/SPORT21/hinokuchi/	活動種目、規約・会費の案内。ホームページから入会申込み可。
		スポーツクラブ21東山台	http://www16.ocn.ne.jp/~sp21hyd/	活動種目、年間行事予定の掲載。
		スポーツクラブ21こまつ	http://www17.ocn.ne.jp/~sckomatu/MyPage/menu0.html	行事予定、活動報告の掲載。広告スポンサーの紹介。
		スポーツクラブ21高木フットサル部	http://www.bunjin.com/takagi/	練習日程と掲示板。
	芦屋市	朝日ヶ丘スポーツクラブ21	http://www.ashiyasystem.com/acs/index.html	朝日ヶ丘コミュニティスクールの中に設立されたクラブ。イベントや教室の案内。
阪神北地区	伊丹市	伊丹市（伊丹市各課のウェブサイト）	http://www2.city.itami.hyogo.jp/Itami/common/ItamiSite.nsf/	教育委員会事務局スポーツ振興課のウェブサイトにスポーツクラブ21に関するガイドラインを掲載。
		スポーツクラブ21天神川	http://supoten21.exblog.jp/	クラブの活動をブログ形式で発信。
	宝塚市	スポーツクラブ21長尾台	http://s21.csx.jp/	活動団体、行事予定の案内。
	猪名川町	スポーツクラブ21しろがね	http://www.eonet.ne.jp/~shirogane/	クラブ規約や活動予定の案内。
東播磨地区	明石市	明石市（スポーツクラブ21ひょうご明石市推進委員会事務局）	http://www.edi.akashi.hyogo.jp/kyoiku/sc21/	明石市内のクラブに関する情報がPDFファイルでダウンロード可能。
	加古川市	NPO法人加古川総合スポーツクラブ	http://www.pure.ne.jp/~npo-kcsc/	市内すべてのクラブの紹介。活動種目や行事予定の案内。クラブの定款の掲載。
	高砂市	高砂市（高砂市各課のウェブサイト）	http://www.city.takasago.hyogo.jp/info_webc/index.htm	教育総務部スポーツ振興課のウェブサイトの中にスポーツクラブ21に関する情報を掲載。
		スポーツクラブ21伊保	http://iho-sp21.shinchan-hp.com/	活動内容等の紹介。
	稲見町	スポーツクラブ21いなみ	http://www.town.hyogo-inami.lg.jp/subpage.php?p=363&t=1129994463	活動種目の紹介。会員募集の案内。
	播磨町	NPO法人スポーツクラブ21はりま	http://www8.ocn.ne.jp/%7Esports21/	活動種目の他に、各教室や講習会・講演会の案内。クラブの定款、総会資料等も掲載。

北播磨地区	三木市	三木市文化スポーツ振興課	http://www2.city.miki.lg.jp/miki.nsf/39f1c87d0d44690349256b000025811d/ad6ae64ed2500efd49256c5a004487d5?OpenDocument	各クラブへのリンクや広報誌の紹介。各クラブの会員証が掲載されている。
		Withスポーツクラブ 21 ひょうご緑が丘	http://www.eonet.ne.jp/~with21/	活動種目、活動場所等を掲載。
	小野市	小野市推進委員会	http://www.city.ono.hyogo.jp/p/1/8/43/11/2/	各クラブへのリンクがある。
		スポーツクラブ21きすみの	http://www.geocities.jp/kisumino21/	活動種目、イベントの案内。会員が情報交換できる掲示板がある。
	加西市	加西市推進委員会事務局	http://www.city.kasai.hyogo.jp/01kura/05kenk/06spor05.htm	各クラブの紹介。
		スポーツクラブ21富田	http://www.city.kasai.hyogo.jp/01kura/05kenk/06spor0503.htm	活動状況や行事、かわら版の案内。入会申込書がダウンロード可能。
		スポーツクラブ21いずみ	http://www.city.kasai.hyogo.jp/01kura/05kenk/06spor0511.htm	活動種目や年間行事予定の掲載。入会申し込みがホームページ上から行える。
	加東郡	社町、滝野町、東条町（加東郡教育委員会）	http://www.hyogo-c.ed.jp/~kato-bo/life/suportsclub/index.htm	郡内のクラブについての情報を掲載。
		スポーツクラブ21たきの	http://takino.town.takino.hyogo.jp/sports21/	活動や教室の紹介。
中播磨地区	姫路市	スポーツクラブ21妻鹿	http://mega.main.jp/	活動日、活動場所一覧。
		スポーツクラブ21みくにの	http://www13.plala.or.jp/scm/	活動種目、行事予定の案内。会報誌、規約を掲載。
		スポーツクラブ21荒川	http://www.sc21arakawa.com/	クラブ組織、規約、種目、イベントの掲載。体育館、グランドの使用状況の案内。協賛企業や医療機関などの地域情報も掲載。
		スポーツクラブ 21じょうほく	http://www.johoku.lunaworks.biz/	クラブ概要、規約の掲載。活動種目の案内。
		スポーツクラブ21こうろ	http://www.twelve2003.com/s-kouro/	活動内容、交流イベントの案内。
		スポーツクラブ 21香呂みなみ	http://www.netday.gr.jp/members/205/	行事予定の案内。活動写真の掲示。申込書をpdfファイルでダウンロード可能。
	市川町	市川町（スポーツ活動カレンダー）	http://www.town.ichikawa.hyogo.jp/calendar/selclb.php	町内の各クラブの活動予定。
	福崎町	田原スポーツクラブ	http://www.ii-park.net/%7Etawara-sc/	活動部の紹介。

兵庫県の総合型地域スポーツクラブのウェブサイト

地区	市町	クラブ名	URL	内容
西播磨地区	太子町	太子町施設ガイド	http://www.town.taishi.hyogo.jp/main.asp?fl=list&id=1000000173&clc=1000000041	施設ガイドの体育館・総合公園のページに町内にあるクラブを記載。
	宍粟市	神野スポーツクラブ21	http://www.geocities.co.jp/Athlete-Olympia/8740/	活動種目、教室の紹介。スタッフを写真入りで紹介。イベント情報の掲載。
但馬地区	養父市	伊佐地区スポーツクラブ21	http://www.fureai-net.tv/ssi/	活動クラブの案内。組織図の掲載。
	朝来市	スポーツクラブ21とが	http://www.wac2.net/%7Esc21toga/	活動種目、月間スケジュールの掲示。クラブの活動写真館もある。
	香美町	スポーツクラブ21かすみ	http://www5.nkansai.ne.jp/org/sc21kasumi/index.htm#top	各クラブの紹介、役員・関係者、協力団体の紹介。大会結果の掲載。活動の様子を写真つきで紹介。
		スポーツクラブ21ひょうご美方	http://www.town.mikata.hyogo.jp/chiiki/sports/club21.htm	種目の案内。
淡路地区	淡路市	スポーツクラブ21長沢	http://www.geocities.jp/sc21ngsw/	規約・役員構成の掲載。インターネット写真館を利用し、写真を掲載している。
	南あわじ市	潮見台スポーツクラブ21	http://www6.ocn.ne.jp/~siomidai/sscmenba-.html	会則、練習写真集の掲載。活動計画の案内。クラブのキャラクター紹介。

著者紹介

■山口泰雄（やまぐち やすお）

神戸大学発達科学部教授（大学院総合人間科学研究科教授併任）
1975年東京学芸大学卒業、1979年筑波大学体育研究科修了、1984年ウォータールー大学大学院博士課程修了（Ph. D）。
専攻：スポーツ社会学、生涯スポーツ論
アジア・オセアニア生涯スポーツ協会(ASFAA)理事、日本体育学会理事、日本生涯スポーツ学会理事など。趣味はテニスと読書。
国際スポーツ・フォー・オール協会(TAFISA)より『スポーツ・フォー・オール・パイオニア賞』受賞(2001)

□著書

『スポーツ・ボランティアへの招待―新しいスポーツ文化の可能性―』(編著、世界思想社)、『健康・スポーツの社会学』(編著、建帛社)、『生涯スポーツとイベントの社会学―スポーツによるまちおこし―』(創文企画)、『レジャーの社会心理学』(共訳、世界思想社)など。

地域を変えた総合型地域スポーツクラブ
©Yasuo Yamaguchi 2006
NDC780 182P 26cm

初版第1刷	2006年 6月15日
著　者	山口泰雄(やまぐちやすお)
発行者	鈴木一行
発行所	株式会社大修館書店
	〒101-8466　東京都千代田区神田錦町 3-24
	電話 03-3295-6231(販売部) 03-3294-2358(編集部)
	振替 00190-7-40504
	[出版情報] http://www.taishukan.co.jp
	http://www.taishukan-sport.jp(体育・スポーツ)

装丁	和田多香子
本文レイアウト	加藤　智
印刷所	横山印刷
製本所	司製本

ISBN4-469-26607-8　Printed in Japan

Ⓡ本書の全部または一部を無断で複写複製（コピー）することは、著作権法上の例外を除き禁じられています。